La Gazette de l'Histoire

Des rois et des reines
QUI ONT MARQUÉ
LEUR TEMPS

GRANDES COURONNES ET PETITS SECRETS

GRANDES COURONNES ET PETITS SECRETS

Martin Otormin Dall'Oglio

Sommaire

INTRODUCTION 5

LE XVIE SIÈCLE 6

François Ier 8

Renaissance 10

Henri II 13

Catherine de Médicis 16

Les Médicis et les couronnes italiennes 18

Henri IV 21

Henri VIII d'Angleterre 25

Édouard, Jeanne & Marie 31

Élisabeth Ire 34

Marie Stuart 39

Ferdinand II d'Aragon et Isabelle Ire de Castille 43

Jeanne de Castille et Charles Quint 46

Philippe II d'Espagne 49

LE XVIIE SIÈCLE 52

Louis XIII 54

Louis XIV 60

La construction de Versailles 66

Jacques Ier 70

La chasse aux sorcières 72

Charles Ier 75

Cromwell et Charles II d'Angleterre 78

Jacques II 81

Philippe III 85

Philippe IV	**87**
Charles II d'Espagne	**89**
LE XVIIIE SIÈCLE	**92**
Louis XV	**94**
La table des rois	**100**
Louis XVI	**102**
Marie-Antoinette	**106**
Guillaume III d'Orange et Marie II	**112**
Anne Stuart	**115**
George Ier	**117**
George II	**120**
George III	**123**
Philippe V	**128**
Ferdinand VI	**131**
Charles III	**133**
Charles IV	**136**
LE XIXE SIÈCLE	**140**
Napoléon Ier	**142**
Médecine et hygiène	**148**
Louis XVIII et Charles X	**150**
Louis-Philippe Ier	**153**
Napoléon III	**157**
Urbanisme : de Henri IV à Haussmann	**162**
George IV	**165**
Guillaume IV	**168**
Victoria	**172**
Ferdinand VII	**177**
Isabelle II	**180**
Amédée Ier	**184**
Alphonse XII	**187**
CONCLUSION	**190**

Introduction

En 1631, Richelieu confie au journaliste Théophraste Renaudot une mission précise : créer un journal capable de capter « le bruit qui court sur les choses advenues ». Ainsi naît *La Gazette*, première publication officielle de France, ancêtre de notre presse moderne. Chaque samedi, elle distille les nouvelles du royaume et d'ailleurs : traités signés en coulisses, guerres lointaines, audiences royales, intrigues de palais. Sous son ton feutré et son apparente neutralité, *La Gazette* orchestre ce que le pouvoir accepte de dévoiler, un savant mélange d'information et de mise en scène. Louis XIII lui-même s'amuse parfois à y glisser quelques lignes. La monarchie se raconte, se dramatise, se montre. Déjà, l'information politique flirte avec le récit, et la couronne devient un feuilleton captivant.

Au fil des siècles, *La Gazette* épouse les régimes et adapte son titre comme ses fidélités : nationale sous la Révolution, bonapartiste sous l'Empire, royaliste sous la Restauration. Girouette ou caméléon ? Elle traverse les bouleversements avant de s'éteindre en 1915, laissant près de trois siècles de récits ciselés, de discours prudents et de petites phrases chargées de sous-entendus. Mais surtout, elle inaugure un genre au sein duquel le pouvoir et ses va-et-vient alimentent semaine après semaine la curiosité publique.

La Gazette de l'Histoire s'inscrit dans ce sillage, tout en revendiquant une liberté nouvelle. À l'abri des censures royales, elle explore aussi bien les moments de gloire que ces zones d'ombre qui rappellent que, derrière l'apparat, ces souverains de droit divin restent avant tout des figures humaines : imparfaites, ambivalentes et pleines de surprises. Loin des récits trop sages des chroniques d'antan, cette gazette s'attarde sur ce que les cours d'Europe ont laissé échapper malgré elles : juste assez pour nourrir, des siècles plus tard, notre curiosité insatiable.

Les souverains que l'on croyait connaître retrouvent chair, caractère et contradictions. À travers des détails parfois minuscules – une robe trop voyante, une fièvre mal soignée, un cheval capricieux, une superstition entêtée –, se jouent, en silence, les destins de peuples entiers.

En ravivant l'esprit de cette gazette, il ne s'agit pas seulement de raconter des règnes passés, mais d'explorer ce que ces histoires disent encore de nous. Ce livre s'inscrit dans la tradition d'une histoire qui divertit autant qu'elle interroge, dans laquelle le pouvoir devient un miroir collectif et continue, génération après génération, d'alimenter un inépuisable filon de *gossips* royaux. Car au fond, l'histoire des monarchies reste, hier comme aujourd'hui, un feuilleton sans fin.

Le XVIe siècle

La Renaissance et le Nouveau Monde

Au début du XVIe siècle, l'Europe bruisse de changements et l'ombre de 1492 plane encore sur le continent. La Reconquista, achevée par les souverains catholiques Isabelle de Castille et Ferdinand d'Aragon, clôt le chapitre musulman en Espagne avec la prise de Grenade. Dans le même élan, Christophe Colomb part, bien décidé à relier l'Espagne aux Indes en passant par l'ouest. Mais, au lieu des rivages asiatiques, c'est le « Nouveau Monde » qu'il atteint, un continent inconnu dont il ne soupçonne pas la portée. À sa mort, en 1506, le navigateur est encore persuadé d'avoir trouvé une nouvelle route vers l'Asie, alors même que son voyage ouvre la voie à une ère de conquêtes en Amérique.

Christophe Colomb

Les royaumes européens, grisés par cette découverte, voient dans chaque terre inconnue une promesse de puissance. Ces richesses seront les denrées d'un nouvel ordre économique. Cependant, l'expansion européenne a un coût considérable : au rythme des avancées de la conquête, des civilisations entières s'éteignent, écrasées sous le poids de cette rencontre brutale.

Sur le Vieux Continent, la Renaissance poursuit son œuvre de transformation. L'Italie, berceau de ce renouveau, est peuplée de génies : Léonard de Vinci, Michel-Ange, Raphaël. Chacun réinvente l'art, la science et même l'architecture en s'inspirant des classiques de l'Antiquité. Ces idées traversent les Alpes pour gagner l'Europe entière. En France, François Ier, inspiré par cette effervescence italienne, entreprend de remodeler le Louvre pour faire de la cour française un phare de la culture et des arts. Mais son rival espagnol, Charles Quint, n'est pas en reste. À la tête d'un empire tentaculaire qui s'étend de l'Espagne aux Amériques, il consacre les Habsbourgs en tant que maison dominante.

La révolution des idées, elle, est amplifiée par un outil inédit : l'imprimerie de Gutenberg. Cette invention a sur le XVIe siècle l'effet que produira Internet quatre siècles plus tard en rendant l'information accessible à tous. Grâce à l'imprimerie, les idées circulent à travers l'Europe, transformant une révolte locale en Réforme continentale. Une rupture naît dans le christianisme : entre catholiques et protestants, le conflit devient total, et atteint un point de non-retour. Il est marqué par des guerres, des persécutions et des massacres. En 1572, le massacre de la Saint-Barthélemy, au cours duquel des milliers de protestants sont tués, est le paroxysme d'une violence qui s'est déchaînée entre les deux camps.

En Angleterre, Henri VIII impose sa propre rupture avec Rome pour des raisons d'héritier, mais aussi pour affirmer la souveraineté britannique. Sous Élisabeth Ire, le protestantisme se consolide, entraînant une révision complète des alliances européennes. L'Angleterre se mue en bastion protestant, résistant aux influences catholiques, tandis que l'Europe se prépare à un siècle de guerres confessionnelles qui laisseront des cicatrices profondes.

France

XVIe SIÈCLE

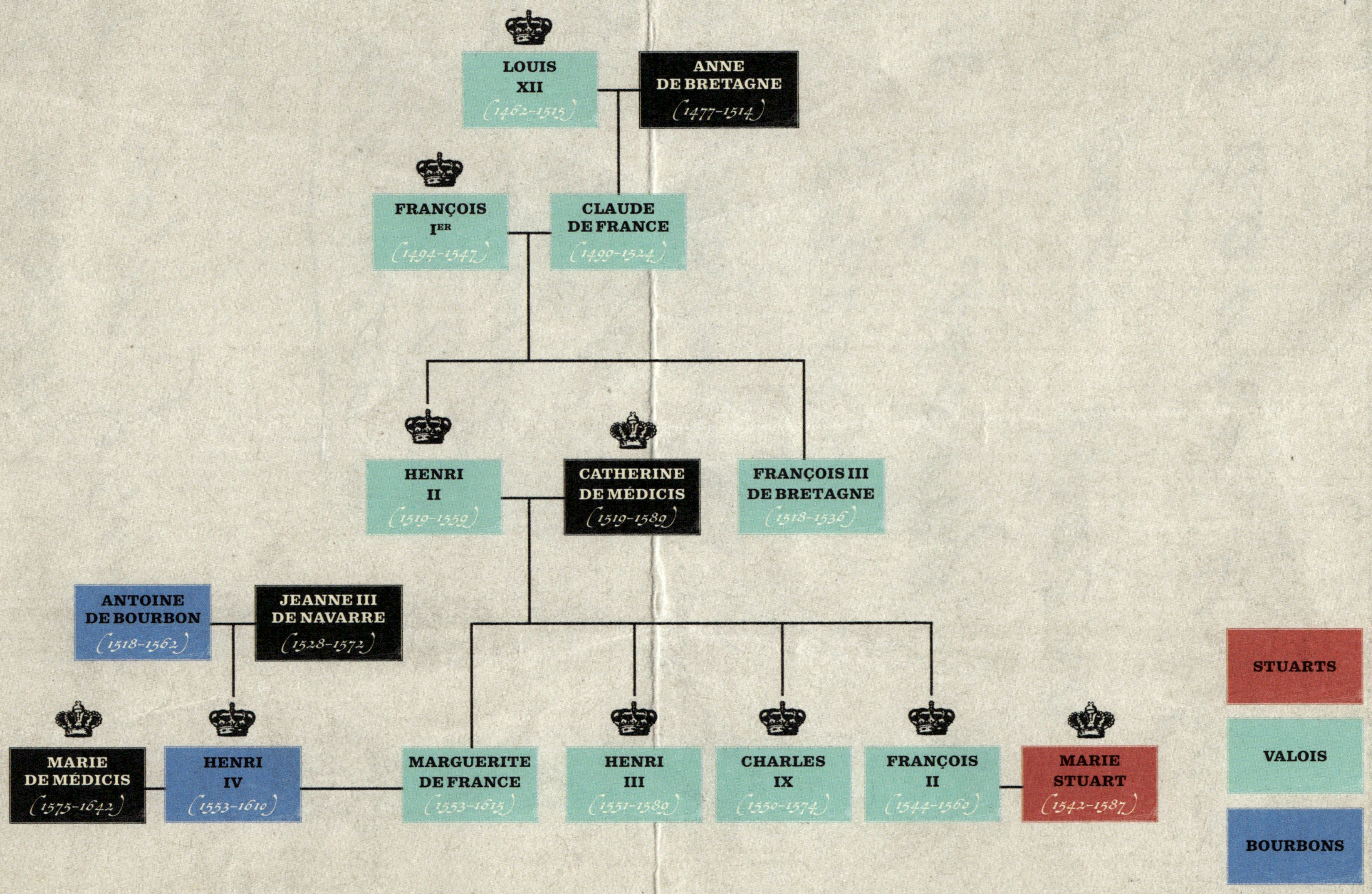

François Ier

Fiche d'identité

NAISSANCE :	MARIAGE :	SIGNE ASTRO :
12 septembre 1494, château de Cognac	Claude de France (1514), Éléonore d'Autriche (1530)	♍ Vierge
RÈGNE : 1er janvier 1515-31 mars 1547	**MORT :** 31 mars 1547, château de Rambouillet	

Rentrons dans l'intimité de ce roi séduisant, athlétique, intelligent et cultivé qui fait basculer la France du Moyen Âge à la Renaissance. Amateur de joutes, de poésie et de belles lettres, il collectionne les victoires… et les cœurs.

ENFANCE

Si rien ne prédestinait François d'Angoulême à accéder au trône, il est pourtant devenu une figure marquante parmi les rois de France et a inauguré l'ère de la Renaissance française. Fils de Louise de Savoie et d'un certain Charles d'Angoulême, il a à peine plus de 1 an lorsque son père meurt. Sa mère, régente à deux reprises, va transmettre à celui qu'elle considère comme son chouchou la passion des arts et des lettres. On se souvient de lui comme d'un chevalier conquérant, grand amateur d'art et de culture, mais aussi friand de conquêtes d'un soir.

Il accède au trône en 1515 à la mort de son cousin Louis XII. Ce dernier laisse le royaume sans héritier. Les deux hommes sont plus précisément cousins issus de germain, expression que l'on utilise lorsque l'on partage un arrière-grand-parent. En l'occurrence, il s'agit de Louis, duc d'Orléans, grand-père de Louis XII et arrière-grand-père de François. Eh oui, la généalogie peut vite faire mal à la tête dans les branches royales. Mais restons concentrés, le meilleur reste à venir.

MARIAGE *stratégique*

En 1506, Louis XII, déjà affaibli par la maladie, scelle l'avenir de la Couronne lors des États généraux de Tours : il désigne son jeune cousin François comme successeur et lui offre, en prime, la main de sa fille, la douce et convoitée Claude de France. Problème : Claude était déjà promise à un certain Charles de Habsbourg – le futur Charles Quint, empereur du Saint-Empire romain germanique (ou SERG pour les intimes). Mais Louis XII a changé d'avis : il rompt les fiançailles, souhaitant garder Claude dans le giron français. Un choix stratégique : Charles est en pleine ascension ; c'est l'héritier d'un empire colossal qui s'étend des Flandres à l'Espagne en passant par l'Autriche. Pour saisir ce qui se trame, encore faut-il jeter un coup œil à la partie d'échec entre la France et l'Espagne.

> « *De toutes choses* NE M'EST RESTÉ que l'honneur et la vie sauve. »

En choisissant François comme gendre, Louis XII joue la carte de la stabilité intérieure. Le jeune homme, de haute naissance et cousin du roi, incarne une alliance sûre, bien française, qui renforce l'autorité de la Couronne dans les frontières du royaume. Quant à Claude, comme cela arrive souvent à l'époque, on oublie de lui demander son avis. Les détails de cette manœuvre géopolitique sont les suivants : Claude de France apporte dans sa dot des territoires aussi stratégiques que convoités, comme la Bretagne et la Bourgogne. Les offrir à Charles de Habsbourg, c'eût été ouvrir grand la porte à une influence étrangère, celle de la maison de Habsbourg, qui, tentaculaire, règne déjà sur la moitié de l'Europe. En misant sur François, Louis XII garde la main sur ses duchés… et ferme la porte à l'Empire.

Champs DE BATAILLE ET PRISE D'OTAGES

En 1515, François Ier a tout juste 20 ans. À peine couronné, il fonce tête baissée dans la bataille de Marignan avec une ardeur chevaleresque qui le distingue radicalement de ses rivaux. En effet, Henri VIII d'Angleterre et Charles Quint sont bien plus frileux quand il s'agit de risquer leur vie. Ce combat, qui compte parmi les plus fameuses pages des guerres d'Italie, vise à remettre la main sur le duché de Milan, très convoité. Après deux jours d'un affrontement acharné, les renforts vénitiens débarquent juste à temps pour donner le coup de grâce. La victoire est écrasante. Pour graver ce moment dans le marbre, François se fait adouber en plein champ de bataille sous les acclamations de ses troupes : la légende est en marche.

Pourtant, dix ans plus tard, c'est le retour de bâton. En 1525, à l'occasion de la catastrophique bataille de Pavie, François prend une claque magistrale. Pris en tenaille par une manœuvre implacable des troupes impériales, il est capturé par son pire ennemi, Charles Quint. Enfermé, humilié, il écrit à sa mère cette phrase devenue célèbre : « De toutes choses ne m'est resté que l'honneur et la vie sauve. » C'est précisément à ce moment que son mythe prend de l'ampleur : si François est invincible, ce n'est pas parce qu'il gagne, mais parce qu'il reste debout, même lorsqu'il est enchaîné.

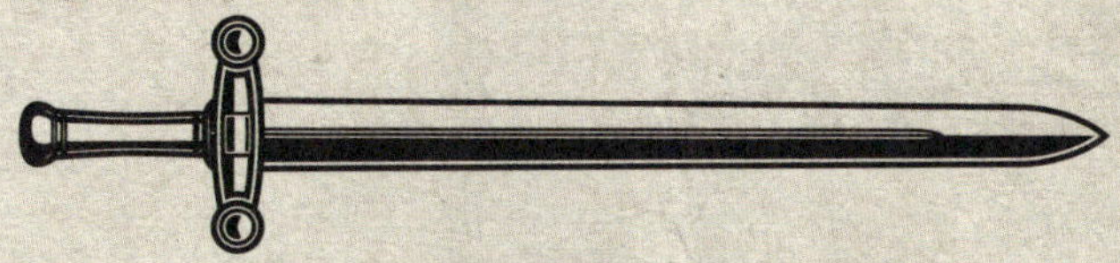

Cependant, l'histoire ne s'arrête pas là. Charles Quint, ravi d'avoir son rival à sa disposition, veut faire payer l'humiliation de Marignan. Il réclame la Bourgogne, qu'il estime lui revenir par droit de sang. François n'a guère le choix. Pour sortir de sa prison espagnole, il signe en 1526 le très contesté traité de

Renaissance

Fini les gargouilles, les arcs-boutants, les vitraux bleus et les donjons humides ? Pas tout à fait.

L'image d'une Renaissance qui surgit brusquement pour balayer le Moyen Âge tient davantage du fantasme que de la réalité. Comme tout changement de goût, elle arrive en glissant. Une sensibilité nouvelle s'installe à l'intérieur de l'ancienne. Et le premier frémissement est offert par Florence.

Fin du XIVe siècle. Florence panse ses plaies. La peste a vidé les rues, mais les survivants reconstruisent. En quelques décennies, la ville se repeuple, s'enrichit, s'élargit. Des artisans venus des campagnes, des intellectuels attirés par une liberté nouvelle et des marchands aux ambitions internationales convergent vers cette cité en plein essor. Les grandes familles rivalisent d'audace : palais, fresques, statues. On bâtit pour montrer. On commande pour exister.

Platon

Dans les bibliothèques monastiques où certains manuscrits dormaient depuis des siècles, dans les archives des couvents, et même dans les bagages des érudits qui fuient Constantinople, des textes anciens refont surface. Vitruve, Cicéron, Pline, Platon. On les traduit, on les commente, on les recopie. Et ce qu'ils racontent fascine. L'Antiquité, qu'on croyait païenne et dépassée, devient un modèle. Lignes pures, géométrie parfaite, équilibre des formes : ce que le Moyen Âge avait recouvert de foi, la Renaissance le remet en lumière. On parle de « Renaissance » parce que l'on croit retrouver, dans ces textes et ces formes, l'âge d'or perdu de la Grèce et de Rome. À Florence, une autre idée du monde est en train de naître.

Mais le choc esthétique que les historiens retiennent comme l'un des points de bascule intervient en 1401.

Cette année-là, Florence organise un concours pour décorer les nouvelles portes du baptistère. Le jeune Lorenzo Ghiberti l'emporte face à Filippo Brunelleschi. Son style étonne : des scènes du Nouveau Testament sculptées avec une finesse inédite, un relief subtil, une lumière maîtrisée. Michel-Ange les surnommera plus tard les « Portes du Paradis ». Rien que ça.

En quelques années, Florence se transforme en laboratoire. La géométrie devient un outil de beauté, la perspective un langage, et l'Antiquité un horizon. Le gothique, toujours présent, commence à perdre du terrain. Il se pare de motifs nouveaux, s'affine, s'or-

Les portes du Paradis de Lorenzo Ghiberti

donne. Les deux styles cohabitent, mais l'un décline tandis que l'autre monte.

Dans ce climat effervescent, l'art cesse d'être exclusivement religieux. Il devient savant, politique, privé. On peint des philosophes, on sculpte des penseurs.

Toutefois, Florence ne garde pas longtemps ses secrets. Ce qui s'y invente, cette nouvelle manière de voir, de penser, de bâtir, circule. Les marchands voyagent, les œuvres aussi. L'imprimerie s'en mêle, l'humanisme infuse et, peu à peu, l'Europe change son regard. L'homme devient sujet d'étude, le monde un objet de mesure : « L'homme au centre ».

Léonard de Vinci

En France, le déclic s'appelle François Ier. Ce roi jeune exalté et curieux découvre l'Italie à 20 ans sur les plaines de Marignan. Il en revient changé. Il est séduit par les palais ouverts, les fresques savantes, les jardins en perspective. L'art est un langage. François Ier veut parler cette langue. Il invite des peintres, des tailleurs de pierre, des maîtres d'œuvre. Mais, surtout, il fait venir l'homme qui incarne la Renaissance à lui seul : Léonard de Vinci.

En 1516, le vieux maître quitte Rome pour la vallée de la Loire avec ses carnets, quelques tableaux, dont une certaine Joconde, et des idées plein la tête. Il s'installe au Clos Lucé, près du château d'Amboise, logé et honoré comme nul autre. Il devient « premier peintre, ingénieur et architecte du roi ». En revanche, il ne peint presque plus. Il invente, conçoit, esquisse. Il dessine des machines volantes, imagine des villes idéales, suggère des mises en scène pour les fêtes royales. Le roi, lui, transforme ses châteaux. Il restaure le Louvre, commande Chambord, ovni architectural planté en pleine Sologne. L'escalier à double révolution, probablement inspiré des carnets de Léonard, permet de monter sans croiser celui qui descend : un monument qui célèbre à la fois la courbe et le symbole. Derrière l'élégance se cache une stratégie qui consiste à charmer, à fasciner, à dominer sans violence. C'est le *soft power* avant l'heure. La Renaissance transforme le goût, l'espace, le rôle même de l'art dans la sphère politique. Son écho résonne jusqu'aux Lumières, nourrit les révolutions, inspire les siècles.

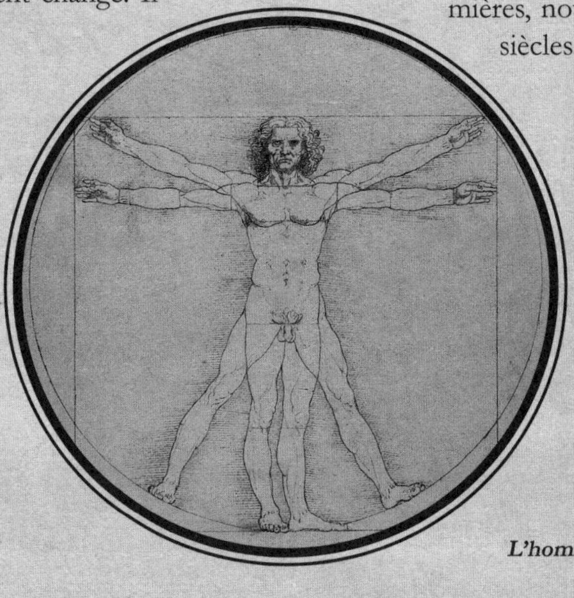

L'homme de Vitruve

NUTRISCO ET EXTINGUO

(« je nourris et j'éteins »)

Madrid, qui lui arrache la Bourgogne… et bien plus encore. Car pour garantir qu'il tiendra parole, on exige que ses deux fils aînés, le dauphin, François, et le jeune Henri soient livrés en otages : « Chérie, les garçons vont faire un petit séjour en Espagne, mais tout va bien, ne t'inquiète pas. »

Les deux jeunes princes sont échangés contre la liberté de leur père et passent plusieurs années en captivité à Madrid, découvrant les dures réalités de la prison. Sympa, l'Erasmus ! Pendant ce temps, François Ier, de retour en France, lutte avec acharnement pour annuler les termes du traité. Il réussit, en partie, grâce à de nouvelles alliances et au fait que les états généraux refusent de ratifier les clauses. Finalement, en 1530, François se résout à sortir un gros chèque. Les princes sont libérés contre une rançon astronomique de 2 millions d'écus, soit quelque 500 millions d'euros.

SANTÉ *déclinante*

La fin de la vie du roi est un peu moins glamour. Ses dernières années sont marquées par des souffrances intenses liées à des problèmes de santé chroniques. Dès 1539, il souffre d'un abcès douloureux près de l'aine probablement causé par une infection urinaire ou une prostatite. Malgré les traitements, son état se dégrade, aboutissant à une septicémie. En 1545, une veine rompue et infectée aggrave sa condition et, en 1546, il souffre d'une fièvre continue. Les derniers jours François Ier s'accompagnent de grandes douleurs. Il se déplace entre ses résidences sans que sa santé ne s'améliore et finit par succomber en 1547, à l'âge de 52 ans.

Les légendes ont la vie dure. Encore aujourd'hui, on raconte que François serait mort de la syphilis, appelée à l'époque la « grande vérole ». Le roi, connu pour être volage, aurait contracté ce mal par sa maîtresse, « la Belle Ferronnière ». Cette dernière, épouse de l'avocat parisien Jean Ferron, aurait été contaminée par son mari qui, jaloux, aurait délibérément fait le tour des maisons closes pour attraper la maladie auprès de prostituées. Son objectif aurait été de contaminer le roi ensuite. Cependant, cette histoire relève davantage de la fable que de la réalité médicale.

Arts et culture

François Ier joue un rôle crucial dans le développement du paysage artistique. Conscient de l'importance des arts et des lettres, il transforme la cour française en un véritable hub culturel. Son mécénat généreux attire des talents exceptionnels comme les peintres Léonard de Vinci, Andrea del Sarto, et Benvenuto Cellini, qui passent du temps en France sous la protection du roi. Grâce à lui, nos amis intermittents du spectacle n'ont jamais été aussi bien traités. À titre d'exemple, Léonard de Vinci reçoit 7 000 pièces d'or (1,7 million d'euros) ainsi qu'un château dans la région la plus branchée de l'époque, à Amboise, tout près de ceux que possède François Ier à Blois et à Chambord.

Il acquiert non seulement des œuvres majeures, comme la célèbre Joconde, et encourage la construction et la rénovation de châteaux somptueux tels Chambord, Fontainebleau et le Louvre, qui deviennent des vitrines de l'art de la Renaissance. François Ier joue en outre un rôle majeur dans la promotion de l'imprimerie, facilitant la diffusion des idées humanistes. Sous son règne, grâce au soutien qu'il apporte à des écrivains comme Érasme et Rabelais, la France connaît un grand épanouissement dans le domaine des lettres et des sciences. Elle consolide sa position de centre intellectuel et artistique de l'époque.

Henri II

Fiche d'identité

NAISSANCE :	MARIAGE :	SIGNE ASTRO :
31 mars 1519, château de Saint-Germain-en-Laye	Catherine de Médicis (1533)	♈ Bélier
RÈGNE : 31 mars 1547-10 juillet 1559	MORT : 10 juillet 1559, hôtel des Tournelles	

Marié à une lionne, Catherine de Médicis, mais irrésistiblement attiré par la cougar Diane de Poitiers, il règne entre le feu et la glace. Entre les guerres d'Italie, les tensions religieuses et les rivalités de cour, il avance, droit, fier, insaisissable. Jusqu'à ce fameux tournoi de joute au cours duquel son ego lancé au galop ne résiste pas à l'éclat d'une lance. Ce roi au destin romanesque est trop souvent résumé à sa chute. Pourtant, tout chez lui mérite d'être raconté. Il gouverne avec fougue, aime avec excès et meurt comme il a vécu : sans jamais lever le pied.

ENFANCE et captivité

Henri est le second fils de François Ier et de Claude de France. Comme souvent chez les cadets royaux, il n'est pas destiné à régner. Il grandit dans l'ombre, simple pièce de rechange dans l'échiquier dynastique. Toutefois, son enfance prend un tournant aussi précoce que brutal. En 1525, lorsque François Ier est capturé à Pavie, Henri, alors âgé de 6 ans, est envoyé comme otage en Espagne avec son frère aîné en échange de la liberté de leur père.

Pendant plus de quatre ans, il vit une captivité froide et lointaine, surveillé de près, humilié, loin de tout repère. Cette période le marque profondément et nourrit en lui une rancune tenace envers Charles Quint ainsi qu'une volonté de fer : ne plus jamais laisser la France courber l'échine.

TRIANGLE amoureux

En 1533, Henri n'a que 14 ans quand son père, François Ier, lui impose un mariage avec Catherine de Médicis. Si cette fiancée n'est ni princesse ni reine, son nom résonne comme un coffre-fort. Héritière de l'une des familles les plus riches et influentes d'Italie, Catherine n'apporte ni prestige dynastique ni pouvoir militaire, mais une dot alléchante et une alliance papale. Pour le roi, c'est un bon calcul. Pour Henri, un devoir dénué de passion.

Cependant, le jeune prince, réservé et ombrageux, a déjà offert son cœur, et bien plus encore, à une autre : Diane de Poitiers. De vingt ans son aînée, elle est déjà une figure à part entière de la cour. Élégante, cultivée, fascinante, elle devient la lumière qui guide ses pas, son mentor, sa confidente, son amante. Avec elle, Henri trouve un refuge, une force et un modèle de pouvoir. Il lui confie tout : son éducation, son image, et, peu à peu, des pans entiers de son autorité naissante.

La présence écrasante de Diane relègue Catherine à un rôle secondaire. Mais la jeune Médicis n'est ni naïve ni docile. Elle observe, encaisse, apprend. Elle le sait déjà : dans un tel jeu de pouvoir, la patience est une arme redoutable, et son heure viendra.

UNE INTRONISATION *suspecte ?*

Le destin d'Henri bascule en 1536, lorsqu'un coup du sort – ou tout autre chose ? – emporte son frère aîné, le dauphin François. Âgé de 18 ans, le jeune prince succombe peu après une partie de jeu de paume, l'ancêtre du tennis. Il aurait bu de l'eau glacée alors qu'il était en sueur, ce qui aurait déclenché une pleurésie aiguë, une inflammation brutale des poumons. Le diagnostic est plausible, mais le doute permis.

Les rumeurs ne tardent pas à prendre le relais. Certains imaginent un empoisonnement orchestré par Charles Quint, éternel rival de François Ier. L'affaire prend une tournure inquiétante lorsque le comte Sebastiano de Montecuccoli, échanson du roi et membre de la suite de Catherine de Médicis, est accusé. On découvre chez lui un livre sur les poisons ; il n'en faut pas plus. Sous la torture, Montecuccoli avoue avoir empoisonné le dauphin sur ordre de l'empereur. Il est condamné et exécuté.

Cependant, l'ombre qui plane sur cette affaire n'est pas seulement d'ordre impérial. Certains murmurent que Catherine elle-même aurait pu tirer les ficelles dans l'espoir de provoquer l'ascension de son mari Henri au trône de France. Aucun élément solide ne vient appuyer cette thèse et, pour la majorité des historiens, la mort du dauphin est naturelle. Cette tragédie propulse en tout cas Henri, qui vivait jusque-là dans l'ombre de son frère, au rang d'héritier du trône de France. À la mort de son père, en 1547, il devient roi sous le nom de Henri II, ouvrant une nouvelle page de la monarchie française.

UN RÈGNE sous pression

Quand Henri devient roi, à 28 ans, il ne manque ni de rancune envers Charles Quint ni d'ambition : il veut faire du trône une arme destinée à restaurer le prestige d'une France trop longtemps humiliée. Il relance les guerres d'Italie, reprend pied au Piémont, noue des alliances calculées avec les princes protestants du Saint-Empire, tout en réprimant les protestants français avec la même énergie. Ce double jeu est une ligne politique assumée. À l'extérieur, il affaiblit l'empereur, multiplie les gains territoriaux, pousse jusqu'à Metz, Thérouanne et Boulogne.

Dans le même temps, il resserre les boulons à l'intérieur. L'autorité monarchique se durcit : le Parlement est encadré, la noblesse surveillée de près, les décisions sont centralisées. Henri impose sa marque : rigueur, discipline, contrôle.

Le domaine religieux demeure le front le plus explosif. À mesure que le protestantisme gagne du terrain, notamment dans les villes commerçantes et les cercles humanistes, Henri adopte une ligne de plus en plus répressive. Arrestations, perquisitions, dénonciations, autodafés : la répression devient systématique. On brûle, on pend, on fait taire. La peur s'installe jusque dans les salons de la haute noblesse.

Convaincu de défendre l'unité du royaume, Henri croit éteindre un feu. En réalité, il souffle sur les braises d'un incendie qu'il n'aura pas le temps de contempler. À sa mort, c'est une France fracturée qu'il laisse à sa femme et à ses fils. Le pire reste à venir.

Une mort SPECTACULAIRE

La mort d'Henri II est à l'image de sa vie : spectaculaire, passionnée, et tragique jusqu'au dernier acte. En juin 1559, Paris est en liesse pour célébrer un double mariage royal : Marguerite de France, sœur d'Henri II, épouse le duc de Savoie Emmanuel-Philibert, tandis qu'Élisabeth de Valois, fille d'Henri II, s'unit à Philippe II d'Espagne. Ces deux alliances diplomatiques majeures savamment orchestrées ont pour but de redéfinir les équilibres européens.

Les festivités se déroulent à l'hôtel des Tournelles, somptueusement décoré pour l'occasion. Tout le monde attend le clou du spectacle, le tournoi de joutes. Quelques lances brisées entre seigneurs bien peignés : quoi de plus éclatant pour conclure un mariage diplomatique en beauté ?

Catherine de Médicis, fidèle à ses sombres pressentiments, supplie son mari de ne pas concourir. Superstitieuse et adepte des arts occultes, elle consulte depuis des années des astrologues comme Nostradamus ou Cosimo Ruggieri. Ce jour-là, tous l'avertissent d'un danger imminent. Mais Henri n'en a cure. À 40 ans, il tient à montrer qu'il est toujours ce roi de feu capable de briller devant la cour… et surtout Diane de Poitiers. Présente parmi les invités, elle reçoit un ultime hommage : Henri combat en noir et blanc, ses couleurs. Une dernière provocation adressée à Catherine, reléguée au rang de simple spectatrice.

Le premier duel contre le comte Gabriel de Montgomery, capitaine de la garde écossaise, se solde par un échec : les deux chevaliers se ratent, leurs lances ne trouvant pas leur cible. Henri, déterminé et avide de gloire, insiste pour retourner au combat malgré les conseils de ses proches. Son adversaire est visiblement nerveux. Cette fois, le choc est fatal. La lance de Montgomery explose contre le heaume du roi. Un éclat traverse sa visière pour se loger dans son œil gauche.

Les plus éminents spécialistes sont appelés d'urgence. Parmi eux, Ambroise Paré, maître de la chirurgie moderne, et André Vésale, célèbre anatomiste flamand. Saignées, onguents, instruments : tout est tenté, mais rien n'y fait. Henri délire, souffre, s'enfonce. Dix jours plus tard, le 10 juillet 1559, il rend l'âme dans son lit.

Catherine, encore sous le choc de la mort de son mari, comprend que le pouvoir lui revient et, avec lui, l'occasion de régler certains comptes. Diane de Poitiers est écartée sans ménagement et expulsée de Chenonceau. On la prive de ses bijoux, de ses titres et de la place qu'elle occupait depuis trop longtemps…

Désormais régente, Catherine se retrouve à la barre d'un royaume divisé. Entre des catholiques inflexibles et des protestants de plus en plus nombreux, elle tente de maintenir l'équilibre tout en consolidant son autorité. Et, contre toute attente, elle tient. Le règne de Catherine commence là où celui d'Henri s'est brisé : en pleine lumière, sous le poids des tensions.

Catherine DE MÉDICIS

Fiche d'identité

NAISSANCE :	MARIAGE :	SIGNE ASTRO :
13 avril 1519, Florence	Henri II de France (1533)	♈ Bélier
RÔLE : reine de France (1547-1559), puis régente (1560-1563)	MORT : 5 janvier 1589, château de Blois	

Reine honnie ou stratège incomprise ? L'histoire ne sait jamais trop comment la classer. Tantôt présentée comme une empoisonneuse aux allures de sorcière, tantôt comme une mère manipulatrice dissimulée derrière ses voiles noirs, Catherine de Médicis traîne une réputation qui lui colle à la peau depuis cinq siècles. Derrière ces sombres récits se tient pourtant une femme de pouvoir tenace, brillante, qui tient à bout de bras une monarchie en ruine depuis plus de trente ans. Étrangère à la cour, veuve d'un roi, mère de trois autres, elle ne se contente pas de survivre : elle gouverne, elle manœuvre, elle décide. Diplomate rusée, observatrice patiente, mécène éclairée, elle incarne un pouvoir féminin rare, politique jusqu'au bout des ongles. Pour la comprendre, il faut laisser de côté les clichés. Et remonter à ses débuts.

D'ORPHELINE à reine

Son nom complet est Caterina Maria Romola di Lorenzo de Medici. Orpheline très jeune, elle hérite à la mort de ses parents – Laurent II de Médicis et Madeleine de La Tour d'Auvergne – de l'immense fortune de la puissante maison des Médicis. Protégée par le pape Léon X, elle traverse une enfance tumultueuse. Capturée à 8 ans lors de la révolte des républicains florentins en 1527, elle est libérée deux ans plus tard, après le siège de Florence, grâce à l'intervention des troupes pontificales soutenues par Charles Quint. Après ces événements, elle est élevée par son cousin, le pape Clément VII. En 1533, à seulement 14 ans, elle épouse Henri, duc d'Orléans, futur Henri II de France. Comme sa défunte mère est la cousine de François Ier, elle entretient déjà, discrètement, un lien de sang avec la Couronne de France.

Catherine n'est pas considérée comme une beauté selon les standards de l'époque. Voilà qui rend sa position à la cour française, où l'apparence et le charme jouent un rôle crucial, encore plus délicate. Petite, peu attirante, pâle et trapue, elle se distingue toutefois par son intelligence vive, sa détermination et son sens politique particulièrement fin.

Son mariage avec Henri d'Orléans ne se fonde ni sur l'amour ni sur l'attirance, mais sur des intérêts politiques et surtout économiques. Son époux, qui préfère la compagnie de sa maîtresse Diane de Poitiers, relègue souvent Catherine au second plan. Pourtant, elle parvient à se faire une place grâce à sa ténacité et à son rôle de mère. Elle donne naissance à dix enfants, assurant ainsi la continuité de la dynastie des Valois. Pour un temps.

Régence et influence

Avec la soudaine mort d'Henri II, une période de grande instabilité s'ouvre pour la France. Ce décès plonge le royaume dans le désarroi et son fils aîné, François II, alors âgé de 15 ans, monte sur le trône. Il est marié à Marie Stuart, reine d'Écosse, mais son règne est de courte durée. Il meurt en décembre 1560, après seulement dix-sept mois de règne, des suites d'une infection de l'oreille qui dégénère en abcès cérébral. La mort de François, sans héritier, et l'ascension de Catherine en tant que régente au nom de son fils Charles IX marquent le début de son influence majeure sur la politique française.

Après la mort de son mari, Catherine de Médicis adopte le noir comme couleur de deuil et ne le quittera plus. Marquée par le chagrin et résolue à affirmer son autorité, elle fait de cette tenue austère le symbole de sa détermination.

Les derniers Valois

Le règne de Charles IX est marqué par une intensification des conflits religieux. En 1572, la cour espère sceller la réconciliation entre catholiques et protestants avec le mariage de Marguerite de Valois, surnommée « la reine Margot », et Henri de Navarre, roi protestant de la branche cadette de la famille royale française. Toutefois, l'atmosphère reste tendue. Quelques jours après le mariage, une tentative d'assassinat contre l'amiral de Coligny, un leader protestant, déclenche une vague de violence qui culmine avec le massacre de la Saint-Barthélemy. C'est un carnage : des milliers de protestants sont massacrés à Paris ainsi que dans d'autres villes françaises, ce qui ternit le règne de Charles IX et exacerbe les divisions internes du royaume. Sous l'influence de sa mère, il tente tant bien que mal de contenir la crise, mais sa position devient de plus en plus difficile à tenir. Le roi, accablé par la pression et les remords, voit sa santé se détériorer considérablement. En 1574, à l'âge de 23 ans, dans un état de santé très dégradé, marqué par l'angoisse et l'instabilité psychologique, il succombe à une tuberculose.

Henri, troisième fils de Catherine de Médicis et futur Henri III, se trouve alors à l'étranger. Grâce à la diplomatie française, menée habilement par sa mère, Catherine de Médicis, il devient roi de Pologne après la mort de Sigismond II Auguste. Le royaume, en quête d'un nouveau souverain, se tourne vers lui

→

Les Médicis ET LES COURONNES ITALIENNES

Jusqu'au XVIIIe siècle, l'Italie ressemble à une partie de Catan : cités rivales, alliances mouvantes, carte politique impossible à stabiliser. On y échange des dots contre des duchés, des postes contre des privilèges, et chaque ville défend sa propre logique comme une principauté jalouse. Pas de capitale, pas de Couronne unique. L'Italie est un patchwork d'États : républiques à l'ouest, royaumes au sud, duchés au nord et, au centre, un pape élu pour gouverner les âmes… mais pas seulement. Chaque entité a ses lois, ses armées, sa langue, sa fiscalité. Bon courage !

À FLORENCE : *une famille-banque*

À Florence, le pouvoir se manifeste et s'écrit sur des lettres de change, l'ancêtre des chèques. Les Médicis, riches banquiers sans titre de noblesse, construisent leur autorité à coup de prêts, de mécénat et de mariages bien placés. Leur banque, la plus influente d'Europe, finance les papes, soutient les artistes, prête aux rois. En 1532, les Médicis obtiennent de l'empereur Charles Quint le titre de ducs héréditaires de Florence. La république est maintenue en apparence, mais le pouvoir devient dynastique.

Mais les Médicis ne sont pas seuls. Florence, comme Venise ou Gênes, invente les outils du capitalisme moderne : double comptabilité, spéculation, contrats à terme. Ces villes misent sur une autre forme de pouvoir, celle des réseaux, des créances et de la solvabilité.

Rome : LE POUVOIR DU PAPE

Au milieu de la péninsule italienne, une anomalie souveraine : l'État pontifical. Un pouvoir absolu exercé par un seul homme, élu à vie : le pape. Il prélève l'impôt, signe des traités, lève des troupes et place ses proches aux postes stratégiques. Les grandes familles romaines le savent bien, chaque nouveau pontificat ouvre une fenêtre d'influence. Les Borgia, les Farnèse

et les Barberini jouent des coudes pour faire élire l'un des leurs et gouvernent par procuration. Une fois élu, le nouveau souverain pontife récompense généreusement son clan : on parle de « népotisme » (du latin *nepos*, « neveu »).

Toutefois, la puissance du Vatican ne se mesure pas qu'en termes d'alliances ou de bénédictions. Sa diplomatie s'infiltre dans toutes les cours étrangères. Ses émissaires négocient, observent, influencent. Le pape n'a pas besoin de parler fort. Et quand les mots ne suffisent plus, les États pontificaux sortent les armes. Capitaines aguerris, mercenaires suisses, soldats italiens : le Saint-Siège ne manque pas de bras. Et dans l'Europe des intrigues et des trahisons, mieux vaut ne pas se mettre le représentant de Dieu à dos.

MILAN, NAPLES, VENISE

Milan, duché stratégique du nord, glisse des mains des Visconti à celles des Sforza avant de devenir la carte préférée des puissances étrangères. Les Français la convoitent, les Espagnols l'encaissent : un duché, plusieurs joueurs. Plus au sud, Naples change de souverain comme de saison. Angevins, Aragonais, Espagnols puis Bourbons s'y succèdent à un rythme diplomatique soutenu.

Venise, elle, fait bande à part. République patricienne, elle élit son doge à vie, mais ne lui confie jamais les pleins pouvoirs. Il préside, il incarne, mais ne tranche jamais seul. Tout est verrouillé : six conseils spécialisés, un Sénat influent, et surtout un Grand Conseil de plus de deux mille membres issus des familles nobles. Une architecture institutionnelle complexe, presque paranoïaque, mais efficace. Pendant que les autres tombent sous les invasions, Venise, elle, tient bon.

L'UNITÉ tardive

Il faut attendre 1861 pour voir surgir un roi d'Italie. Victor-Emmanuel II, souverain du Piémont-Sardaigne, prend la tête d'un pays à peine esquissé sur la carte. Depuis les années 1820, sociétés secrètes, écrivains et militaires rêvent d'en finir avec les frontières intérieures et les puissances étrangères pour parler enfin d'Italie au singulier.

Victor-Emmanuel II

Mais cette monarchie est un assemblage délicat. Familles rivales, villes fières, histoires concurrentes : tout est à construire. Même la langue. Le dialecte toscan, porté par Dante, Pétrarque et Boccace, s'impose peu à peu comme modèle. Son prestige littéraire, sa syntaxe limpide et sa large diffusion en font un candidat naturel. Cependant, dans les rues, on parle encore vénitien, napolitain, milanais ou sicilien.

En 1946, la monarchie tombe. Les particularismes, eux, tiennent bon. On mange, on parle, on vote – chacun à sa sauce. L'unité est là, certes. Avec autant de caractère qu'une vraie carbonara : sans crème, mais pleine de mordant.

→

pour renforcer les liens avec la France. Mais à peine a-t-il été couronné et installé à Cracovie que la nouvelle tombe : Charles IX est mort. En mai 1574, trois mois seulement après son arrivée, Henri plie bagage et rentre au bercail pour récupérer la Couronne de France.

Quand Henri III prend ses nouvelles fonctions, il comprend vite pourquoi son frère Charles IX a si mal vécu l'exercice du pouvoir. Le royaume, ravagé par les guerres de religion, est un champ de ruines. Entre les huguenots et les ultra-catholiques, le jeune monarque tente de maintenir l'équilibre, mais il ne parvient jamais à imposer son autorité. Le vrai danger ne vient pourtant pas des protestants, mais de son propre camp : la Ligue catholique. À sa tête, le duc de Guise, soutenu par l'Espagne et porté par un immense soutien populaire, devient si influent qu'il en vient à faire de l'ombre au roi.

Pour Henri, c'en est trop. En 1588, alors que le duc se rend à Blois, il ordonne son assassinat, ainsi que celui de son frère, le cardinal de Lorraine. Ce coup de force, censé restaurer l'autorité royale, déclenche l'effet inverse : Henri perd les derniers soutiens qu'il lui restait, aussi bien chez les catholiques que chez les protestants. Le roi est isolé, la monarchie vacille. Catherine comprend que cet acte désespéré ne fait que mettre de l'huile sur le feu.

La reine mère, bien que stratège, ne contrôle plus l'ensemble des leviers. Elle tente d'orchestrer des colloques de conciliation, pousse à la tolérance religieuse quand c'est possible et revient à la répression quand la situation l'exige. Certains la soupçonnent d'avoir cautionné la Saint-Barthélemy ; d'autres prétendent qu'elle est dépassée par les événements. La vérité se situe probablement entre les deux.

Duc de Guise

Henri III échoue à incarner l'autorité. Rongé par la méfiance envers les grands du royaume, il s'entoure d'un cercle de jeunes favoris, ses fameux « mignons », séduisants courtisans issus de la petite noblesse qu'il couvre de privilèges et exhibe à la cour. Tandis que la France s'embrase, il se réfugie dans les parfums, la dévotion religieuse ostentatoire et une routine *make up* digne d'un influenceur. Catherine, dernier rempart, assiste, impuissante, à la chute.

Outre ses compétences en matière de régence, Catherine de Médicis se distingue par sa diplomatie habile dont témoigne notamment la correspondance qu'elle tient avec Élisabeth Ire d'Angleterre. Cherchant à équilibrer les pouvoirs en Europe, la reine mère propose plusieurs fois des mariages entre ses fils et Élisabeth pour sceller une alliance durable. Bien que ces projets n'aboutissent jamais, ils révèlent ses efforts pour renforcer les liens entre la France et l'Angleterre.

FUNESTE PRÉSAGE

Vers la fin de sa vie, Catherine de Médicis demeure une figure centrale des affaires du royaume, mais les conflits incessants et les tragédies familiales l'accablent. À partir de 1585, les relations entre Henri III et sa mère se détériorent. Le roi souhaite enfin couper le cordon et commence à ignorer les conseils de maman Catherine. Il renvoie plusieurs de ses fidèles en 1588. Elle s'éteint à l'âge de 69 ans.

Une prédiction troublante la hante durant ses dernières années : un astrologue l'avertit qu'elle mourra près de Saint-Germain. Catherine évite soigneusement tout lieu qui porte ce nom, pensant ainsi tenir la Faucheuse à distance. Cependant, la légende raconte que, sur son lit de mort, c'est un prêtre nommé Saint-Germain qui lui administre les derniers sacrements.

Le 1er août 1589, dans un autre épisode de la série noire qui frappe la Couronne, rebelote, un nouveau décès survient : Henri III est assassiné à Saint-Cloud par Jacques Clément, un moine fanatique convaincu d'agir pour la gloire de Dieu et la défense de la foi catholique. Henri III meurt sans héritier direct, désignant sur son lit de mort Henri de Navarre comme successeur. Avec son décès, le royaume de France se trouve à nouveau plongé dans l'incertitude tandis qu'Henri de Navarre, le futur Henri IV, doit lutter pour s'imposer et apaiser un pays touché par des divisions profondes.

Henri IV

Fiche d'identité

NAISSANCE : 13 décembre 1553, château de Pau	MARIAGES : Marguerite de Valois (1572), Marie de Médicis (1600)	SIGNE ASTRO : ♐ Sagittaire
RÈGNE : 2 août 1589-14 mai 1610	MORT : 14 mai 1610, rue de la Ferronnerie, Paris	

Charismatique et rusé, Henri IV transpire la testostérone. Aussi charmant que protestant, il est l'homme qui réunit la France après des décennies de guerre civile et transforme profondément l'architecture de Paris. Son règne est marqué par de grands projets d'urbanisme, notamment l'achèvement du Pont-Neuf, la place Dauphine et la place Royale (aujourd'hui place des Vosges). Retour sur la destinée du premier roi de France et de Navarre.

DE L'ENFANCE *aux trônes*

Henri de Bourbon naît dans un environnement marqué par la diversité religieuse avec une mère protestante, Jeanne d'Albret, et un père catholique, Antoine de Bourbon. Héritier de la branche cadette des Bourbons et prince de sang, il est destiné à devenir roi de Navarre, bien qu'il se situe très loin dans la ligne de succession au trône de France. Élevé dans la foi protestante par sa mère, il est préparé à devenir un bon leader « huguenot » – le surnom qu'on donnait aux protestants des royaumes de France et de Navarre au XVIe siècle. Ce terme viendrait du terme suisse Eidguenots, qui signifie « camarades liés par le serment ».

Le 18 août 1572, à 19 ans, il épouse Marguerite de Valois, sœur du roi Charles IX. Cette union vise à apaiser les tensions entre catholiques et protestants. Marguerite, amoureuse du duc de Guise, fervent catholique, accepte l'union à contrecœur. Ce mariage, censé instaurer la paix, débouche presque aussitôt sur un drame, un massacre digne d'un épisode de *Game of Thrones*.

LES NOCES de sang

En effet, la fête de réconciliation annoncée tourne au bain de sang avec le massacre de la Saint-Barthélemy. Tout commence par une tentative d'assassinat ratée sur l'amiral de Coligny, leader protestant jugé trop proche du roi Charles IX. Coligny pousse le roi à intervenir dans les Flandres espagnoles afin de soutenir les protestants locaux au risque de déclencher une guerre avec l'Espagne catholique de Philippe II.

Coligny est blessé, mais il survit. Il supplie les siens de ne pas se venger. Trop tard. Catherine de Médicis, redoutant que les chefs catholiques se retournent contre la monarchie, choisit d'agir. Pour éviter un soulèvement incontrôlable, elle autorise l'élimination de quelques chefs protestants, espérant contenir l'incendie, mais la machine échappe à tout contrôle. Seuls les princes de sang, parmi lesquels le futur Henri IV, sont épargnés.

Le 24 août, jour de la Saint-Barthélemy, alors que Paris dort encore, Coligny, à nouveau pris pour cible, est assassiné dans son lit. Son corps mutilé est jeté par la fenêtre à la foule en furie. Les gardes poursuivent aussitôt le massacre dans les rues voisines. Deux cents nobles huguenots venus pour les noces sont tués, leurs cadavres entassés dans la cour du Louvre. Quelques chefs protestants, mieux informés, s'échappent de justesse, traqués par les hommes de Guise, figures de l'aile dure catholique.

Au son des cloches matinales, les Parisiens se jettent à leur tour dans la mêlée. La tuerie prend des airs de *Hunger Games*. À la mi-journée, Charles IX tente de calmer le jeu, sans grand succès. En quelques jours, des milliers de protestants sont massacrés. La vague de violence gagne d'autres villes. Le bilan est terrible : on estime que 30 000 protestants ont perdu la vie.

Relation TUMULTUEUSE

Peu après le mariage, en juin 1572, Jeanne d'Albret meurt, laissant Henri héritier du trône de Navarre. Henri devient dès lors roi de Navarre sous le nom de Henri III de Navarre. Comme on pouvait s'y attendre, les infidélités sont monnaie courante des deux côtés du couple. Henri de Navarre accumule les liaisons avec des femmes de la cour. La plus célèbre d'entre elles est Gabrielle d'Estrées. Marguerite l'imite assez volontiers, ce qui ne manque pas de scandaliser et d'alimenter les ragots.

Pendant de longues périodes, le couple ne vit pas ensemble. Henri est souvent sur le champ de bataille ou en déplacement pour ses affaires politiques, tandis que Marguerite mène une vie mondaine à la cour. Les disputes et les réconciliations se succèdent et ce mariage où l'affection semble absente s'apparente avant tout à une alliance politique.

LE TRÔNE, *un cadeau empoisonné ?*

Attention, les Henri se suivent et ne se ressemblent pas. En 1589, après l'assassinat d'Henri III, roi de France depuis la mort de son frère Charles IX, Henri III de Navarre accède au trône sous le nom d'« Henri IV » pour qu'on ne le confonde pas avec son prédécesseur. Cependant, son ascension ne va pas de soi : il doit d'abord conquérir un royaume fracturé par les guerres de religion. Dans une France historiquement catholique, la Ligue, groupe ultra-catholique, contrôle une grande partie du territoire, dont Paris, ville dans laquelle le fanatisme religieux atteint son paroxysme.

Pour légitimer son pouvoir et unifier son royaume, Henri IV se résout à abjurer la foi protestante en 1593. On lui prête la célèbre phrase « Paris vaut bien une messe », bien qu'il n'y ait aucune preuve qu'il l'ait réellement prononcée. Cette expression est souvent utilisée pour illustrer l'idée que des sacrifices sont parfois nécessaires pour atteindre des objectifs. Le monarque Bourbon aura changé six fois de confession religieuse au cours de sa vie, alternant entre protestantisme et catholicisme au gré de ses obligations.

SÉPARATION *et remariage*

Dès 1592, après vingt ans de mariage avec Marguerite de Valois, toujours sans héritier, Henri IV demande au pape l'annulation de leur union. À ce stade, on soupçonne Marguerite d'être stérile. Henri, soucieux d'assurer sa descendance, cherche une nouvelle épouse. En 1599, le pape donne enfin son accord. L'année suivante, Henri épouse Marie de Médicis, surtout choisie pour sa fortune, comme Catherine de Médicis avant elle. Fille du grand-duc de Toscane, âgée de 25 ans, elle a vingt-deux ans de moins que lui.

Sitôt les alliances diplomatiques scellées, le couple passe à l'action. Marie donne naissance à plusieurs enfants, dont le futur Louis XIII, en 1601. Avec son tempérament bien trempé et son accent florentin, la nouvelle reine ne passe pas inaperçue à la cour. Déterminée à ne pas être réduite au statut de femme du roi, elle tente de s'imposer dans les affaires du royaume. Mais la cour ne lui fait aucun cadeau, d'autant qu'Henri IV, grand coureur de jupons, ne s'embarrasse pas de discrétion. Entre deux infidélités royales, le couple parvient tout de même à mettre en place sa stratégie matrimoniale. Leurs filles sont mariées aux plus beaux partis d'Europe : Élisabeth devient reine d'Espagne aux côtés de Philippe IV tandis qu'Henriette-Marie rejoint Charles Ier d'Angleterre et accède aux trônes d'Angleterre, d'Écosse et d'Irlande.

UNE FIN DE RÈGNE brutale

Cependant, le 14 mai 1610, alors que le carrosse royal est immobilisé dans un embouteillage rue de la Ferronnerie à Paris, un certain François Ravaillac, fanatique catholique, poignarde Henri IV à mort. Cette attaque violente et inattendue met fin à la vie de ce roi qui avait tant œuvré pour la paix et la prospérité de son royaume.

Marie de Médicis, désormais veuve, se retrouve soudain propulsée sur le devant de la scène politique. Le lendemain de l'assassinat, elle assure la régence au nom de son fils, Louis XIII, âgé de 9 ans. C'est surtout l'occasion pour Marie, qui fonde peu d'espoirs sur lui, de s'installer aux commandes.

Que sont-ils devenus ?

Rassurons les curieux qui se demanderaient ce que devient Marguerite de Valois après avoir été répudiée : elle va bien. Après avoir passé vingt ans en Auvergne, exilée de la cour par Henri IV, elle regagne finalement Paris en 1605. Elle s'entoure alors d'écrivains et d'artistes, jouant un rôle clé dans la vie culturelle de la cour. Logée à l'hôtel de Sens, de confession catholique, Marguerite n'en perd pas ses bonnes habitudes. Maîtrisant l'art de jongler entre la dévotion et les plaisirs charnels, elle profite pleinement de sa liberté. Entre deux prières et une hostie, elle reçoit régulièrement ses amants, qu'elle choisit jeunes et vigoureux. Sans rancune, Marguerite devient même conseillère de Marie de Médicis lors de la régence de cette dernière. Jusqu'à sa mort, le 26 mars 1615, à l'âge de 61 ans, elle demeure à la cour une figure influente et respectée. Ne serait-elle pas, au bout du compte, la grande gagnante de cette histoire ?

Angleterre

XVIe SIÈCLE

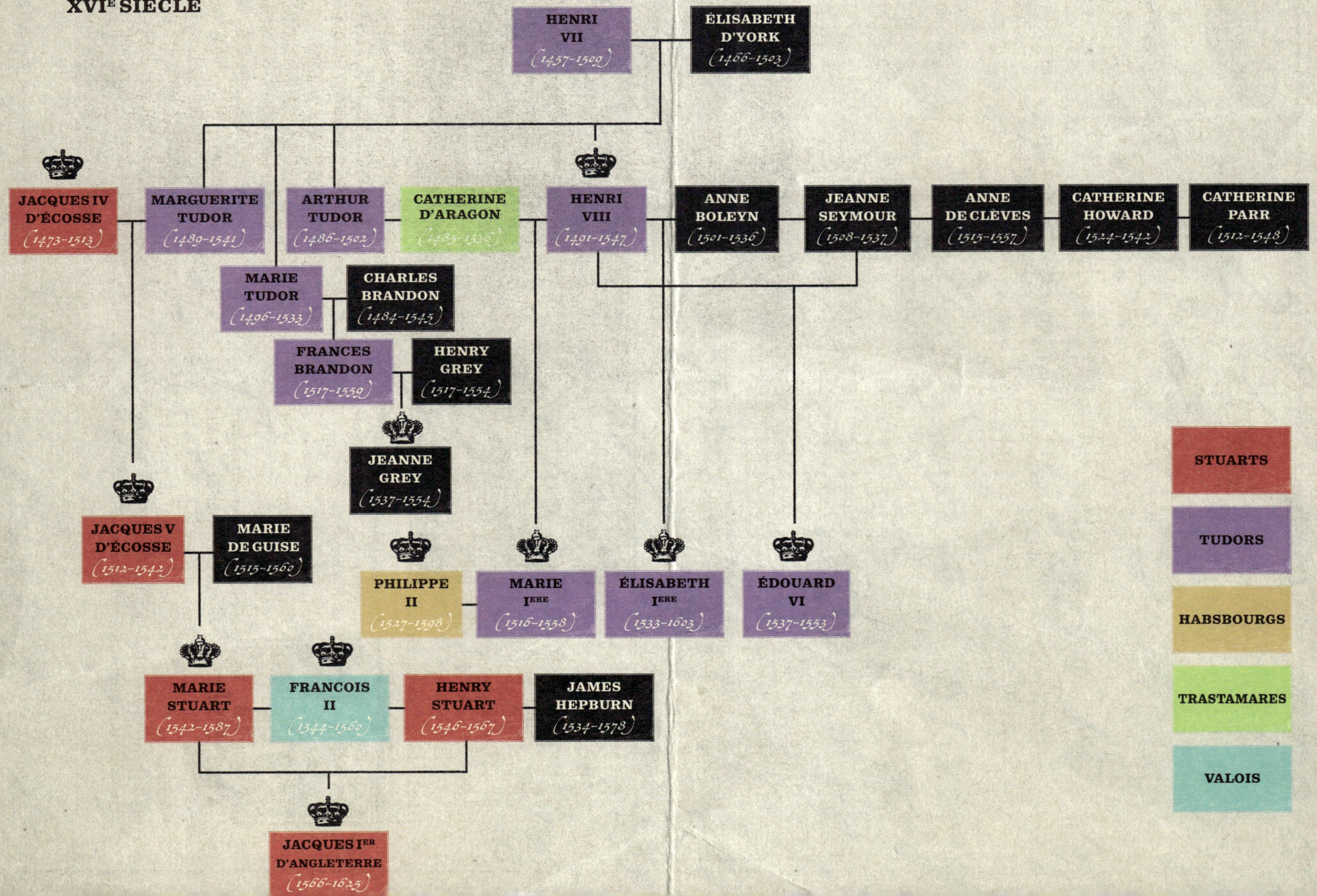

Henri VIII d'Angleterre

Fiche d'identité

NAISSANCE : 28 juin 1491, palais de Greenwich

RÈGNE : 21 avril 1509-28 janvier 1547

MARIAGES : Catherine d'Aragon (1509-1533), Anne Boleyn (1533-1536), Jeanne Seymour (1536-1537), Anne de Clèves (1540), Catherine Howard (1540-1542), Catherine Parr (1543-1547)

MORT : 28 janvier 1547, palais de Whitehall

SIGNE ASTRO : ♋ Cancer

A mi-chemin entre le Bachelor et Barbe-Bleue, Henri VIII collectionne les épouses comme des cartes Pokémon et s'en débarrasse sans scrupules lorsqu'elles échouent à lui donner un héritier mâle. Sa quête désespérée d'un héritier le pousse à se séparer de l'Église catholique quand le pape lui refuse un divorce. Il crée alors l'Église anglicane, laissant une marque indélébile sur l'histoire d'Angleterre.

Accession AU TRÔNE

Voici encore un jeune prince qui n'est pas destiné au trône. Il est le deuxième fils du roi Henri VII et de la reine Élisabeth d'York. Son père, qui avait arraché la couronne à Richard III à l'issue de la guerre des Deux-Roses (1455-1487), craint constamment que son règne soit menacé. C'est la raison pour laquelle il tient son fils éloigné des affaires du royaume. Il cherche à protéger son pouvoir, qu'il sait fragile, et voit le danger partout, y compris au sein de sa propre famille.

Richard III

En 1501, son frère Arthur, alors prince de Galles, titre réservé à l'héritier direct de la Couronne, équivalent du terme « dauphin » en France, se marie avec Catherine d'Aragon. Cette union avec la plus jeune fille du roi d'Espagne, Ferdinand II d'Aragon, et de la reine Isabelle Ire de Castille, lie Arthur à la puissante famille espagnole, puisque Catherine est la tante maternelle de Charles Quint. Malheureusement, il meurt soudainement, cinq mois après son mariage, probablement de la suette, une fièvre hémorragique. Comme un malheur n'arrive jamais seul, Henri perd également sa mère quelques mois plus tard. Profondément affecté, il nommera en son honneur l'une de ses filles Élisabeth, qui deviendra la célèbre Élisabeth Ire. Il cherchera les qualités de sa tendre mère tout au long de sa vie auprès de ses nombreuses femmes, visiblement en vain. Peut-être un petit complexe d'Œdipe à régler en thérapie ?

À la mort de son frère, en 1502, Henri devient l'héritier de la Couronne. Il monte sur le trône en 1509, après le décès de son père. Pour préserver les relations entre l'Angleterre et l'Espagne, on envisage de le marier à Catherine d'Aragon, la veuve de son frère. Cependant, une telle union pose problème : l'Église interdit le mariage, qu'elle considère comme un inceste spirituel. Isabelle de Castille, la mère de Catherine, s'emploie alors à persuader le pape Jules II d'accorder une dispense spéciale afin de l'autoriser. Elle argue que le mariage avec Arthur n'a jamais été consommé, ce qui, en vertu des lois ecclésiastiques, lèverait l'interdiction. Après de longues négociations politiques, la dispense papale est accordée, ouvrant la voie à leur mariage.

CATHERINE, *l'encombrante*

Au début, tout se passe plutôt bien. Jeune et dynamique, Henri trouve en Catherine une épouse dévouée et aimante. Cependant, les problèmes surgissent lorsqu'il commence à craindre de ne pas avoir d'héritier mâle. Catherine enchaîne les fausses couches et les enfants mort-nés. Elle ne donne à Henri qu'une fille, Marie. Cette absence de fils, combinée aux nombreuses grossesses malheureuses de Catherine, plonge Henri dans une profonde frustration. Sa quête désespérée devient alors une obsession, et c'est le début des ennuis.

Henri doute que son mariage avec Catherine d'Aragon ait bénéficié d'une bénédiction divine. Il s'appuie sur ce passage du Lévitique : « Si un homme prend la femme de son frère, c'est une impureté ; il a découvert la nudité de son frère : ils seront sans

RUPTURE AVEC *l'Église catholique*

Henri n'a plus qu'une option. En 1533, il se proclame chef suprême de l'Église d'Angleterre, coupant ainsi tous les liens avec Rome. Cette audacieuse initiative lui permet enfin de divorcer de Catherine et d'épouser Anne Boleyn. Ce bouleversement ne se limite pas à sa vie personnelle, mais déclenche une transformation profonde de l'ordre religieux et politique de l'ensemble de l'Angleterre, marquant ainsi le début d'une nouvelle ère. Pour consolider son autorité, il ordonne à tous les membres du clergé de lui jurer fidélité. Le pape excommunie Henri, scellant la rupture avec l'Église catholique. Catherine, répudiée, simple princesse douairière de Galles, meurt seule au château de Kimbolton en 1536.

enfant. » Un peu tard pour s'en offusquer, non ? Les fausses couches de Catherine le confortent dans cette idée et, bientôt, Henri se décide à tenter sa chance avec une autre femme. En 1519, il a un fils illégitime, Henri FitzRoy, de sa maîtresse Elizabeth Blount. Convaincu que Catherine ne peut pas lui donner de fils, Henri envisage sérieusement le divorce.

Alors allié avec Charles Quint, Henri se trouve en position de force en Europe. Il joue les arbitres entre François Ier et l'empereur. Cependant, dès 1525, les tensions s'exacerbent : Charles Quint rompt ses fiançailles avec Marie Tudor, la fille unique d'Henri VIII et de Catherine d'Aragon, fragilisant une alliance anglo-espagnole déjà vacillante. Puis Henri tombe éperdument amoureux de la dame d'honneur de la reine, Anne Boleyn, âgée de 20 ans tout juste. Tous les éléments sont donc réunis pour se débarrasser de Catherine, qu'il pousserait volontiers du haut des escaliers ; mais, préférant rester procédurier, il demande à Rome d'annuler son mariage. Or, le pape Clément VII ne souhaite pas se mettre à dos Charles Quint, le neveu de Catherine, et refuse.

Anne Boleyn

ANNE BOLEYN, séduisante *à en perdre la tête*

Anne Boleyn n'est pas n'importe quelle femme. Avant de captiver le roi Henri VIII, elle mène une vie fascinante. Née en Angleterre vers 1501, elle passe une grande partie de son enfance à la cour de Bourgogne, puis à la cour française, où elle sert comme dame d'honneur pour la reine Claude, épouse du roi François Ier. Cette période, marquée par la culture et le raffinement de la Renaissance, forge son éducation et son esprit. Elle apprend l'art de la séduction, les manières de la cour et l'intrigue politique, devenant une femme brillante et sophistiquée, parfaitement préparée pour le théâtre des cours royales.

Henri VIII a donc trouvé une femme intelligente et déterminée. Avant même que son divorce avec Catherine d'Aragon ne soit finalisé, Anne pose ses conditions : elle ne sera pas une simple maîtresse et veut devenir reine. Henri devra d'ailleurs attendre leur mariage pour la connaître – au sens biblique du terme. En 1533, Henri l'épouse enfin. Leur mariage, marqué par une intense passion, donne naissance à Élisabeth, la future reine d'Angleterre, mais aucun héritier mâle ne vient combler les attentes du roi.

Frustré et impatient, Henri retombe dans ses travers et commence à prendre des maîtresses, ce qui attise la jalousie et la méfiance d'Anne. Elle subit plusieurs fausses couches, pendant lesquelles Henri ne la visite plus, et leur relation se détériore. En 1536, elle perd un fils au cours de la vingtième semaine de grossesse. Henri y voit l'opportunité de se débarrasser d'elle. Lorsqu'elle est aperçue en compagnie d'un musicien flamand, Mark Smeaton, Henri, déjà amouraché d'une autre femme, Jeanne Seymour, n'y va pas de main morte : il l'accuse de trahison, d'adultère et d'inceste avec son frère George. Le 2 mai, la pauvre Anne est emprisonnée. Ses amants supposés sont exécutés le 17 mai. Elle-même est décapitée deux jours plus tard, le 19 mai 1536.

JEANNE SEYMOUR, *le grand amour*

La place de reine étant désormais vacante, Sir John Seymour, noble influent à la cour du roi, mise sur sa cinquième fille, Jeanne, qui possède un soupçon

de sang royal datant de six générations. Calme et discrète, cette dernière est d'abord dame d'honneur de la reine Catherine. Puis elle rejoint l'entourage d'Anne Boleyn. Dès 1536, les rumeurs de liaison entre Jeanne et le roi se propagent. Pour Henri, elle est une véritable bouffée d'air frais après le chaos de son dernier mariage. Vous l'avez sans doute déjà remarqué : notre Henri a un faible pour les dames d'honneur.

Rome, encore secouée par le schisme, espère qu'Henri reviendra dans le giron de l'Église afin de lever l'excommunication. Charles Quint, qui n'est pas rancunier, mise sur un mariage avec une princesse de sa lignée. Cependant, dix jours seulement après l'exécution d'Anne, à la surprise de tous, Henri épouse Jeanne Seymour. François Ier se réjouit de cette union avec une noble anglaise, loin des alliances qui menaceraient la France.

Proclamée reine le 4 juin 1536, Jeanne n'est cependant jamais couronnée. Henri préfère attendre un héritier mâle avant de sortir le grand jeu. À Whitehall, Jeanne transforme la cour : fini la légèreté de la mode française, place à un code vestimentaire strict et à des lois qui réglementent l'usage des fourrures et des perles. Après le faste des Boleyn, bienvenue dans un remake de la Servante écarlate.

En 1537, pour le plus grand bonheur d'Henri, Jeanne tombe enceinte et se retire à Hampton Court. *It's a boy!* Le 12 octobre, elle donne naissance au futur Édouard VI. Mais cette joie est de courte durée. Douze jours plus tard, le destin frappe : elle succombe à une fièvre puerpérale. Henri a enfin un fils, mais il perd celle qu'il tient pour son seul véritable amour. Profondément affecté, il porte le deuil pendant trois mois et ne songe à se remarier qu'après trois longues années. À sa mort, c'est auprès d'elle qu'il choisit de reposer, dans la chapelle Saint-Georges du château de Windsor. On s'accroche, il nous en reste encore trois !

ANNE DE CLÈVES,

tromperie sur la marchandise

Après la mort de Jeanne Seymour et sa blessure lors d'une joute en 1536, Henri VIII revient sur le marché des célibataires. Il est diminué, mais stratégiquement motivé. En 1539, inquiet du rapprochement entre Charles Quint et François Ier, il accepte d'épouser Anne de Clèves, une princesse protestante. Ce mariage est arrangé par Thomas Cromwell pour s'attirer les bonnes grâces des princes allemands et contrer l'isolement diplomatique de l'Angleterre.

À l'époque, on ne swipe pas sur Tinder pour matcher : il faut se fier aux portraits. Henri craque sur Anne après avoir vu celui réalisé par le célèbre

peintre Hans Holbein le Jeune. Mais il découvre que le peintre l'avait manifestement flattée. La réalité est rude : Anne présente un visage marqué par des cicatrices liées à la variole. En outre, elle ne parle qu'allemand. Le mariage, célébré en janvier 1540, est annulé en juillet de la même année. Les raisons avancées par Henri sont particulièrement farfelues : la poitrine d'Anne serait trop généreuse, et le mariage n'aurait jamais été consommé. Il va jusqu'à invoquer des « pollutions nocturnes » et la difficulté qu'il éprouve à faire l'amour avec elle.

Henri, étonnamment empathique, laisse à Anne le choix de retourner en Allemagne ou de rester en Angleterre en tant que « sœur bien-aimée du roi », avec des rentes et des terres. Anne choisit la *friendzone* et décide de rester en Angleterre, où elle vivra confortablement jusqu'à sa mort, en 1557. Selon les chroniques de l'époque, ils deviennent même bons amis. Quant à Thomas Cromwell, le fait d'avoir persuadé Henri d'épouser la « jument des Flandres » lui coûte cher : il est exécuté peu après. Les erreurs, avec Henri, ça ne pardonne pas.

CATHERINE HOWARD, *péché mignon*

En 1540, alors qu'il tente de faire annuler son mariage avec Anne de Clèves, il rencontre à l'occasion d'une petite sauterie au palais la sublime Catherine Howard, qui se trouve être… suspense… la dame de compagnie d'Anne de Clèves. Petit détail croustillant : Catherine Howard est aussi la cousine d'Anne Boleyn. Henri sort tous ses atouts de séduction pendant des mois, attendant patiemment que son mariage avec Anne de Clèves soit annulé, ce qui arrive enfin le 9 juillet 1540. Dix-neuf jours plus tard, il se marie avec Catherine. On peut deviner que cette dernière, qui ne devait pas être particulièrement sensible au charme d'Henri, n'a probablement pas eu son mot à

dire. Rappelons qu'en 1540, le roi n'est plus vraiment un sex-symbol : il a pris beaucoup de poids, souffre constamment de ses blessures à cheval et son humeur est aussi sombre que sa garde-robe.

L'union entre Henri VIII et Catherine Howard tourne rapidement au cauchemar. Cette femme jeune et belle semble être la nouvelle obsession d'Henri, qui la surnomme affectueusement « la rose sans épines ». Mais derrière les sourires et les cadeaux se cache une réalité qui n'a rien d'idyllique. Catherine, malgré son ascension rapide à la cour, traîne un passé lourd de secrets. Avant d'épouser Henri, elle entretenait plusieurs liaisons ; et, dans les palais royaux, les murs ont des oreilles. Rapidement, des rumeurs relatives à son passé mouvementé commencent à circuler.

Et ce n'est pas tout. Même après son mariage avec le roi, Catherine aurait continué une liaison passionnée avec Thomas Culpeper, un proche du roi. Des lettres compromettantes confirmant ses infidélités sont bientôt découvertes. Le scandale éclate : Catherine est accusée d'adultère et de trahison, un crime impardonnable.

Le 2 novembre 1541, alors qu'Henri assiste à la messe, Thomas Cranmer, l'archevêque de Canterbury, remet au roi une lettre détaillant les fautes de Catherine. Henri est dévasté, mais il n'a pas le choix : la justice doit être rendue. Catherine est emprisonnée et, après un procès rapide, condamnée à mort. Ses prétendus amants subissent le même sort et elle est exécutée, comme sa cousine Anne Boleyn, à la tour de Londres, le 13 février 1542.

CATHERINE PARR,
le choix de la raison

Étant donné le sort que l'on a réservé aux dernières femmes d'Henri, il n'y a pas foule au portillon pour la place de reine. Mais c'est sans compter sur Catherine Parr, une femme de caractère et intelligente. Née en 1512, elle a déjà deux mariages à son actif lorsqu'elle croise la route du roi. Veuve pour la deuxième fois en 1543, Catherine n'est pas du genre à se laisser abattre. Avec son esprit vif et sa nature résolue, elle attire rapidement l'attention d'Henri, qui voit en elle davantage que la compagne de la fin de sa vie.

Henri et Catherine commencent à échanger des lettres sur des sujets théologiques et développent une véritable amitié intellectuelle. Lorsque Catherine devient veuve, Henri commence à exprimer de l'intérêt pour elle. Pas de temps à perdre : ils se marient en juillet 1543. Henri, vieillissant et malade, trouve en elle non seulement une épouse dévouée, mais aussi une infirmière attentive et une conseillère précieuse. Henri est séduit par sa capacité à apaiser les tensions à la cour et à maintenir une certaine harmonie.

Catherine Parr se distingue par son calme et sa dignité. C'est l'antithèse parfaite de Catherine Howard. Elle se rapproche de la princesse Marie, fervente catholique comme sa mère Catherine d'Aragon, tout en plaçant des précepteurs autour des trois héritiers royaux afin de leur offrir un enseignement humaniste éclairé.

Les vues religieuses de Catherine sont complexes. Fervente protestante, elle utilise sa position pour promouvoir la réforme religieuse en Angleterre. Du vivant du roi, ses penchants protestants lui valent quelques déboires attisés par de puissants catholiques. Mais Henri n'en fait guère cas, car elle est habile et sait calmer sa colère.

En plus de ses talents de diplomate, Catherine joue un rôle crucial dans la réconciliation d'Henri avec ses deux filles, Marie et Élisabeth. Elle veille à ce qu'elles reçoivent une éducation de qualité et travaille à restaurer leur légitimité. Grâce à elle, le roi retrouve une certaine harmonie familiale – autant que faire se peut, car elle n'est pas non plus magicienne.

Elle survivra à Henri, qui meurt en 1547, et se remariera rapidement avec Thomas Seymour, l'oncle du jeune roi Édouard VI. Malheureusement, ce mariage ne durera pas : Catherine, peu après avoir donné naissance à une fille, meurt en 1548. On retiendra d'elle sa capacité à naviguer avec brio dans les eaux troubles de la cour des Tudor et le rôle clé qu'elle a joué dans la transition religieuse de l'Angleterre.

FIN DE VIE

Les derniers jours d'Henri VIII sont loin d'être paisibles. Alourdi par l'obésité, souffrant de diabète et torturé par une blessure contractée lors d'une joute qui ne guérit jamais vraiment, il passe ses derniers moments cloué au lit au palais de Whitehall. Sa jambe, ulcérée et enflée, dégage une odeur insoutenable, au point que l'on parfume les pièces de sauge et de lavande. Henri meurt finalement le 28 janvier 1547 à l'âge de 55 ans, laissant un royaume profondément marqué par ses décisions et ses nombreux mariages, ainsi qu'un héritier de 9 ans à peine.

Édouard, Jeanne & Marie

Fiche d'identité
Édouard

NAISSANCE : 12 octobre 1537, palais de Hampton Court **RÈGNE :** 28 janvier 1547-6 juillet 1553	**MARIAGE :** Aucun **MORT :** 6 juillet 1553, palais de Greenwich	**SIGNE ASTRO :** ♎ Balance

Fiche d'identité
Jeanne

NAISSANCE : octobre 1537, Bradgate Park (?), Leicestershire **RÈGNE :** 10-19 juillet 1553	**MARIAGE :** Guildford Dudley (mai 1553) **MORT :** 12 février 1554, Tour de Londres	**SIGNE ASTRO :** ♎ Balance

Fiche d'identité
Marie

NAISSANCE : 18 février 1516, palais de Greenwich **RÈGNE :** 19 juillet 1553-17 novembre 1558	**MARIAGE :** Philippe II d'Espagne (1554) **MORT :** 17 novembre 1558, palais St James	**SIGNE ASTRO :** ♒ Verseau

A la mort d'Henri VIII, en 1547, le chaos règne. Son fils tant désiré, la prunelle de ses yeux, Édouard, monte sur le trône. Cependant, sa santé trop fragile et une régence disputée rendent la situation précaire. À peine a-t-il le temps de s'asseoir sur le trône qu'il meurt, ouvrant la voie à Jeanne Grey, la fameuse « reine de neuf jours », rapidement évincée par Marie Tudor. Connue sous le surnom de « Bloody Marie », elle ramène le catholicisme à grand renfort de bûchers et d'exécutions. En une décennie, le trône anglais voit défiler un jeune prince malade, une reine éclair et une souveraine sanguinaire dans un jeu de trône digne de la famille Targaryen.

ÉDOUARD VI, *un prince à la santé fragile*

Édouard VI est l'unique fils légitime d'Henri VIII et de Jeanne Seymour. Au cours de ses six mariages, Henri VIII n'aura réussi à avoir que trois enfants : Marie Ire, Élisabeth Ire et Édouard VI. À la mort d'Henri VIII en 1547, le jeune prince, qui a 9 ans, est bien trop jeune pour gouverner seul. Son âge et sa santé fragile rendent nécessaire la mise en place d'un Conseil de régence. Son oncle, Edward Seymour, duc de Somerset, protestant jusqu'à la moelle, devient le lord-protecteur et influence le jeune roi en faveur du protestantisme.

Malgré sa loyauté, Somerset accumule les défaites, affaibli par des échecs militaires et une rébellion intérieure, ce qui ouvre la voie à John Dudley, comte de Warwick, pour devenir lord-protecteur sous le titre de « duc de Northumberland ». Ambitieux et sans scrupules, Dudley poursuit la réforme protestante, mais cette dernière rencontre une forte opposition. Marie Tudor, fervente catholique et fille d'Henri VIII, représente une menace, tandis que la population anglaise, encore attachée aux traditions catholiques, résiste aux changements imposés.

À l'étranger, l'Espagne de Charles Quint, oncle de Marie, voit ces réformes d'un très mauvais œil et s'oppose comme elle peut à l'installation du protestantisme en Angleterre. En 1552, Édouard est sur une pente glissante ; sa santé se détériore à un rythme alarmant. En proie à une tuberculose sévère, il se laisse influencer par Northumberland, qui le persuade d'écarter ses sœurs, Marie et Élisabeth, de la succession. L'objectif est d'éviter à n'importe quel prix le retour du catholicisme en Angleterre. Northumberland pousse Édouard à désigner sa belle-fille, Lady Jeanne Grey, comme héritière du trône. Sous la pression du duc de Northumberland, le Conseil de régence valide cette décision, plongeant l'Angleterre dans un véritable chaos dynastique. Édouard VI tire sa révérence le 6 juillet 1553, à l'âge de 15 ans.

JEANNE GREY, *une parenthèse*

Née le 12 octobre 1537, Jeanne Grey, petite-fille d'Henri VII et cousine d'Édouard, Marie et Élisabeth, a des prétentions légitimes au trône. À la mort d'Édouard VI, une course s'engage pour éviter deux héritières encombrantes : Marie, catholique intransigeante, et Élisabeth, protestante au pedigree sulfureux, fille de l'inoubliable Anne Boleyn, décapitée pour adultère et inceste.

Le duc de Northumberland, John Dudley, voit en Jeanne une opportunité en or pour verrouiller le pouvoir et prolonger ses réformes. Il la marie à son fils Guildford, espérant faire du trône une affaire de famille. La jeune femme est une érudite, mais elle ne dispose pas de soutien solide. Elle semble parfaite pour jouer le rôle d'une reine-pantin. À 16 ans à peine, le 10 juillet 1553, la voilà proclamée reine du royaume – une promotion dont elle se serait bien passée. Londres est alors divisé, la noblesse prudente, et la Couronne chancelante. Pendant ses neuf jours de règne, tout vacille. Les décisions se prennent dans l'urgence, les alliances se défont et Jeanne, bien qu'elle soit brillante, ne parvient pas à incarner l'autorité.

Pendant ce temps, Marie Tudor, fille de Catherine d'Aragon, rassemble ses troupes. Soutenue par le peuple, resté majoritairement catholique, et par une bonne partie de l'Europe, elle marche sur Londres, sûre de son bon droit. Le 19 juillet, elle entre dans la capitale sous les acclamations. Jeanne est arrêtée et enfermée à la tour de Londres. Son règne éclair prend fin, et son sort est scellé. Après un procès express, elle est condamnée pour haute trahison. Le 12 février 1554, elle est exécutée à la Tour de Londres, suivie de son époux, Guildford. Suivante !

MARIE TUDOR, *la revanche catholique*

Marie Tudor, fille aînée d'Henri VIII et de Catherine d'Aragon, entre dans l'histoire d'Angleterre le couteau entre les dents. Après avoir renversé Jeanne Grey, elle s'installe fermement sur le trône et commence son règne de manière déterminée. Surnommée « Bloody Marie » en raison des impitoyables persécutions de protestants qu'elle ordonne, elle s'efforce de ramener l'Angleterre dans le giron du catholicisme.

Marie endure de nombreuses épreuves avant d'accéder au trône. Son enfance et son adolescence sont marquées par le divorce de ses parents et l'humiliation de sa mère, Catherine d'Aragon, répudiée par Henri VIII. Marie, déclarée illégitime et reléguée loin de la cour, conserve une loyauté farouche envers le catholicisme en grande partie grâce à l'influence de sa mère.

En montant sur le trône, en 1553, Marie balaie les réformes protestantes mises en place par son père et son demi-frère, Édouard VI. Elle rétablit le catholicisme comme religion d'État, pour le plus grand plaisir du pape, et engage une campagne de persécution contre les protestants. Des centaines d'entre eux sont exécutés par le feu et son règne devient synonyme de terreur pour les dissidents religieux.

En 1554, l'Angleterre est en effervescence. Marie Tudor, décidée à renforcer le catholicisme et à consolider son pouvoir, décide d'épouser Philippe II d'Espagne. Cette tentative audacieuse a pour objectif de réunir deux des plus grandes couronnes d'Europe. Cependant, ce mariage politique suscite de vives inquiétudes. Bien que cela ne soit pas particulièrement choquant pour l'époque, Philippe est le fils de son cousin, Charles Quint. Politiquement, de nombreux protestants, et même certains catholiques, redoutent que l'Angleterre tombe sous l'influence espagnole.

Avant que le mariage ne se concrétise, une rébellion éclate. Sir Thomas Wyatt, un jeune soldat anglais, se soulève contre cette union entre Marie et Philippe. Le 25 janvier, il rassemble ses partisans à Maidstone, dans le Kent, et marche vers Londres. Il espère empêcher la cérémonie et peut-être même remplacer Marie par sa demi-sœur, Élisabeth. Bien que le complot soit révélé prématurément par un traître, le mouvement prend de l'ampleur. Marie Tudor ne se laisse pas intimider, mobilise ses troupes et renforce les défenses de Londres. Le 3 février, les rebelles sont défaits et Wyatt capturé quatre jours plus tard. Soupçonnée d'avoir trempé dans la conspiration, Élisabeth est arrêtée à son tour et conduite à la tour de Londres. Marie, fidèle à ses principes, refuse de la condamner sans preuves solides.

Malgré la rébellion, le mariage entre Marie et Philippe a bien lieu. Mais il reste stérile. Plusieurs raisons l'expliquent : relation à distance, Philippe passant la majeure partie de son temps en Espagne, les grossesses nerveuses de Marie, et sans doute des problèmes de santé non diagnostiqués. Roi consort, Philippe n'exerce aucun véritable pouvoir. Marie reste seule maîtresse sur le trône.

En 1558, une violente épidémie de grippe ravage l'Angleterre. Malade et affaiblie, Marie doit se rendre à l'évidence. Elle n'aura pas d'héritier. On murmure qu'elle souffre d'un cancer de l'utérus ou de kystes ovariens. Sur son lit de mort, elle désigne Élisabeth comme héritière. Ce choix est dicté moins par l'affection que par la peur d'une guerre de succession et le besoin d'assurer un semblant de stabilité. Malgré tout ce qui les oppose, Marie sait que c'est encore le moindre mal.

La nouvelle de sa mort se répand comme une traînée de poudre et la jeune Élisabeth est proclamée reine sans grande résistance : le testament d'Henri VIII, leur père, et l'acte de succession de 1544 prévoient que si Marie n'a pas d'héritier à sa mort, le trône revient à Élisabeth. Cette disposition, bien que contestée par les catholiques, donne une légitimité indéniable aux prétentions d'Élisabeth. Marie Tudor demeure dans les mémoires la première reine d'Angleterre vraiment marquante. Malheureusement pour elle, un règne trop court, un mariage impopulaire et le fait qu'elle n'ait pas eu d'héritier ne lui ont pas permis d'asseoir son pouvoir.

Élisabeth Ire

Fiche d'identité

NAISSANCE :	MARIAGE :	SIGNE ASTRO :
7 septembre 1533, palais de Placentia	Aucun	♍ Vierge
RÈGNE : 17 novembre 1558-24 mars 1603	MORT : 24 mars 1603, palais de Richmond	

Malgré son surnom de « Reine vierge », Élisabeth n'est pas aussi innocente que l'on pourrait le croire. Elle exploite habilement son prétendu célibat pour garder le pouvoir, préférant régner seule plutôt que de partager son trône. Entre un demi-frère héritier et une demi-sœur soutenue par l'Europe catholique, la « bâtarde hérétique » n'était pas destinée au trône. Pourtant, son règne marque l'apogée de la Renaissance anglaise avec Shakespeare, une victoire éclatante contre l'Armada espagnole et la transformation de l'Angleterre en une puissance maritime redoutable. Élisabeth s'affirme comme une reine qui fixe ses propres règles.

UNE ENFANCE difficile

Élisabeth commence sa vie sous une étoile bien peu favorable : son père, Henri VIII, dissimule à peine son désarroi de ne pas avoir un héritier mâle. À l'âge de 3 ans, elle est marquée par la sinistre exécution de sa mère, Anne Boleyn. Élisabeth est rapidement déchue de ses titres, ostracisée et ignorée par un père absent. Elle devient une simple pièce dans l'échiquier de la succession royale et se trouve reléguée derrière son demi-frère Édouard et sa demi-sœur Marie.

À la mort de Henri VIII, Édouard VI n'a que 9 ans, et déjà, les vautours sont à l'affût. Son oncle Edward Seymour s'impose comme lord-protecteur. Son frère Thomas, plus pressé que prudent, veut lui aussi croquer sa part du gâteau. Il épouse rapidement Catherine Parr, la veuve du roi, ce qui lui permet de se rapprocher de la jeune Élisabeth, alors âgée de 13 ans. Dès lors, son comportement envers la princesse soulève des interrogations. Il s'introduit dans sa chambre à des heures indues, multiplie les gestes inappropriés et se vante ouvertement de l'influence qu'il exerce sur elle.

L'affaire prend une tournure plus grave encore après la mort soudaine de Catherine, en septembre 1548. Désormais libre, Thomas caresse l'idée d'épouser Élisabeth, ce qui lui assurerait une mainmise sur la Couronne. Très vite des pamphlets circulent, suggérant une grossesse illégitime ; la jeune princesse est même contrainte de prouver publiquement sa virginité afin d'étouffer le scandale. Pressentant le danger, Élisabeth garde ses distances et se protège habilement. Thomas, lui, se croit intouchable. Son arrogance et ses manigances finissent par lui coûter cher. En 1549, il est arrêté pour complot contre la Couronne et exécuté peu après. Élisabeth échappe de justesse à une affaire qui aurait pu ruiner son avenir.

Accession AU TRÔNE

Accusée de complicité dans la révolte de Wyatt, Élisabeth est arrêtée en mars 1554 et enfermée à la tour de Londres. Faute de preuves, Marie l'épargne mais la maintient en captivité. Après sa libération, Élisabeth est placée en résidence surveillée au palais de Woodstock. Cette retraite forcée dure environ un an. Le 17 avril 1555, elle est rappelée à la cour pour assister aux ultimes rebondissements de la grossesse supposée de Marie. Spoiler : il n'y aura pas de bébé. L'illusion dissipée, le constat est sans appel : Marie ne donnera pas d'héritier. Au cours de l'automne 1558, la santé de Marie décline rapidement. Élisabeth, en bonne stratège, commence déjà à préparer son gouvernement. Le 6 novembre, la reine admet l'évidence : c'est sa demi-sœur qui portera la couronne. Elle meurt le 17 novembre. Rideau. Élisabeth entre en scène.

À peine couronnée, Élisabeth doit composer avec un royaume où protestants et catholiques se regardent en chiens de faïence. La moindre étincelle menace d'embraser le pays. Consciente de ce risque, Élisabeth opte pour une stratégie subtile : plutôt que d'imposer une seule foi, elle cherche à apaiser les tensions en promulguant l'Acte de suprématie en 1559. Ce dernier affirme l'indépendance de l'Église d'Angleterre et la place sous l'autorité de la reine, sans

→

Vierge dans le zodiaque et dans la vie

Élisabeth Ire dit oui… mais pas à un homme ! Fraîchement montée sur le trône d'Angleterre en 1558, la fille d'Henri VIII fait une déclaration retentissante au Parlement : elle ne prendra pas d'époux. Pas de roi consort, pas d'héritier en vue. Alors que les pressions s'intensifient, aussi bien de son propre conseil que des grandes puissances européennes, elle répond avec fermeté aux parlementaires inquiets comme aux prétendants ambitieux : « Je suis déjà liée à un mari, c'est le royaume d'Angleterre, et cela doit vous suffire. »

Élisabeth, fine stratège, envisage plusieurs prétendants jusqu'à l'âge de 50 ans. Le dernier en lice est le jeune duc François d'Anjou, fils d'Henri II et de Catherine de Médicis, de vingt-deux ans son cadet. Mais elle reste prudente. Un mariage, comme celui de sa sœur Marie avec Philippe II, pourrait lui coûter son trône. Mieux vaut régner seule que mal accompagnée. Chasteté sincère ou génie politique ?

« MoDarchie » QUAND LA MODE GOUVERNE LE ROYAUME

En monarchie, le pouvoir ne s'affirme pas seulement par l'épée, le sceptre ou les traités. Il se tisse, se brode, se poudre. Chaque tissu, chaque volume, chaque accessoire suit une logique de contrôle. Et trois choses en particulier ont incarné cette mode du pouvoir, à travers trois pays : la perruque française, la collerette anglaise et le noir espagnol.

FRANCE : *artifice et parasites*

Sous l'Ancien Régime, le cheveu est une obsession. Il incarne force, santé, virilité. En perdre, c'est décliner. En exhiber, c'est régner. Et quand la nature fait défaut, la perruque prend le relais.

Louis XIII, atteint de calvitie précoce, est le premier à en porter en public. Louis XIV, confronté au même problème, en fait une norme. Quarante perruquiers sont à son service : en un demi-siècle, le postiche devient le cœur du style français.

Derrière l'apparat, une logique pratique : les poux. Le bain est rare, mal vu. On rase les crânes, on les couvre de perruques. Ces dernières peuvent également être infestées, mais, au moins, on peut les faire bouillir. Du faux, mais du propre.

L'industrie suit. Dès 1673, les perruquiers s'organisent en corporation. Leur nombre est multiplié par cinq en un siècle. Les cheveux sont achetés dans toute l'Europe, notamment auprès de jeunes paysannes blondes.

La Révolution balaiera les têtes, les perruques et le symbole qu'elles incarnent. En 1793, les codes vestimentaires de l'Ancien Régime s'effondrent. Les distinctions de classe par l'habit sont balayées. Le vêtement cesse d'obéir à la naissance, il devient politique.

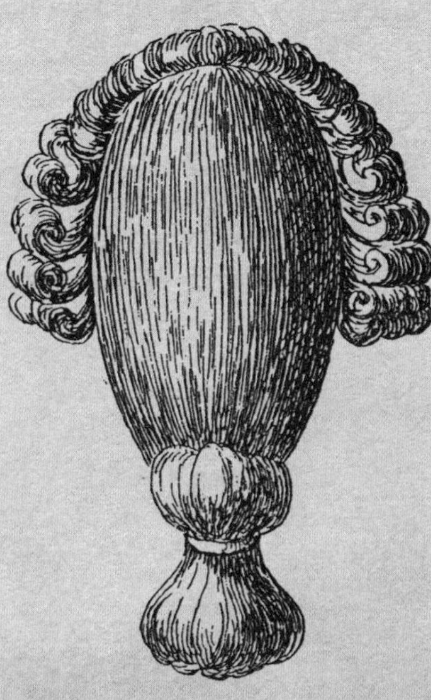

ANGLETERRE :
collerette et fond de teint

La collerette empesée, ou *ruff*, naît au milieu du XVIe siècle dans l'aristocratie espagnole comme simple « terminaison » de chemise. En Angleterre, elle devient sous les Tudor un signe distinctif, presque liturgique.

Plissée, blanchie puis rigidifiée à l'amidon, elle se transforme en roue textile qui encadre le visage. On ne tourne plus la tête, on ne baisse plus les yeux. Élisabeth Ire en fait une arme visuelle. Chaque détail de sa silhouette est pensé comme une mise en scène : collerette empesée, corset rigide, perruque rousse, teint marmoréen.

Mais la mise à distance ne se limite pas au cou : elle remonte au visage. Le blanc mat appliqué sur la peau est un mélange de céruse (plomb blanc), de vinaigre et d'eau de rose. Il masque les rides, les taches, les cicatrices et, en particulier, les séquelles de la variole. Mais il est hautement toxique. Il fissure la peau, provoque des rougeurs, des crevasses, voire des nécroses. On le cache… en en remettant une couche. Un vrai cercle vicieux !

Ce maquillage sacrificiel, pourtant, reste à la mode jusqu'au XVIIIe siècle. Ce n'est qu'avec les poudres à base de zinc que la pratique devient moins dangereuse. Mais l'idée, elle, persiste : le maquillage n'est pas là pour séduire. Il crée une distance, une surface maîtrisée entre le pouvoir et le monde.

La reine Élisabeth

ESPAGNE :
de noir vêtu

À la fin du XIIIe siècle, dans les grands foyers universitaires et ecclésiastiques d'Europe de l'Ouest, le noir s'impose comme un signe de vertu. D'abord chez les religieux, puis chez les juristes et les savants. Au siècle suivant, les banquiers italiens s'en emparent à leur tour. Chic, mais surtout stratégique. Les lois réservent les couleurs vives à la noblesse. Le noir, lui, n'est pas concerné. Discret, raffiné, il permet d'afficher sa richesse… sans transgresser la loi.

Mais c'est l'Espagne des Habsbourgs qui en fait une déclaration d'État. Sous Charles Quint, puis Philippe II, le noir devient la couleur officielle de la monarchie catholique. Teindre en noir demande une alchimie capricieuse. La moindre erreur et l'étoffe vire au violet ou au vert. Un noir pur est donc un luxe. Et c'est ce qui fait sa force.

Créés nus, Adam et Ève ne se couvrent qu'après avoir goûté au fruit défendu : l'habit naît du péché et doit rester modeste. Chez les protestants, le noir s'impose comme une armure contre l'orgueil, signe d'humilité.

Au XXe siècle, Cristóbal Balenciaga, fils de marin basque, ravive l'héritage espagnol : lignes pures, volumes sombres, élégance silencieuse. Coco Chanel, elle, frappe plus fort. En 1926, sa petite robe noire figure en couverture de *Vogue* et met à l'honneur le noir de ses anciens maîtres : deuil, hiérarchie, austérité. Il devient icône de mode.

Le noir n'a jamais quitté la scène. Il habille les chefs d'État, les podiums comme les enterrements. Ce peut être la couleur du costume d'un acteur ou d'un jean noir basique de prêt à porter. La monarchie l'a sanctifié, la rue adopté. Et personne n'a jamais osé l'effacer.

→

pour autant persécuter ouvertement les catholiques. L'une de ses devises est d'ailleurs « *Video et taceo* » (« Je vois et je me tais »).

L'amour impossible

Dès son accession au trône, les courtisans murmurent que la reine n'est pas aussi indifférente à l'amour qu'elle le prétend. Au cœur de ces rumeurs : Robert Dudley, son ami d'enfance et favori incontesté. Ce dernier, issu d'une famille tombée en disgrâce après l'échec du coup d'État de son père, retrouve une place de choix à la cour grâce à l'affection que lui porte Élisabeth. Très vite, leur complicité suscite des soupçons, car Dudley est déjà marié à Amy Robsart, une femme discrète tenue à l'écart des intrigues londoniennes. En 1559, alors que l'idylle supposée entre le favori et la reine enflamme les esprits, naît une rumeur tenace : si Amy venait à mourir, Dudley pourrait épouser Élisabeth et devenir roi consort.

En septembre 1560, le scandale éclate : Amy Dudley est retrouvée morte au pied d'un escalier dans des circonstances mystérieuses. Accident ? Suicide ? Assassinat commandité par un mari trop pressé de se remarier ? L'affaire choque l'Angleterre. Un médecin légiste conclut à une chute fatale, mais l'opinion publique gronde. L'idée qu'Élisabeth ait pu couvrir un meurtre pour épouser son favori est politiquement intenable. Dudley, autrefois prétendant potentiel, devient un fardeau pour la reine. Si elle a un jour envisagé de l'épouser, elle y renonce définitivement. Pourtant, il restera son plus proche confident. En 1564, elle le nomme comte de Leicester, confirmant son influence en dépit du scandale.

Robert Dudley

Quinze ans plus tard, c'est lui qui mène les troupes anglaises à la victoire contre l'Invincible Armada de Philippe II. Mais en septembre 1588, alors que l'Angleterre célèbre son triomphe, Dudley succombe après des mois de maladie. À l'annonce de sa mort, Élisabeth s'effondre. Inconsolable, elle s'enferme plusieurs jours dans ses appartements, refusant toute compagnie.

FIN DE VIE et succession

Élisabeth se retrouve de plus en plus seule et mélancolique. La mort de Robert Dudley la plonge dans une tristesse profonde et elle s'isole de plus en plus, s'enfermant dans ses souvenirs et ses regrets. Après un règne de quarante-cinq ans, elle s'éteint le 24 mars 1603 à l'âge de 69 ans sans héritier direct, laissant la question de la succession en suspens. Les causes exactes de sa mort restent floues. Peut-être que son amour immodéré pour le maquillage au plomb, le fameux « *Venetian Ceruse* », lui est fatal. D'autres pensent qu'elle succombe à un cancer, à une infection pulmonaire, ou simplement à la fatigue après des décennies de règne tumultueux et de stress.

Stratège et intelligente jusqu'au bout, Élisabeth désigne Jacques VI d'Écosse, fils de sa rivale Marie Stuart, comme héritier. Ce geste audacieux vise à unir les couronnes d'Angleterre et d'Écosse sous une seule bannière. Jacques monte sur le trône d'Angleterre sous le nom de Jacques Ier, inaugurant l'ère des Stuarts et consacrant la fin des Tudor. Cette manœuvre astucieuse assure une transition pacifique et stabilise le royaume, démontrant une fois de plus l'habileté politique d'Élisabeth.

Cette dernière laisse derrière elle un royaume plus stable et prêt à affronter les défis futurs. Sous son règne, l'Angleterre se transforme en une force maritime redoutable et commence à établir des colonies, ce qui marque le début de l'expansion de l'Empire britannique.

Marie Stuart

Fiche d'identité

NAISSANCE : 8 décembre 1542, palais de Linlithgow

RÈGNE : reine d'Écosse : 14 décembre 1542-24 juillet 1567

MARIAGES : François II de France (1558-1560), Henry Stuart, Lord Darnley (1565-1567), James Hepburn, comte de Bothwell (1567-1578)

MORT : 8 février 1587, château de Fotheringhay

SIGNE ASTRO : ♍ Vierge

Collectionneuse de couronnes et de maris, Marie Stuart est prête à tout pour son pays. Si le destin joue contre elle et que les malheurs s'enchaînent, elle est au cœur des intrigues de l'époque. Couronnée reine d'Écosse, puis reine de France par son mariage avec François II, elle ne se contente pas de ces titres et lorgne également la Couronne anglaise grâce à ses liens avec les Tudor. Sa rivalité avec Élisabeth Ire exacerbe les tensions et façonne l'histoire des monarchies européennes.

UNE ENFANCE ROYALE et tumultueuse

Fille du roi Jacques V d'Écosse et de Marie de Guise, Marie Stuart devient reine à seulement 6 jours après la mort de son père, emporté par une fièvre persistante. Par sa grand-mère paternelle, elle descend d'Henri VII d'Angleterre, fondateur de la dynastie Tudor. Ce lien de sang fait d'elle une prétendante naturelle au trône anglais.

Pour échapper aux projets matrimoniaux d'Henri VIII, bien décidé à marier la petite reine d'Écosse à son fils Édouard afin de fusionner les deux couronnes, Marie de Guise organise son départ. En 1548, à 5 ans, Marie Stuart quitte son royaume pour la France. Elle y découvre la cour des Valois, un monde de luxe, d'intrigue et de culture bien éloigné de la rudesse écossaise. Placée sous la protection d'Henri II et de Catherine de Médicis, elle reçoit une éducation royale exemplaire encadrée par sa grand-mère Antoinette de Bourbon et ses oncles Guise. Catholiques intransigeants, ces derniers comptent bien faire de leur nièce un atout politique de premier plan.

Marie se lie d'amitié avec les enfants royaux, en particulier avec le dauphin François. Leur relation est empreinte de tendresse et de complicité. En 1558, elle l'épouse, unissant les couronnes d'Écosse et de France. Un an plus tard, Marie devient reine consort de France après l'accession au trône de François II consécutive à la mort d'Henri II lors d'un tournoi de joute. La cour française est sous le charme de la nouvelle reine, qui incarne l'élégance et la culture. Devenir reine consort de France à 16 ans, c'est une véritable consécration.

Cependant, ce conte de fées tourne court lorsque, en 1560, François II, de santé fragile, meurt. Marie devient veuve à 18 ans seulement. À la mort de son mari, elle se retrouve littéralement au chômage – sans rôle officiel à la cour de France – et doit reprendre ses responsabilités en Écosse. Elle connaît à peine ce royaume alors en pleine crise.

RETOUR AU PAYS *et défis politiques*

En 1561, Marie rentre en Écosse, un territoire profondément protestant où elle est davantage perçue comme française qu'écossaise. Les tensions religieuses déchirent le pays, et Marie, bien qu'elle soit une reine catholique, tente de gouverner avec tolérance.

Malgré ses efforts pour stabiliser son règne, tout bascule lorsque, en 1565, elle épouse Henry Stuart, lord Darnley, son cousin. Jeune, séduisant, il prétend à la Couronne anglaise grâce à ses liens avec les Tudor ; le choix semble donc idéal. Ce prince offre à Marie ce qui apparaît comme une alliance stratégique solide.

Mais derrière son apparence séduisante se cache un tout autre personnage. Darnley, avide de pouvoir et de reconnaissance, révèle rapidement un tempérament impulsif et instable. Il ne se contente pas du titre de roi consort, mais ambitionne la Couronne matrimoniale, c'est-à-dire le pouvoir réel aux côtés de Marie. En clair, s'il arrivait malheur à cette dernière, il resterait roi d'Écosse. Toutefois, son comportement inquiétant pousse Marie à refuser de lui accorder ce pouvoir. Elle voit clair dans son jeu et se méfie de plus en plus de lui. Son ambition démesurée le rend rapidement impopulaire auprès de la noblesse écossaise, qui désapprouve ses manigances et son arrogance.

En outre, Darnley est agressif et extrêmement jaloux du secrétaire et confident de Marie, le bel Italien David Rizzio. Darnley va jusqu'à comploter et le faire assassiner : il est poignardé à plusieurs reprises sous les yeux horrifiés de Marie. Ce meurtre sanglant, commis en mars 1566, choque la cour et ternit davantage encore la réputation du roi consort.

Au milieu de ce chaos, Marie tombe enceinte, mais cette nouvelle n'apporte guère de réconfort. En effet, la relation avec Darnley est devenue extrêmement conflictuelle, d'autant qu'elle a rencontré un nouvel homme, James Hepburn, comte de Bothwell. Ce dernier incarne tout ce que Darnley n'est pas : il est courageux, charismatique et fait preuve d'une brutalité qui intrigue et fascine Marie.

Un remariage DOUTEUX

En 1567, Darnley tombe gravement malade, vraisemblablement atteint de la variole ou peut-être empoisonné. Il se retire dans une maison à Kirk o' Field, près d'Édimbourg, pour se reposer. La maladie l'a considérablement affaibli et il espère se remettre loin des intrigues de la cour. Marie lui rend régulièrement visite, affichant un soutien public en dépit de leurs dissensions. Mais dans la nuit du 9 au 10 février 1567, la maison où il séjourne est secouée par une violente explosion. Les débris de la demeure sont éparpillés ; on retrouve dans le jardin le corps de Darnley, étrangement indemne. Il a été étranglé. Cette scène macabre laisse penser à un assassinat méticuleusement planifié.

Les regards se tournent vite vers James Hepburn. Pas besoin d'être Sherlock Holmes : sa proximité avec la reine et l'opportunité du crime en font un coupable idéal. Si les preuves manquent, les rumeurs, elles, prolifèrent à la cour comme des rats dans un grenier. En outre, Marie jette de l'huile sur le feu : elle épouse Bothwell trois mois à peine après la mort de son mari, faisant fi de la traditionnelle période de deuil. Le scandale est total.

Les nobles, déjà hostiles à Marie en raison de ses convictions catholiques et de ses manières françaises, perdent définitivement patience. Ces événements leur donnent le prétexte qu'ils cherchaient pour la renverser. Ils se soulèvent contre elle, la capturent, et l'emprisonnent au château de Loch Leven. Là, Marie est contrainte d'abdiquer en faveur de son fils, Jacques VI, âgé d'à peine 1 an.

UNE FIN DE VIE surveillée

Cependant, Marie n'est pas du genre à se laisser abattre. Avec l'aide de quelques fidèles, elle parvient à s'échapper de sa prison en 1568. Cherchant désespérément un soutien pour reconquérir son trône, elle n'a plus rien à perdre et, espérant trouver refuge et assistance, se tourne vers sa cousine Élisabeth en Angleterre. Mais cette dernière, toujours prudente, voit en Marie une menace. Plutôt que de l'aider, elle la place en résidence surveillée, où elle passera les dix-neuf années suivantes.

Entre-temps, son fils Jacques est élevé par des nobles protestants qui cultivent en lui une profonde méfiance, en partie liée à la haine que beaucoup vouent à sa mère. L'influence protestante façonne son éducation et ses vues politiques, le préparant à exercer le pouvoir d'une manière résolument différente de celle de sa mère. Les années passent et Marie, malgré son isolement, est impliquée dans plusieurs complots visant à renverser Élisabeth et à prendre le trône d'Angleterre. En 1586, des preuves de sa complicité dans la conspiration de Babington sont découvertes. Jugée et condamnée à mort pour trahison, elle est décapitée à la hache le 8 février 1587. Une fin tragique pour cette reine dont la vie a été marquée par la lutte et la controverse.

Jusqu'au dernier moment, Élisabeth se débat avec ses remords et ses doutes ; elle se demande si elle prend la bonne décision. Après tout, Marie est de sa famille, une autre reine dans un monde dominé par les hommes. La perspective de faire exécuter une souveraine et une parente n'est pas une décision qu'Élisabeth prend à la légère. Ironie du sort, le rêve de Marie se réalise après sa mort : Élisabeth, vieillissante et sans héritier direct, conclut une alliance avec Jacques VI, le fils de Marie, pour qu'il lui succède. Ce dernier devient le premier roi à régner sur l'Angleterre, l'Écosse et l'Irlande, unifiant ainsi les couronnes.

Espagne

XVIe SIÈCLE

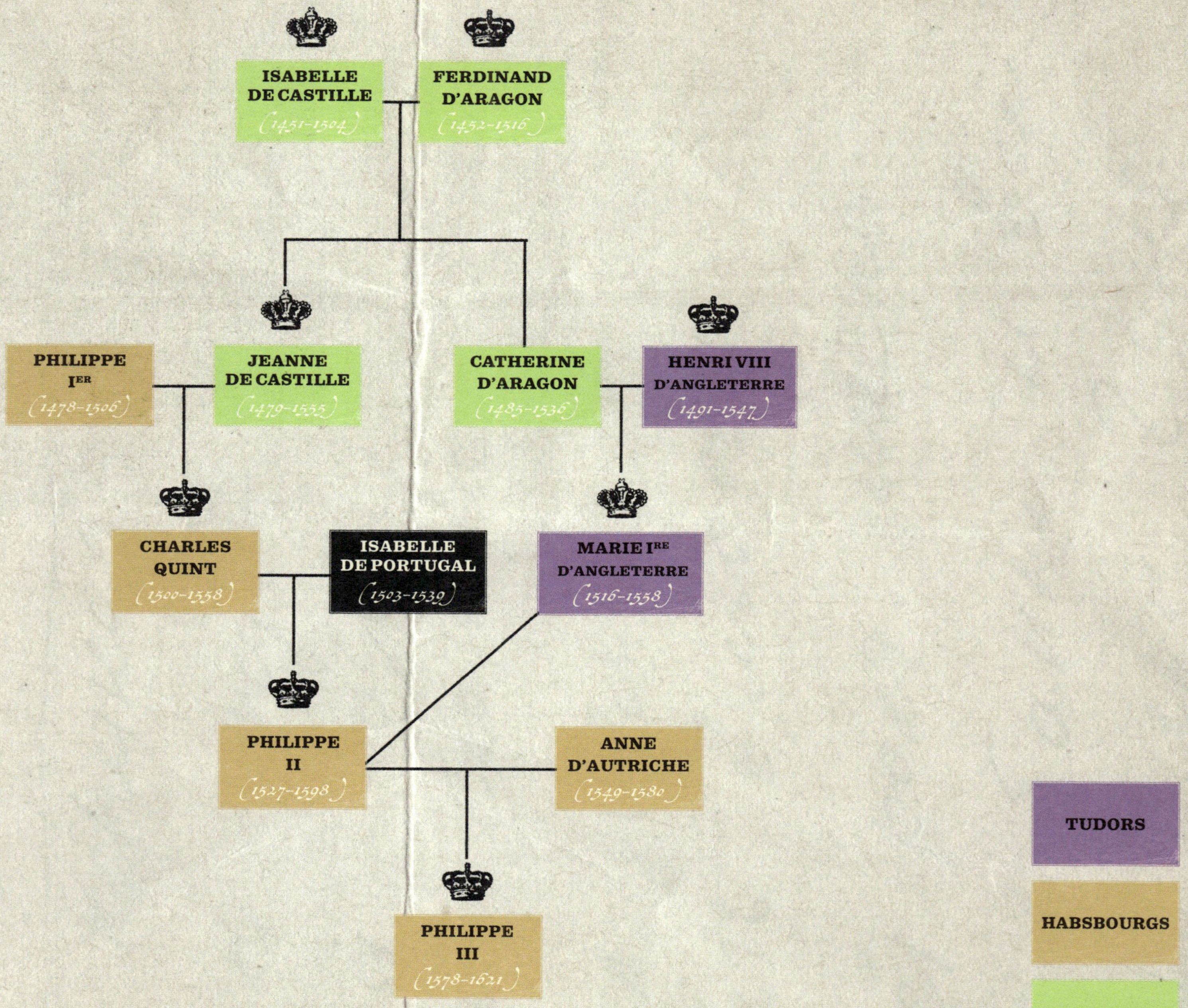

Ferdinand II d'Aragon

Isabelle Ire de Castille

Fiche d'identité

Isabelle

NAISSANCE : 22 avril 1451, Madrigal de las Altas Torres **RÈGNE :** reine de Castille, 1474-1504	**MARIAGE :** Ferdinand II d'Aragon (1469) **MORT :** 26 novembre 1504, Medina del Campo	**SIGNE ASTRO :** ♉ Taureau

Fiche d'identité

Ferdinand

NAISSANCE : 10 mai 1452, Sos del Rey Católico **RÈGNE :** roi consort de Castille (1474-1504), régent de Castille (1504-1516)	**MARIAGE :** Isabelle Ire de Castille (1469) **MORT :** 23 janvier 1516, Madrigalejo	**SIGNE ASTRO :** ♓ Poissons

Aussi inséparables que le pain et le fromage, Ferdinand et Isabelle forment le duo royal le plus puissant de la fin du Moyen Âge. Leur mariage n'est pas un simple conte de fées, mais une véritable fusion stratégique. Pour comprendre l'Espagne du XVIe siècle, il est indispensable de connaître leur histoire. En s'unissant, ils créent l'Espagne moderne, chassant les Maures hors de Grenade et ouvrant la voie à l'âge des explorations. Ferdinand et Isabelle, à travers leurs enfants, tissent des liens dynastiques qui influencent tous les trônes européens.

L'union
des Couronnes

Pour qu'elle devienne héritière, Henri IV impose à Isabelle ses conditions : il choisira son mari. Cette dernière, fidèle à son caractère bien trempé, l'ignore royalement et épouse en secret Ferdinand, son cousin germain, héritier du trône d'Aragon, en 1469. Ce genre de pratique est très mal vu à l'époque, car l'Église catholique impose à ce sujet des restrictions sévères et exige une dispense papale pour éviter les scandales de consanguinité. Isabelle et Ferdinand, conscients de l'importance politique de leur union, ne peuvent attendre l'autorisation du Saint-Père. L'archevêque de Tolède orchestre alors un faux certificat papal qui stipule que le pape a donné sa bénédiction. Ce document permet à Isabelle et Ferdinand de se marier rapidement. Rome découvre le subterfuge, mais, plutôt que de provoquer un scandale, légitime l'union a posteriori. Le Vatican a tout intérêt à se mettre ces deux-là dans la poche.

CONTEXTE

Au XVIe siècle, l'Espagne n'est absolument pas unifiée. Le territoire est fragmenté en plusieurs royaumes : la Castille, l'Aragon, la Navarre et Grenade. La Castille, en proie à une guerre de succession, est déchirée entre Isabelle de Castille et Jeanne la Beltraneja. Pendant ce temps, Ferdinand d'Aragon lutte contre les ambitions françaises et celles des autres voisins européens. C'est dans ce chaos que Ferdinand et Isabelle décident d'unir leurs forces et de redéfinir les règles du jeu. Le mariage entre Ferdinand et Isabelle, en 1469, est une manœuvre politique orchestrée avec brio par l'archevêque de Tolède. Il unit de facto les royaumes de Castille et d'Aragon. L'alliance des deux couronnes crée une force politique et militaire redoutable qui redessine la carte de l'Europe médiévale.

ISABELLE Ire,
une reine au caractère de fer

Isabelle n'est pas censée régner. Fille de Jean II de Castille et d'Isabelle de Portugal, elle grandit dans un climat politique instable. À la mort de son père, c'est son demi-frère Henri IV (à ne pas confondre avec le roi français) qui prend la Couronne, mais son règne tourne rapidement au chaos. Faible, influençable, entouré de favoris peu recommandables, il déclenche guerres civiles et révoltes. Et ce n'est pas tout : la légitimité de sa fille Jeanne, dite « La Beltraneja », est contestée par une rumeur tenace. On prétend qu'elle ne serait pas sa fille, mais le fruit discret des amours de sa femme, la reine Jeanne de Portugal avec un courtisan bien placé, Beltrán de la Cueva. On reproche également au petit oiseau d'Henri de ne pas savoir voler, si vous voyez ce que je veux dire, ce qui alimente davantage les spéculations sur l'illégitimité de Jeanne.

Son père meurt quand elle n'a que 3 ans, laissant une mère qui sombre dans la folie et une petite princesse à la merci des intrigues de cour. Isolée par son demi-frère Henri IV, elle se retrouve pratiquement en exil à Arévalo. Son éducation est centrée sur la religion. Loin de l'affaiblir, cette vie austère lui donne un caractère de fer et une volonté à toute épreuve. En 1461, Henri IV la ramène à la cour pour la surveiller de près. Sous la pression des nobles, il n'a d'autre choix que de déshériter sa fille Jeanne. C'est alors qu'Alphonse, le frère cadet d'Isabelle, est désigné comme héritier du trône ; mais il meurt mystérieusement en 1468, laissant bien malgré lui sa place à Isabelle.

FERDINAND II, *un stratège redoutable*

Ferdinand d'Aragon voit le jour le 10 mai 1452. Fils de Jean II, il grandit au cœur des intrigues ibériques et il est très tôt promis à un destin de stratège. En 1479, à la mort de son père, il monte sur le trône d'Aragon et devient aussi roi de Sicile. À lui seul, il gouverne une mosaïque de territoires disparates qu'il maintient à flot grâce à une diplomatie acérée et une poigne ferme.

Son mariage avec Isabelle de Castille, en 1469, bouleverse le jeu politique. Ce n'est pas un simple contrat dynastique, mais un acte fondateur pour l'Espagne. Ferdinand n'a rien d'un du roi consort passif : il prend une part active dans les affaires castillanes sans jamais perdre de vue les intérêts de l'Aragon. Deux royaumes, deux administrations, mais un projet commun : bâtir une monarchie puissante, unifiée, et respectée.

L'Inquisition ESPAGNOLE

L'Inquisition espagnole, lancée en 1478, ne relève pas seulement de la ferveur religieuse. C'est un coup de maître politique organisé par Ferdinand et Isabelle. Son but est d'uniformiser le royaume, de rallier les esprits et d'éliminer tout ce qui pourrait fissurer leur autorité.

Officiellement, on traque l'hérésie. En pratique, ce sont surtout les *conversos*, juifs convertis au christianisme, mais suspectés de double jeu, qui sont en ligne de mire. Sous l'œil vigilant de Ferdinand, l'Inquisition devient un instrument de contrôle redoutable avec son cortège de procès, de tortures et d'exécutions. Et cela ne s'arrête pas là. En 1492, le couple royal signe le décret d'expulsion des juifs : convertissez-vous ou partez. Des milliers d'entre eux fuient, persécutés, emportant savoirs, réseaux, et compétences. Cette mesure draconienne laisse évidemment un héritage durable de divisions et de ressentiments.

L'âge des explorations

Sous le patronage d'Isabelle, Christophe Colomb découvre le « Nouveau Monde » en 1492, ce qui marque le début de l'expansion coloniale espagnole. Ferdinand, stratège avisé, soutient également les explorations, voyant en elles une opportunité de transformer l'Espagne en une puissance mondiale. Christophe Colomb, marin ambitieux et persévérant, persuade Isabelle de financer son voyage vers l'ouest pour atteindre les Indes. Après des années de refus, elle accepte enfin, espérant des richesses et de nouvelles terres pour l'Espagne. Bonne pioche !

Le 3 août 1492, Colomb embarque de Palos de la Frontera avec trois navires et, le 12 octobre, il pose pied sur une île des Bahamas. Ce voyage marque le début d'une ère de découvertes qui change le monde à jamais. L'Espagne, sous la direction de Ferdinand et Isabelle, s'embarque dans une série de conquêtes et de colonisations qui lui permettra de devenir l'une des plus grandes puissances du monde.

Les réalisations économiques et politiques de Ferdinand et Isabelle posent les bases d'un empire qui s'étend des Amériques à l'Europe. Les richesses des colonies, en or, en argent et en produits exotiques, affluent vers l'Espagne, transformant l'économie et augmentant le prestige de la Couronne. L'ère des explorations, initiée par le soutien visionnaire d'Isabelle à Colomb, ouvre une nouvelle page de l'histoire mondiale dans laquelle l'Espagne joue le rôle principal.

Leurs enfants

Ferdinand et Isabelle, tout en transformant leur royaume, créent une descendance stratégique en Europe. Leur fille Jeanne, surnommée « la Folle », devient reine de Castille et d'Aragon. Son mariage avec Philippe le Beau est tumultueux. Après la mort de son époux, elle est placée en résidence surveillée et laisse leur fils, Charles Quint, hériter de l'Empire espagnol. Catherine d'Aragon, leur autre fille, devient reine d'Angleterre en épousant Henri VIII. Ils n'auront pas d'héritier mâle, ce qui conduit à la rupture avec l'Église catholique et à la création de l'Église anglicane. Isabelle meurt en 1504, et Ferdinand règne jusqu'à sa mort, en 1516. Leur petit-fils, Charles Quint, hérite d'un empire immense.

Charles Quint

Jeanne de Castille

Fiche d'identité **Jeanne**			
	NAISSANCE : 6 novembre 1479, Tolède **RÈGNE :** reine de Castille (1504-1555), reine d'Aragon (1516-1555)	**MARIAGE :** Philippe le Beau (1496) **MORT :** 12 avril 1555, Tordesillas	**SIGNE ASTRO :** ♏ Scorpion

Fiche d'identité **Charles**			
	NAISSANCE : 24 février 1500, Gand (Flandre) **RÈGNE :** Roi d'Espagne sous le nom de Charles Ier (1516-1556)	**MARIAGE :** Isabelle de Portugal (1526) **MORT :** 21 septembre 1558, monastère de Yuste	**SIGNE ASTRO :** ♓ Poissons

Jeanne Ire de Castille, fille d'Isabelle de Castille et de Ferdinand d'Aragon, a une vie aussi tumultueuse que le suggère son surnom. Mariée à Philippe le Beau, fils de l'empereur Maximilien Ier de Habsbourg, elle voit sa santé mentale vaciller en raison des infidélités à répétition de son époux et des intrigues politiques. Confinée au monastère de Tordesillas après la mort prématurée de son mari, Jeanne reste une figure tragique, une reine sans trône, alors que son fils, Charles Quint, s'apprête à transformer l'histoire. Il voit grand, très grand. Héritier d'un empire sur lequel « le soleil ne se couche jamais », il passe sa vie à jongler entre couronnes et territoires ; il combine les Empires espagnol et germanique en véritable maître d'échecs, déplaçant ses pions à travers l'Europe et les Amériques. Henri VIII, François Ier, Soliman le Magnifique : tous finissent par croiser sa route et subir son ambition. Pourtant, même les plus puissants finissent par céder sous le fardeau que représente le pouvoir. Charles termine ses jours dans un monastère, épuisé par la pression incessante du monde.

JEANNE LA FOLLE :
l'est-elle vraiment ?

Jeanne la Folle est la fille des célèbres Rois catholiques Isabelle de Castille et Ferdinand d'Aragon. Son destin bascule lorsqu'elle épouse Philippe le Beau, duc de Bourgogne et héritier des Pays-Bas. Ce mariage arrangé est destiné à consolider les alliances avec les Pays-Bas et le Saint-Empire romain germanique. Philippe, qui mérite bien son surnom, est un séducteur notoire et ses infidélités provoquent chez Jeanne des crises de jalousie et d'instabilité mentale.

En 1506, à la mort de son mari, Jeanne est déclarée inapte à régner et son père, Ferdinand, la confine au monastère de Tordesillas. Certains historiens émettent l'hypothèse que la folie de Jeanne est exagérée, voire exploitée par Ferdinand et, plus tard, par son fils, Charles Quint, pour leur permettre de maintenir leur emprise sur le trône. Pendant ce temps, Charles hérite des couronnes de Castille et d'Aragon et devient plus tard empereur du Saint-Empire romain germanique. Jeanne s'éteint en 1555 à 75 ans après des décennies d'isolement à Tordesillas. Son état mental connaît des phases de lucidité et de déclin. Les conditions austères de sa détention ne font qu'aggraver ses troubles. Elle repose finalement dans la chapelle royale de Grenade aux côtés de ses illustres parents.

Charles Quint :
nepo baby par excellence

Charles Quint est issu de la prestigieuse maison de Habsbourg. Fils de Philippe le Beau et de Jeanne la Folle, il incarne parfaitement ce que l'on appelle un *nepo baby* : une personne dont la réussite est largement due à son héritage familial. Dès l'enfance, il devient duc de Bourgogne et, grâce à une série d'héritages, d'alliances ainsi qu'à une dose de chance, il s'affirme comme le souverain le plus puissant de la première moitié du XVIe siècle. Son empire, vaste mais disparate, s'étend sur l'Europe et le Nouveau Monde, même si lui ne quitte jamais le Vieux Continent. Catholique fervent et francophone, il est souvent perçu comme un étranger sur ses propres terres, où il doit composer avec une impressionnante diversité culturelle et linguistique.

Quand son grand-père Maximilien Ier meurt, en 1519, Charles récupère les territoires des Habsbourgs, dont les Pays-Bas espagnols, et se voit couronné empereur du Saint-Empire romain germanique. Mais ce n'est pas tout : en 1516, il hérite des royaumes de Castille et d'Aragon, ce qui lui donne le contrôle sur l'Espagne et ses nouvelles colonies. Ajoutez à cela le royaume de Naples et ses joyaux italiens (Sicile et Sardaigne inclus) et vous obtenez un empire qui couvre une bonne partie du globe, du Vieux Continent jusqu'aux Amériques. Sacré héritage.

Rivalités ET DIFFICULTÉS

Avec un empire aussi vaste, Charles Quint a la tête qui tourne. Il se trouve rapidement confronté à des défis de taille. Sa rivalité avec François Ier est l'un des plus importants. Les deux souverains, véritables ennemis jurés, s'affrontent avec une intensité remarquable pour contrôler les territoires stratégiques, notamment en Italie. La bataille de Pavie, en 1525, est un tournant majeur de leur conflit. Charles remporte une victoire écrasante, capturant François Ier lui-même. Un coup dur pour les ambitions françaises.

Cependant, la compétition franco-habsbourgeoise n'est que la partie émergée de l'iceberg. Sous la surface, Charles Quint doit jongler avec une série de défis qui rendent la gestion de son empire particulièrement périlleuse. Aux Pays-Bas, les tensions montent face à ses réformes centralisatrices et les révoltes deviennent monnaie courante. En Allemagne, les princes du Saint-Empire ne veulent plus se contenter d'obéir : ils réclament davantage d'autonomie et n'hésitent pas à défier ouvertement son autorité. En Espagne, les nobles, eux aussi, ont leur mot à dire, et leurs revendications compliquent sa tâche. Avec des territoires aussi dispersés, Charles Quint joue à *Clash of Clans* version grandeur nature.

Mais il doit aussi composer avec les tourments de ses possessions d'outre-mer. Les promesses de l'Amérique sont grandes, mais la réalité coloniale est autrement plus chaotique : conflits locaux, exploitation désorganisée, administrateurs trop zélés ou pas assez, débats houleux sur le sort des populations indigènes… Entre intérêts économiques et principes religieux, la Couronne peine à trouver sa direction artistique. Pendant ce temps, l'Europe s'embrase. La Réforme protestante gagne du terrain. Charles, en première ligne, tente de freiner l'avancée des idées nouvelles, mais chaque répression jette un peu plus d'huile sur le feu. L'unité religieuse qu'il espère défendre se fissure jour après jour. Et comme si cela ne suffisait pas, voilà qu'Henri VIII d'Angleterre répudie sa tante Catherine d'Aragon, rompt avec Rome et lui inflige un affront personnel et politique.

Descendance

Malgré l'agenda infernal que lui impose la gestion d'un empire aussi tentaculaire, Charles Quint trouve quand même le temps de se marier. En 1526, il épouse Isabelle de Portugal, un choix stratégique autant qu'heureux. Avec ce mariage, il renforce les liens entre les deux plus puissantes couronnes ibériques et accroît encore un peu plus l'assise des Habsbourgs sur l'Europe.

Le couple a plusieurs enfants, mais seulement trois d'entre eux atteignent l'âge adulte. Le plus célèbre, bien sûr, c'est Philippe, né en 1527, futur roi d'Espagne, de Naples, de Sicile, du Portugal... et qui règne sur quelques autres territoires. C'est une vraie multinationale à lui tout seul ! Leur fille, Marguerite, née en 1528, devient en 1559 régente des Pays-Bas espagnols. Tacticienne redoutable, négociatrice brillante, elle tient la barre avec fermeté dans une région en pleine effervescence. Chez les Habsbourgs, le pouvoir se cultive en famille et chacun met la main à la pâte.

Retraite anticipée

Malgré ses conquêtes et ses alliances savamment tissées, Charles Quint n'est pas épargné par les tracas physiques. Sa mâchoire prognathe héritée des Habsbourgs déforme son visage et complique jusqu'à son alimentation. Plus tard, ce sont les crises de goutte, violentes et récurrentes, qui le clouent au lit et transforment chaque déplacement en supplice. Dans ces conditions, la gestion quotidienne d'un territoire aussi éclaté relève du tour de force permanent. Charles, lucide, prépare peu à peu la transition. Il confie les clés de l'Espagne à son fils Philippe dès 1554, puis abdique définitivement deux ans plus tard. À 56 ans, il quitte la scène impériale et se retire au monastère de Yuste, dans l'Estrémadure. Enfin, il va pouvoir savourer le silence.

Là-bas, entre deux offices, il médite sur le pouvoir, les vanités, les défaites. Éloigné des batailles et des intrigues, il contemple ce monastère avec quiétude. Il meurt en 1558, loin des batailles, des traités et des trônes, laissant derrière lui un empire colossal ainsi qu'un fils à qui revient la lourde tâche de tenir ce monde en équilibre.

Philippe II d'Espagne

Fiche d'identité

NAISSANCE : 21 mai 1527, Valladolid

RÈGNE : roi d'Espagne (1556-1598)

MARIAGES : Marie-Manuelle de Portugal (1543), Marie Tudor, reine d'Angleterre (1554), Élisabeth de France, fille d'Henri II (1559), Anne d'Autriche (sa nièce, 1570)

MORT : 13 septembre 1598, palais de l'Escurial

SIGNE ASTRO : ♊ Gémeaux

Né pour régner sur un empire tentaculaire, Philippe II d'Espagne incarne l'essence du monarque autoritaire et résolu. Fils de Charles Quint et d'Isabelle de Portugal, il hérite avec cette Couronne de lourdes responsabilités et de territoires à perte de vue. Son règne est marqué par une dévotion inébranlable à la foi catholique et par une volonté de contrôle absolu. Entre mariages stratégiques et batailles navales épiques, Philippe cherche à imposer son autorité et sa religion à travers le monde.

ÉDUCATION rigide

Dès son plus jeune âge, Philippe II est immergé dans un environnement de rigueur et de discipline, avec une mère très pieuse et un père en perpétuel mouvement pour consolider son empire. Contrairement à ce dernier, qui parcourt l'Europe sans relâche, il passe une grande partie de son enfance en Espagne, absorbant les valeurs et les traditions de son royaume natal.

Son éducation est centrée sur la religion catholique, les langues et l'administration. Il apprend le latin, le français et l'italien, se forme aux arts militaires, à la diplomatie et à la gestion des affaires d'État. Isabelle de Portugal, très influente dans son apprentissage, insiste sur la piété et la morale. De fait, le caractère de Philippe est réservé et méthodique. Comme vous pouvez l'imaginer, l'humour et la légèreté ne sont pas ses premières qualités.

Mariages *stratégiques*

Philippe II se distingue par ses mariages. Chacun d'eux joue un rôle crucial dans sa stratégie diplomatique. En 1543, il épouse sa cousine germaine, Marie-Manuelle de Portugal. Cette union de courte durée (Marie-Manuelle meurt deux ans plus tard) donne naissance à son premier fils, Don Carlos. Elle marque le début de la consolidation des alliances ibériques, ce qui renforce les liens dynastiques avec le Portugal.

En 1554, Philippe se lie à Marie Tudor, reine d'Angleterre, et accessoirement sa cousine. Cette relation vise à ancrer la coopération entre les deux royaumes. L'objectif est de restaurer le catholicisme en Angleterre après les réformes protestantes d'Henri VIII et d'Édouard VI. Cependant, malgré ce mariage, Philippe n'obtient pas la Couronne matrimoniale et n'a aucun pouvoir réel en Angleterre. La mort de Marie, en 1558, sans héritier, met fin à cette alliance. Les relations anglo-espagnoles sont alors plus tendues que jamais. On assistera à un retour vers l'anglicanisme sous Élisabeth Ire.

Le mariage avec Élisabeth de Valois, en 1559, est particulièrement significatif. Fille du roi Henri II de France, Élisabeth apporte une paix bienvenue après des années de conflit entre les deux royaumes. Ce mariage est scellé par le traité du Cateau-Cambrésis, qui met fin aux guerres d'Italie. C'est lors des festivités que le brave roi Henri II, père de la mariée, décide de participer à ce funeste tournoi de joute au cours duquel il est mortellement blessé à l'œil par le capitaine de sa garde écossaise, Gabriel de Montgomery. De quoi refroidir l'ambiance de la nuit de noces.

Élisabeth de Valois donne à Philippe deux filles, mais meurt en couches en 1568, ce qui laisse Philippe Veuf une troisième fois. Décidément ! En 1570, il se marie avec Anne d'Autriche, sa nièce, consolidant les liens au sein de la famille Habsbourg. Anne lui donne plusieurs enfants, parmi lesquels son successeur, Philippe III. Ce mariage représente non seulement une alliance stratégique destinée à maintenir l'influence des Habsbourgs en Europe, mais aussi une manière de renforcer les revendications dynastiques sur plusieurs trônes européens. En dehors de son union avec Élisabeth, Philippe semble préférer croquer dans les pommes du verger familial.

VICTOIRES *et défaites*

En 1556, à la mort de Charles Quint, Philippe se retrouve à la tête d'un empire colossal et il est convaincu de pouvoir en assurer l'unité et la grandeur. Il lance rapidement des campagnes militaires, scelle des alliances matrimoniales stratégiques et centralise son autorité pour solidifier son pouvoir. En 1571, la victoire éclatante de Lépante contre la flotte ottomane vient asseoir son image de roi catholique par excellence. Soutenu par la Sainte Ligue, ce triomphe naval offre à Philippe un prestige européen et confirme son ambition : défendre la foi tout en affirmant l'hégémonie espagnole sur la Méditerranée face à l'invasion musulmane.

Cependant, tous ses projets ne se soldent pas par des succès. Une expédition reste dans les annales en raison de son échec spectaculaire : l'Armada espagnole. En 1588, Philippe II décide qu'il est temps de donner une leçon à ceux qu'il tient pour de perfides hérétiques protestants, comme Élisabeth Ire d'Angleterre. La redoutable « Reine vierge » refuse de se plier aux volontés catholiques et soutient ouvertement les révoltes protestantes dans les Flandres, une véritable épine dans le pied de Philippe. Elle n'a pas seulement restauré les réformes protestantes après la mort de Marie Tudor : elle a également toléré, voire encouragé les actes de piraterie contre les navires espagnols. Pour Philippe, c'en est trop. Il décide de punir cette effrontée et envoie une flotte massive connue sous le nom d'« Invincible Armada ». Toutefois, mère Nature a d'autres plans. Une série de tempêtes violentes, combinée à une résistance anglaise acharnée, réduit l'Armada en pièces. Les Anglais, avec leurs navires plus petits et plus maniables, harcèlent les Espagnols, et les éléments se chargent du reste. Pas si invincible que ça, l'Armada.

POLITIQUE INTÉRIEURE
et administration des Amériques

Philippe II est un roi qui aime garder un œil attentif sur toutes les affaires de son royaume – et Dieu sait que ce dernier est grand. En bon bureaucrate, il centralise le pouvoir, réduisant l'autonomie des différentes régions d'Espagne pour créer une administration plus cohérente et mieux huilée. En parallèle, il s'impose à la tête d'un empire en pleine expansion en Amérique, où il instaure des vice-royautés ainsi que des conseils locaux. Cependant, les rébellions des populations locales et les difficultés de communication transforment son rêve impérial en un véritable cauchemar logistique.

Les richesses en or et en argent affluent des mines de Potosí et du Mexique et remplissent les coffres royaux. Cependant, cette abondance provoque une inflation galopante en Espagne. Le déferlement d'or et d'argent dans l'économie espagnole entraîne une hausse rapide des prix, ce qui rend la vie quotidienne de plus en plus difficile pour la population. En outre, ce contexte affaiblit la compétitivité des produits espagnols sur le marché international et aggrave les problèmes économiques du royaume. Philippe II, malgré ces richesses, se trouve confronté à une série de crises financières qui contraignent l'Espagne à déclarer la banqueroute à plusieurs reprises. Les dépenses excessives liées aux guerres et aux projets grandioses, combinées à une gestion inefficace, plongent l'Empire dans une spirale de dettes qui fragilise encore plus son économie. Trop d'argent tue l'argent…

Héritage ET FIN DE VIE

Les dernières années de Philippe II sont marquées par la souffrance physique et les déceptions politiques. Atteint de la goutte, une sorte d'arthrite inflammatoire qui le tourmente intensément, il passe ses derniers jours reclus dans le monastère de l'Escurial, l'imposante résidence qu'il a fait construire. Ce monastère, austère et monumental, constitue son palais royal, mais il se veut aussi le symbole de son dévouement religieux et de sa volonté de centraliser son pouvoir. Voilà qui reflète parfaitement son caractère inflexible et sa piété rigoureuse. Comme son père, Charles Quint, qui avait passé ses dernières années dans le monastère de Yuste, Philippe trouve dans la solitude religieuse un refuge contre ses douleurs et ses déceptions.

Malgré la souffrance physique qui l'accable, il continue à diriger d'une main ferme tout en s'efforçant de préparer son fils, le futur Philippe III, à gouverner un empire à bout de souffle. Formé sous l'œil intransigeant de son père, l'héritier sait ce qui l'attend : des finances exsangues, des révoltes récurrentes et des conflits sans fin. Le 13 septembre 1598, Philippe II s'éteint à l'Escurial. Il laisse à son fils un empire immense, mais fragilisé par ses propres excès.

Le XVIIe siècle

Le règne des rois et la naissance des sciences modernes

Au tournant du XVIIe siècle, alors que les tensions religieuses et les rivalités politiques s'apaisent, l'Europe entre dans une ère de centralisation radicale. Les rois, plus déterminés que jamais à régner sans partage, resserrent leur emprise sur des territoires vastes et souvent fragiles, à l'instar de Louis XIV en France. Dès 1661, le Roi-Soleil illumine Versailles, transformant la cour en un théâtre somptueux au sein duquel chaque noble danse au rythme imposé par la Couronne et se plie aux volontés royales. À travers l'Europe, la monarchie absolue devient l'idéal et Versailles le modèle envié.

Cependant, derrière les palais et les dorures, les alliances fluctuent, et les guerres se succèdent. La guerre de Trente Ans (1618-1648) plonge l'Europe dans un conflit où la foi sert de prétexte : c'est bien la domination des territoires qui est en jeu. L'Espagne, sous Philippe IV, règne alors sur un empire colossal qui s'étend jusqu'aux Amériques et aux Philippines. Pourtant, malgré l'étendue de ses colonies, le pays commence à vaciller sous le poids des guerres et des rivalités.

Galilée

Au nord, l'Angleterre connaît une série de bouleversements sans précédent. La dynastie Tudor cède la place aux Stuarts et les tensions entre le Parlement et la Couronne atteignent un point critique avec la guerre civile qui mène en 1649 à l'exécution de Charles Ier, un événement inédit. Suivent les années austères d'Olivier Cromwell, dont le régime puritain marque profondément le pays. En 1660, sous la Restauration, la monarchie revient sur le devant de la scène, mais elle ne sera plus jamais la même : l'Angleterre s'oriente peu à peu vers un modèle de monarchie parlementaire, offrant un contrepoids aux absolutismes continentaux.

Le XVIIe siècle, c'est aussi celui des grandes découvertes scientifiques ; le ciel et l'univers dévoilent leurs secrets. Galilée, Descartes, Kepler puis Newton révolutionnent notre vision du cosmos. Les instruments deviennent plus précis, les méthodes plus rigoureuses. La science prend son envol, parfois au mépris de l'Église et des dogmes. L'Univers s'agrandit, la curiosité humaine aussi, et chaque avancée scientifique contribue à révéler une compréhension rationnelle du monde.

L'art, enfin, devient un pilier du pouvoir. À Versailles, Louis XIV fait de la culture une arme de rayonnement, l'expression de la puissance et du raffinement d'un royaume. Molière, Racine, Lully brillent de mille feux sous l'égide royale. Les œuvres françaises voyagent et le prestige culturel de la France s'étend à toute l'Europe.

Tandis que les cours européennes se transforment, les horizons du monde s'élargissent encore. Les colonies prospèrent, au prix d'une humanité asservie. Les grandes puissances bâtissent des empires économiques en s'appuyant sur le commerce triangulaire ; elles enrichissent leurs métropoles aux dépens de peuples réduits en esclavage.

France

XVIIe SIÈCLE

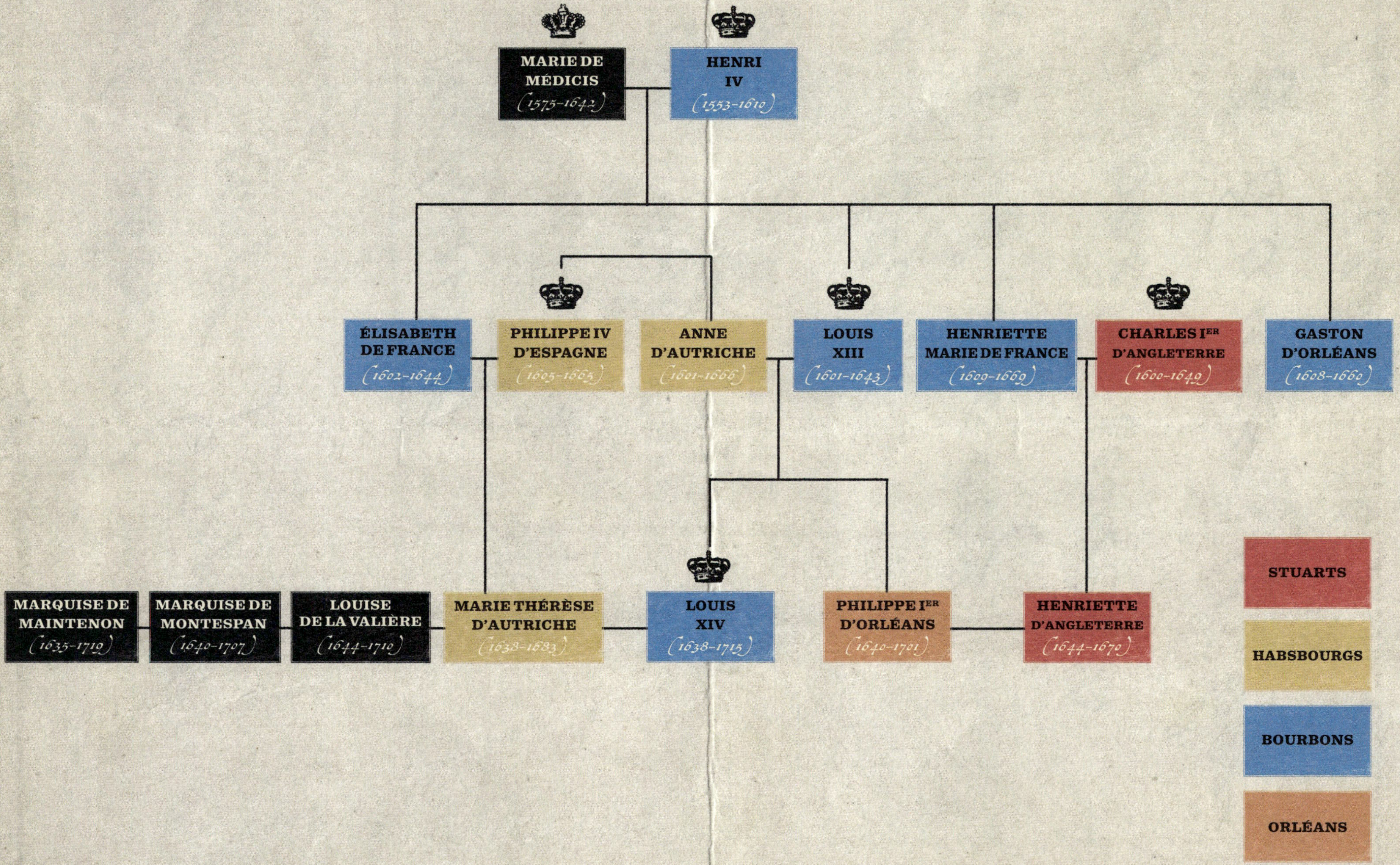

Louis XIII

Fiche d'identité

NAISSANCE :
27 septembre 1601,
château de Fontainebleau

RÈGNE :
14 mai 1610-
14 mai 1643

MARIAGE :
Anne d'Autriche (1615)

MORT :
14 mai 1643, château de
Saint-Germain-en-Laye

SIGNE ASTRO :
♍
Vierge

Louis XIII, souvent réduit au rôle de père de Louis XIV, mérite qu'on le mette un peu en lumière. Entre une mère castratrice et manipulatrice de laquelle il doit se méfier, un mariage imposé avec celle qu'il considère comme une ennemie, et sûrement quelques *daddy issues*, Louis XIII navigue dans un monde rempli d'intrigues et de défis où les alliances se font et se défont à une vitesse folle. Malgré tout, il réussit à poser les bases de la monarchie absolue et à centraliser le pouvoir royal, ouvrant la voie à l'ère glorieuse de son fils, le « Roi-Soleil ».

UNE MÈRE castratrice

Louis XIII est le fils bien-aimé du charismatique Henri IV, « Le Vert-Galant », séducteur infatigable. Contrairement à la tradition, Louis appelle son père « papa » au lieu de « Monsieur », ce qui montre quels liens d'affection les unissaient. Mais lorsque Henri IV est brutalement assassiné, tout s'effondre pour le jeune Louis. À seulement 9 ans, il se retrouve roi, une couronne bien lourde pour ses frêles épaules. Sa mère, Marie de Médicis, prend les rênes du pouvoir sans se faire prier en tant que régente. Femme ambitieuse et dominatrice, elle marque profondément les premières années de règne de Louis XIII.

Seconde épouse d'Henri IV, issue de la puissante famille Médicis de Florence, Marie est une femme de caractère. Elle est farouchement déterminée à conserver le pouvoir et ne voit pas en son jeune fils un souverain capable de diriger le turbulent royaume de France. En réalité, elle cherche à l'écarter du trône, bien décidée à gouverner en son nom.

Elle s'entoure de conseillers italiens, notamment Concino Concini et sa femme, Leonora Dori (dite « la Galigaï »). Concini, devenu maréchal d'Ancre, exerce une influence considérable sur la régente. Il accumule titres et richesses, ce qui ne manque pas de scandaliser les nobles français. Ces derniers voient d'un très mauvais œil ces étrangers qui semblent prendre le contrôle du gouvernement. Bientôt les tensions montent et les murmures de mécontentement se transforment en cris de révolte. Louis observe tout cela des coulisses, impuissant, et sa frustration croît. Il se sent étouffé, incapable de s'affirmer face à une mère qui considère qu'il n'est pas prêt à régner. Il rêve de l'instant où il pourra enfin montrer qu'il est digne de la couronne de son père et qu'il n'est pas ce faible petit garçon que Marie imagine.

UNE ROMANCE non désirée

De son vivant, Henri IV envisageait de marier Louis à la princesse Nicole de Lorraine. Ce choix stratégique avait pour but de resserrer les liens avec cette maison alliée, fidèle à la France et à sa politique d'équilibre entre les puissances catholiques. Une manière, aussi, de ménager la Lorraine tout en gardant ses distances avec les Habsbourgs. Cependant, après la mort du roi, Marie de Médicis a d'autres plans. Elle écarte Nicole, lui préférant Anne d'Autriche, infante d'Espagne et fille du roi espagnol Philippe III. Elle scelle ainsi une alliance avec l'ennemi historique dans l'espoir de renforcer une Europe catholique. Pour Louis, c'est la douche froide : se retrouver marié à une ennemie jurée, c'est l'humiliation suprême !

À seulement 14 ans, comme le veut la coutume, il est contraint de consommer ce mariage pour éviter tout scandale diplomatique. Le médecin du roi rapporte que cet acte forcé traumatise Louis. L'expérience est à ce point marquante qu'il fuit le lit conjugal pendant deux ans. Ce n'est que sous la pression de son favori, le duc de Luynes, qu'il se résout à y revenir. Louis, encore jeune et impressionnable, vit cette contrainte comme une intrusion dans sa vie privée, ce qui accentue son ressentiment vis-à-vis de sa mère.

LA REVANCHE *du jeune roi*

La patience de Louis a des limites. S'il met du temps à passer à l'action, il ne va pas faire les choses à moitié. En 1617, à l'âge de 16 ans, il ordonne l'assassinat de Concini et l'exécution de la Galigaï, la confidente de sa mère, qui, elle, est exilée à Blois. Louis XIII prend enfin sa place sur le trône et remplace Concini par son propre favori, Charles d'Albert, duc de Luynes. Rapidement, ce dernier accumule les titres et les richesses, suscitant à son tour mécontentements et jalousies à la cour. À la cour, la convoitise ne connait pas allégeance.

Ces actions marquent la fin de la domination étrangère à la cour et le début de l'affirmation du pouvoir personnel de Louis XIII. La chute des Concini symbolise le rejet des influences extérieures et l'initiation d'une ère de centralisation du pouvoir royal. Voilà qui consolide l'autorité du roi et stabilise le royaume sous une gouvernance française plus autonome.

En 1619, Marie de Médicis, infatigable, s'échappe de Blois et lève une armée contre son fils. Louis XIII, soucieux d'éviter une guerre civile, accepte de signer le traité d'Angoulême, qui, en réalité, s'apparente davantage à un contrat tacite de bon comportement pour sa mère. Elle est réintégrée à la cour, mais ses prérogatives sont fortement limitées. S'il existait, Louis lui aurait sans aucun doute collé un bracelet électronique à la cheville. Tout le monde comprend que Marie doit se tenir à carreau. Toutefois, les tensions ne disparaissent pas pour autant. En 1620, elle tente une nouvelle rébellion, rapidement écrasée par Louis, lors de la bataille des Ponts-de-Cé. Sous l'influence de Richelieu, Louis, dans un dernier geste de réconciliation, lui permet de rester à la cour, sous une surveillance encore plus étroite.

RICHELIEU 1, Marie 0

Marie de Médicis, probablement l'une des reines les plus controversées de l'histoire, est souvent accusée d'avoir négligé ses enfants, surtout le dauphin, et d'avoir exercé son règne avec la soif de pouvoir de Palpatine, la manipulation de Cersei Lannister et l'autoritarisme du président Snow. Le coup de grâce survient lors de la fameuse journée des Dupes, en 1630 : Marie pense avoir convaincu son fils Louis XIII de renvoyer Richelieu, son principal rival, mais, coup de théâtre, son fils choisit de

Richelieu

LES FAVORIS *de Louis*

Contrairement à son père, qui butinait toutes les fleurs rencontrées sur son chemin, Louis XIII préfère la compagnie de ses camarades masculins à celle de sa femme, ce qui fait naître de nombreuses rumeurs. Charles d'Albert, duc de Luynes, et Henri Coiffier de Ruzé, marquis de Cinq-Mars, comptent parmi ses favoris les plus illustres. Certains historiens y voient de solides amitiés viriles, d'autres des liaisons plus intimes. Le roi, pudique et réservé, ne fait rien pour faire taire les bruits de couloir.

Louis XIII a un faible pour les parties de chasse, les discussions stratégiques et les longues promenades avec ses favoris. L'influence de ces derniers va bien au-delà de la sphère privée : Luynes devient connétable de France, et Cinq-Mars tente carrément de renverser Richelieu. Ces hommes sont de véritables rouages du pouvoir. Leur proximité avec le roi inquiète parfois, surtout quand elle menace l'équilibre politique.

Avec Anne d'Autriche, les rapports sont tièdes, voire franchement froids. Les deux époux se croisent plus qu'ils ne se rencontrent et leurs échanges tiennent davantage du protocole que de l'intimité. Cette distance rend les amitiés masculines de Louis d'autant plus visibles. Discrète, secrète, insaisissable, la personnalité du roi demeure un mystère.

soutenir le cardinal. Elle est contrainte à l'exil à Cologne, où elle finira ses jours. Une réévaluation moderne de ses actions suggère que ses conflits avec Louis étaient avant tout d'ordre politique et qu'elle n'était pas aussi dépourvue d'instinct maternel que ses détracteurs aiment à le penser. Cela ne l'aura pas empêchée de déclencher plusieurs rébellions contre son propre fils. Après tout, chacun voit midi à sa porte.

Sous Louis XIII, deux factions s'opposent à la cour : les partisans de la raison d'État, dirigés par Richelieu, et les dévots de Marie de Médicis, fervents défenseurs d'une alliance avec les Habsbourgs destinée à renforcer le catholicisme en Europe. Le cardinal, partisan d'une vision pragmatique, privilégie les intérêts de l'État sur les questions religieuses. En le choisissant, Louis XIII opte pour la centralisation du pouvoir royal et la consolidation de l'administration au détriment des alliances religieuses traditionnelles. Cette décision marque un tournant majeur. Grâce à elle, la France devient une puissance forte et unifiée capable de s'imposer sur la scène européenne.

Louis XIII trouve en Richelieu non seulement un allié politique, mais aussi une figure quasi paternelle, un mentor. Ils partagent une vision de grandeur pour la France. Le cardinal, fin stratège, respecte profondément la fonction royale. Leur politique commune vise à réduire l'influence de la noblesse, à rationaliser l'administration et à lutter contre les Habsbourgs. Grâce à leurs efforts, la France centralise son autorité, jetant ainsi les bases de l'absolutisme monarchique que Louis XIV portera à son apogée.

Une succession COMPLIQUÉE

Le mariage de Louis XIII et d'Anne d'Autriche tarde à porter ses fruits et les relations qu'ils entretiennent, glaciales, n'arrangent rien. La cour s'inquiète de voir les années passer sans qu'un héritier vienne sécuriser la succession. Ce vide attise les tensions et crée une véritable instabilité au sommet du royaume. Louis XIII, affaibli par des maladies récurrentes, frôle plusieurs fois la mort ; à chaque fois, les vautours politiques se rapprochent. Parmi eux, son frère, Gaston d'Orléans, dont l'opportunisme est connu, y voit une aubaine et il ne rate jamais une occasion de comploter dans l'espoir de s'emparer du pouvoir.

Cependant, les défis auxquels Louis XIII se trouve confronté ne s'arrêtent pas là. Il doit se méfier de son frère, mais aussi de sa femme, qui se retrouve souvent impliquée dans des intrigues avec l'Espagne, son pays natal. Anne, qui noue des contacts réguliers avec ses proches espagnols – parmi lesquels son frère, le roi Philippe IV – joue parfois les espionnes, transmettant des informations sensibles. Bien que Louis découvre ces trahisons, il choisit de garder le silence pour éviter un scandale public. Répudier Anne serait un désaveu personnel et risquerait de le fâcher avec le Saint-Siège, ce qui compliquerait une situation politique et religieuse déjà tendue de la France. La question de la succession devient ainsi une épée de Damoclès placée au-dessus de sa tête.

RELATIONS *avec l'Angleterre*

Très bon diplomate, Louis XIII arrange en 1625 le mariage de sa sœur, Henriette-Marie de France, avec Charles Ier d'Angleterre. Bien plus qu'un simple pacte matrimonial, cette union est un coup de maître politique. L'objectif est de resserrer les liens entre la

France et l'Angleterre ainsi que d'apaiser les tensions religieuses et politiques de l'époque. Henriette-Marie, fervente catholique, débarque dans une cour majoritairement protestante où elle n'est pas exactement accueillie à bras ouverts.

Louis XIII, toutefois, voit dans ce mariage une occasion en or pour affirmer l'influence française outre-Manche et soutenir discrètement les catholiques anglais. La jeune reine, avec son charme et sa détermination, navigue habilement entre les intrigues de la cour anglaise tout en conservant des liens étroits avec son frère. Ce mariage, malgré ses défis et ses controverses, est un pilier de la stratégie de Louis XIII destinée à stabiliser et à renforcer la position de la France en Europe.

La naissance *d'un héritier*

Le miracle tant attendu survient enfin. En 1638, après des années de prières, Anne d'Autriche est enceinte. Cette nouvelle suscite l'espoir et la jubilation à la cour. La grossesse est perçue comme une bénédiction divine. Louis XIII, en signe de gratitude vis-à-vis de la Vierge Marie, lui consacre le royaume de France ; désormais, le 15-Août sera un jour férié.

Le 5 septembre 1638, le futur Louis XIV voit le jour. Cet événement secoue la France. Les cloches sonnent à travers tout le royaume, les festivités battent leur plein. Deux ans plus tard, un second fils, Philippe, naît, ajoutant à la joie de la famille royale et lui assurant la sécurité dynastique. La naissance de ces deux héritiers légitime la lignée des Bourbons et anéantit les espoirs des comploteurs.

Si certains mémorialistes racontent que Louis XIII, de nature réservée, a regardé son fils avec une certaine froideur sans exprimer pleinement sa joie, d'autres témoignages, comme celui de l'ambassadeur de Venise, peignent un tableau bien différent. Selon eux, le roi, submergé par l'émotion, serait tombé à genoux et l'aurait embrassé tendrement. La naissance de Louis XIV, surnommé le « Dieudonné » (littéralement, « donné par Dieu »), est un tournant décisif dans le règne de son père.

LE ROI *et la religion*

Louis XIII, dit « Louis le Juste », entretient une relation étroite et souvent complexe avec la religion. Profondément pieux depuis son enfance – marquée par les guerres de religion –, il voit la foi comme un pilier essentiel de son règne. Son surnom n'est cependant pas un héritage direct de ses actions politiques ; il lui est plutôt donné par la propagande royale du début des années 1640, sous l'influence du cardinal de Richelieu, pour renforcer son image de roi soucieux de l'équité et de l'ordre dans un royaume fracturé par les guerres religieuses.

Cette stratégie cherche à donner de Louis l'image d'un roi impartial, défenseur de la foi catholique et de l'autorité royale. Pourtant, dans les faits, la centralisation du pouvoir, ses guerres contre les huguenots et la répression des nobles rebelles témoignaient souvent davantage de politique que de « justice ».

Toutefois, ne vous y trompez pas et ne voyez pas en Louis un dévot constamment agenouillé devant les autels. Avec l'aide de Richelieu, il fait preuve d'un pragmatisme redoutable. La réduction du pouvoir des protestants n'est pas seulement une affaire de foi : c'est une stratégie pour renforcer son contrôle sur le royaume. Le siège de La Rochelle, en 1628, en est la preuve éclatante. Cette victoire militaire met fin à une résistance protestante particulièrement tenace. Louis adore son papa, feu Henri IV, mais, contrairement à lui, il ne porte pas les huguenots dans son cœur.

Henri IV avait promulgué en 1598 l'édit de Nantes, qui accorde des libertés religieuses et une certaine autonomie aux protestants dans le but d'apaiser les tensions religieuses. Cet acte législatif offrait aux huguenots non seulement la liberté de culte dans certaines régions, mais également des fortifications militaires ; il leur permettait de se protéger contre d'éventuelles attaques. Louis XIII, tout en respectant officiellement l'édit, cherche à en réduire l'impact, bien décidé à renforcer l'autorité royale. Il voit d'un mauvais œil cette autonomie qu'il considère comme une menace pour la centralisation du pouvoir.

En 1629, après avoir écrasé les rébellions protestantes, Louis XIII signe l'édit d'Alès, qui maintient les libertés religieuses des huguenots, mais leur retire leur capacité militaire ainsi que leurs fortifications, réduisant considérablement leur pouvoir. En clair, ils sont autorisés à prier, mais les murs derrière lesquels ils se retranchaient doivent disparaître. Louis XIII offre ainsi une tolérance de façade tout en s'assurant que personne ne remette en question l'autorité du roi.

FIN DE RÈGNE

Atteint de plusieurs maladies chroniques, il voit sa santé se détériorer. Affligé de problèmes intestinaux, de migraines sévères et de douleurs articulaires constantes, il souffre aussi de tuberculose intestinale ; cette maladie finira par le tuer. Malgré ces maux, il continue à diriger le royaume avec l'aide de Richelieu. Les dernières années de son règne sont marquées par une série de succès militaires et diplomatiques qui confortent la position de la France en Europe.

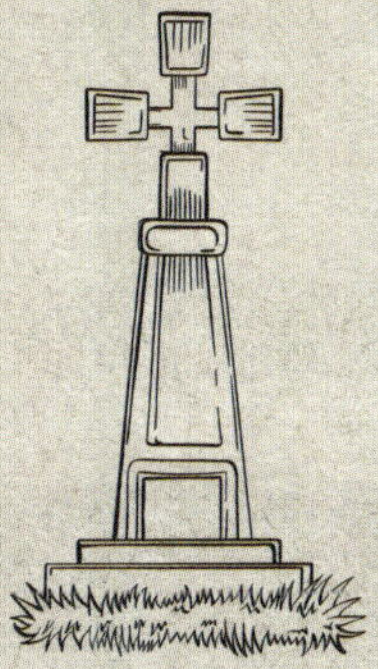

En décembre 1642, Richelieu meurt, léguant son somptueux Palais-Cardinal à Louis XIII. Mais le roi, déjà très affaibli, ne profite guère de l'héritage : il s'éteint cinq mois plus tard, en mai 1643, à l'âge de 41 ans. Sa mort, qui survient la veille du trente-troisième anniversaire de l'assassinat de son père, Henri IV, ne met pas un terme au projet d'absolutisme : elle lui donne un second souffle. Car conscient que son heure était proche, Louis XIII avait désigné le cardinal Mazarin pour poursuivre les réformes et maintenir l'autorité royale.

C'est donc Anne d'Autriche, régente, qui s'installe au Palais-Cardinal avec ses deux fils, Louis XIV et Philippe d'Orléans. Elle quitte le Louvre, jugé trop vaste, trop exposé, trop chargé d'histoires, et lui préfère ce nouveau palais, plus adapté à un pouvoir resserré, personnel, exercé à l'abri des regards. Le bâtiment, situé à quelques pas du Louvre, changera bientôt de nom : Palais-Royal, nouveau cœur du pouvoir monarchique. Louis XIV lui succède à l'âge de 5 ans seulement, sous la régence de sa mère, et sous la direction de Mazarin. Et il n'a pas l'intention de modérer l'autorité royale. Au contraire, il va en faire un art de vivre.

Louis XIV

Fiche d'identité

NAISSANCE : 5 septembre 1638, château de Saint-Germain-en-Laye RÈGNE : 14 mai 1643-1er septembre 1715	MARIAGES : Marie-Thérèse d'Autriche (1660), Françoise d'Aubigné (1683) MORT : 1er septembre 1715, château de Versailles	SIGNE ASTRO : ♍ Vierge

Folie des grandeurs, passion pour les femmes, les fontaines et les miroirs : Louis XIV transforme la monarchie française en un spectacle où il se donne le premier rôle. Marqué par les trahisons de son enfance, il apprend à se méfier des nobles et façonne un royaume à son image : centralisé, maîtrisé, et entièrement tourné vers sa personne. Fêtes grandioses de Versailles, contrôle absolu de la cour, le Roi-Soleil incarne l'apogée de l'absolutisme royal où chaque geste, chaque regard, chaque décision est une mise en scène. Roi jusqu'à son dernier souffle, il s'accroche à son trône pendant soixante-douze ans, léguant à son arrière-petit-fils un royaume structuré, mais exsangue, modelé par ses ambitions démesurées. Retour sur la vie du plus grand monarque de l'histoire de France, celui qui a fait du pouvoir un art et de son règne une légende internationale.

UNE ENFANCE mouvementée

Louis XIV n'a que 5 ans lorsque son père, Louis XIII, meurt. C'est sa mère, Anne d'Autriche, qui prend les rênes du royaume en tant que régente. La tâche n'est pas aisée, surtout lorsque la France doit faire face à la Fronde (1648-1653), une série de révoltes que la noblesse dirige contre l'autorité royale et les réformes fiscales imposées par le cardinal Mazarin, le principal ministre de la Régente.

Cette période marque profondément le jeune Louis. Ces révoltes ne sont pas de simples querelles de cour, mais des soulèvements armés qui menacent directement le trône. À plusieurs reprises, il est contraint de fuir Paris avec sa mère pour échapper aux rebelles. Les nobles, furieux contre la politique de Louis XIII et de Richelieu, ont vu leur influence et leurs privilèges réduits par une centralisation accrue du pouvoir royal. Le cardinal, en affaiblissant l'autorité des grands seigneurs, en supprimant leurs forteresses privées et en limitant leur rôle au sein du gouvernement, a engendré un profond ressentiment parmi l'aristocratie. Cette dernière s'est vue marginalisée et menacée par une monarchie de plus en plus absolue.

Ces événements laissent une empreinte indélébile sur Louis. Ils font naître en lui une méfiance viscérale vis-à-vis de la noblesse. Il est résolu à centraliser le pouvoir entre ses mains. À chaque fuite, Louis ressent la précarité de sa position. La noblesse, censée soutenir le trône, est pour lui synonyme de trahison et de danger.

La Fronde influence profondément sa vision du pouvoir et de la royauté. Pour Louis, la Couronne doit s'imposer sans appel, et la noblesse être domptée. Ces révoltes lui enseignent que le pouvoir ne se partage pas : la moindre faille dans l'autorité ouvre la porte au chaos. C'est dans ce climat tumultueux qu'il forge sa conception d'un pouvoir absolu incarné par le roi. Cette période le pousse aussi à repenser la localisation de la cour. Il voit Paris, avec ses intrigues et ses révoltes, comme un nid de vipères. Pour régner en paix et garder un œil vigilant sur les nobles, il doit les éloigner. C'est ainsi qu'est née l'idée du palais grandiose de Versailles. Là, il peut instaurer un système de contrôle total où chaque courtisan dépend directement de la faveur royale.

Toutes les femmes de sa vie

Louis XIV, souvent loué en raison de son charisme et de sa grandeur, est tout aussi célèbre pour ses nombreuses liaisons. Son éducation sentimentale commence très tôt avec Catherine Bellier, surnommée « Cateau la Borgnesse » en raison de son légendaire strabisme. Chargée par la reine mère, Anne d'Autriche, de déniaiser le jeune roi, elle joue un rôle initiatique essentiel. Cet épisode – un secret de polichinelle à la cour – marque le jeune Louis et forge sa réputation de séducteur. Cateau-la-Borgnesse, choisie non pour son physique, mais pour son expérience et sa discrétion, demeure une figure incontournable dans l'apprentissage amoureux du roi.

Louis, alors adolescent, est initié aux plaisirs charnels sous sa tutelle. Cette expérience, orchestrée par sa mère, qui souhaite s'assurer de la virilité et de la maturité de son fils, est un rite de passage destiné à le préparer aux responsabilités de la Couronne et à la vie adulte. La relation avec Catherine Bellier n'est pas seulement une initiation physique ; c'est aussi une introduction aux jeux de pouvoir et aux intrigues de la cour. Louis apprend à naviguer dans un monde où le charme et la séduction s'apparentent à des outils stratégiques. Cette première aventure influence profondément sa perception des relations et de la politique ; elle établit un modèle que le roi suivra tout au long de son règne.

Marie-Thérèse, *l'épouse dévouée*

En 1660, dans un contexte où les mariages royaux sont avant tout des alliances politiques, Louis XIV épouse Marie-Thérèse d'Autriche, infante d'Espagne et fille de Philippe IV. Ce mariage, qui vise à stabiliser une paix récemment conclue entre la France et l'Espagne, renforce une alliance cruciale. Marie-Thérèse, douce et pieuse, incarne la dévotion et la modestie. Nièce de la mère de Louis, Anne d'Autriche, elle est également sa cousine.

UNE SEXUALITÉ *compliquée*

Louis XIV entretient une vision paradoxale de la sexualité. D'un côté, il la considère comme un signe de sa virilité royale, une démonstration de sa vitalité et de son pouvoir. Mais de l'autre, derrière ce masque de souverain absolu, se cache un homme déchiré par la culpabilité. Chaque écart charnel, chaque infidélité est pour lui un combat intérieur, un affront à sa foi catholique. Il vit avec l'idée constante que ses désirs le rapprochent du péché, un péché qu'il cherche à expier par des actes de dévotion, dans un va-et-vient constant entre tentation et rédemption.

Malgré ses qualités, elle ne parvient pas à capturer le cœur de Louis. Leurs différences culturelles, la simplicité de Marie-Thérèse et l'appétit insatiable de Louis pour les galipettes royales compliquent leur union. Il multiplie les maîtresses, influençant ainsi la politique et la vie à la cour. Consciente des infidélités de son époux, elle reste stoïque et résignée, supportant les humiliations avec grâce, jouant son rôle de reine avec dignité et discrétion. Elle accomplit consciencieusement son devoir principal : soutenir la dynastie et maintenir la paix entre les deux nations.

LOUISE DE LA VALLIÈRE, *la couverture parfaite*

Comme son grand-père Henri IV, Louis XIV multiplie les maîtresses. Louise de La Vallière est l'une des premières à ravir son cœur. Demoiselle d'honneur d'Henriette d'Angleterre, la femme du frère du roi, Philippe, Louise se trouve au cœur des intrigues de la cour. Elle devient rapidement une figure centrale qui apporte à Louis XIV non seulement la passion, mais aussi une certaine stabilité émotionnelle. Cependant, leur relation s'effrite : le roi se lasse et cherche de nouveaux plaisirs.

Au cours du printemps 1667, la marquise de Montespan, désormais dame d'honneur de la reine, se rapproche de Louise de La Vallière et devient sa confidente. Le roi la rencontre souvent chez sa maîtresse et chez la reine. Il est charmé par sa conversation piquante et son esprit enjoué, qui présentent un fort contraste avec la nature réservée de Louise. Subjugué, il décide de faire d'elle sa nouvelle maîtresse. Pendant cette période, Louise sert de couverture pour les autres relations du roi. D'abord, elle cache sa relation interdite avec Henriette. Ensuite, elle couvre sa liaison avec la marquise de Montespan, ce qui ne manque pas de choquer les personnages pieux de la cour. Louise, très portée sur la religion, commence à ressentir une profonde culpabilité et se tourne de plus en plus vers Dieu, cherchant la rédemption. Elle finit par quitter la cour en 1670 pour se consacrer à sa foi et trouve la paix en se retirant dans un couvent.

ATHÉNAÏS DE MONTESPAN, *le plaisir coupable*

Françoise-Athénaïs de Montespan, mariée à Louis Henri de Pardaillan, marquis de Montespan, est d'une beauté éclatante. Son esprit vif ne tarde pas à éclipser Louise dans le cœur de Louis ; elle devient

L'AFFAIRE des poisons

L'affaire des poisons dévoile l'existence d'un réseau de sorciers et d'alchimistes mené par des figures comme La Voisin, une empoisonneuse notoire, qui organisait des rituels occultes et vendait des poisons à des membres de la noblesse. Montespan est accusée d'avoir sollicité ces pratiques, d'avoir eu recours à des poisons afin d'éliminer ses rivales et d'avoir participé à des messes noires pour conserver l'amour du roi. Bien que les preuves formelles fassent défaut, ces accusations suffisent à semer la terreur et la suspicion à Versailles.

Louis XIV, soucieux de préserver l'image de la monarchie et sous l'influence croissante de Madame de Maintenon, s'éloigne progressivement de Montespan. Ce scandale, qui touche l'une des personnalités les plus influentes de la cour, marque un tournant. C'est la fin de la toute-puissance de Montespan et l'émergence d'un Versailles où l'ordre moral, imposé par Maintenon, commence à prévaloir sur les intrigues.

alors la maîtresse en titre. Elle ne se contente pas de captiver le roi ; elle s'impose à la cour en exerçant une influence considérable. Son salon devient le centre de la vie culturelle et politique, où les intrigues se font et se défont. Elle utilise sa position pour favoriser ses alliés et écarter ses ennemis, devenant une figure incontournable.

En rentrant de guerre, le marquis de Montespan découvre avec horreur que sa femme est enceinte du roi. Bouillonnant de rage, il refuse les privilèges habituellement offerts aux maris cocufiés. Au lieu de se soumettre, il décore son carrosse de cornes gigantesques et mène une guerre ouverte contre Louis XIV. Cette rébellion obstinée conduit à son emprisonnement puis à son exil, mais il ne renoncera jamais à sa croisade pour récupérer sa femme.

De 1667 à 1677, la marquise de Montespan règne en maîtresse absolue à la cour de Louis XIV. Elle donne naissance à sept enfants, tous reconnus par le roi. Son influence à Versailles est immense. Elle suscite jalousies et rivalités et exerce un véritable contrôle sur le roi. Cependant, sa chute est aussi spectaculaire que son ascension. Impliquée dans l'affaire des poisons, un scandale qui ébranle toute la cour en 1679, elle voit son pouvoir s'effondrer.

MADAME DE MAINTENON, *le choix de la raison*

Tout comme Henri VIII d'Angleterre, qui, après de nombreux mariages tumultueux, se tourne vers la sage Catherine Parr pour finir ses jours, Louis XIV choisit de passer ses dernières années avec Françoise d'Aubigné, alias la marquise de Maintenon. D'abord simple gouvernante des enfants royaux, fruits des amours du roi avec Madame de Montespan, Françoise se démarque par sa sagesse et sa dévotion discrète. Peu à peu, elle réussit à se glisser dans le cœur de

Louis XIV, qui, après tant d'années de conquêtes et de caprices, aspire enfin à une forme de tranquillité plus en accord avec son âge et son rang.

En 1683, la reine Marie-Thérèse meurt, et le Roi-Soleil, toujours soucieux de préserver les apparences, épouse Madame de Maintenon dans le plus grand secret. Ce mariage morganatique ne fait pas d'elle une reine, mais scelle une union discrète et durable. Sous son influence, il renonce à ses frasques et adopte une conduite plus austère. Les aventures galantes cèdent la place à une vie marquée par la fidélité et une profonde piété. Louis reste indéfectiblement attaché à Françoise jusqu'à son dernier souffle. Ce mariage de cœur et de raison lui permet enfin de vivre avec une femme qui partage ses valeurs et son désir de rédemption. Ses dernières années sont plus sereines et spirituellement riches.

UN FRÈRE extravagant

La relation de Louis XIV avec son frère cadet, Philippe Ier, duc d'Orléans, surnommé « Monsieur », est fascinante et complexe. Élevés ensemble, les deux frères suivent rapidement des chemins très différents. Le premier, destiné à porter le poids de la Couronne, est formé pour être roi, avec toutes les responsabilités que cela implique. Le second jouit d'une liberté qu'il utilise pour mener une vie souvent scandaleuse, au grand désarroi de son aîné.

La personnalité de Philippe, autant que ses tenues vestimentaires, pourrait volontiers être qualifiée d'« extravagante ». Il n'hésite pas à afficher ses préférences sexuelles, provoquant chuchotements et haussements de sourcils parmi les nobles conservateurs. Ses différents mariages, tout aussi politiques que ceux de Louis, avec Henriette d'Angleterre, puis Élisabeth-Charlotte de Bavière, « la princesse Palatine », n'atténuent en rien son goût pour la provocation. Ces alliances n'en jouent pas moins un rôle crucial dans les jeux de pouvoir européens, consolidant les liens entre les dynasties.

La jalousie de Philippe envers son frère se manifeste particulièrement dans la relation que ce dernier entretient avec Henriette, sa première femme, avec qui Louis XIV partage une complicité évidente. Bien que Louis soit tenté par une aventure avec elle, il sait que, par son mariage, Henriette est considérée aux yeux de Dieu comme la « sœur du roi ». Elle est également leur cousine puisque c'est la fille de Marie-Henriette, leur tante, sœur de Louis XIII, mariée au roi Charles Ier d'Angleterre. Malgré les tensions et les rivalités, les deux frères maintiennent un respect mutuel. Louis, conscient des talents militaires de Philippe, l'engage activement dans les campagnes de l'armée française. Son cadet se révèle un commandant compétent et courageux ; il remporte des victoires notables, comme lors de la bataille de Cassel, en 1677.

Cependant, attiré par les costumes féminins, les parures excentriques et les charmes masculins, Philippe s'entoure de jeunes favoris et cultive un mode de vie que Louis XIV désapprouve. Jugeant ce comportement incompatible avec l'exercice du pouvoir, le roi veille à ne lui confier aucun rôle politique majeur. Leur mère, Anne d'Autriche, garde en mémoire la rivalité entre Gaston d'Orléans et Louis XIII. Pour éviter que l'histoire ne se répète, elle encourage chez Philippe les attitudes considérées comme féminines à l'époque. Une stratégie assumée pour qu'aucune guerre de frères ne vienne faire de l'ombre au règne du futur Roi-Soleil.

Versailles, LE SYMBOLE DE L'ABSOLUTISME

Déplacer toute la cour à Versailles en 1682 est une entreprise audacieuse et colossale. Louis XIV transforme le pavillon de chasse de son père en un palais somptueux qui devient le centre névralgique de la monarchie française. Quelque 5 000 nobles y vivent bientôt. Cette migration massive ne va pas sans poser d'importants défis logistiques.

Fontaine de Latone (jardins de Versailles)

Le Roi-Soleil utilise Versailles pour contrôler la noblesse, l'obligeant à vivre constamment sous son regard et à participer à la vie de cour. Chaque détail, de l'étiquette rigide aux fêtes somptueuses, est conçu pour magnifier le roi et renforcer son autorité. Louis XIV ne laisse rien au hasard. Pour impressionner les visiteurs et la noblesse, il fait de ce somptueux domaine une vitrine du savoir-faire et de la richesse française. Parmi les avancées les plus remarquables, il faut mentionner la mécanique de l'eau et des fontaines. Les jardins de Versailles, conçus par André Le Nôtre, sont ornés de fontaines spectaculaires qui fonctionnent grâce à un réseau complexe de canalisations et de réservoirs.

Pour ajouter à la magnificence du palais, Louis XIV souhaite des miroirs, symbole de luxe et de modernité. À l'époque, Venise détient le monopole dans ce domaine. Louis, qui ne recule devant rien, envoie des espions et des prostituées à Venise afin de découvrir et de dérober les secrets de fabrication. Il parvient ainsi à attirer des artisans vénitiens en France et à lancer la production de miroirs à une échelle industrielle. Cette entreprise aboutit à la création de la célèbre galerie des Glaces, une pièce majestueuse ornée de miroirs qui reflètent la lumière et la grandeur du roi.

En rassemblant la cour à Versailles, Louis XIV parvient à contrôler la noblesse en l'engageant dans un rituel quotidien d'étiquette et de cérémonies. La vie de cour, régie par des règles strictes, oblige les nobles à dépenser des sommes considérables pour suivre la mode et participer aux festivités ; ils deviennent dépendants de la faveur royale. À la mort de Mazarin, en 1661, Louis XIV choisit de ne pas remplacer son ministre principal – l'équivalent d'un Premier ministre – et s'empare du pouvoir à part entière. Dès lors, il devient maître de toutes les décisions, ce qui renforce encore son autorité, faisant de lui le véritable pivot de la vie politique, sociale et culturelle de la France.

LA FISTULE royale

Louis XIV a vaincu les Provinces-Unies, écrasé la Fronde, humilié l'Espagne et dompté la noblesse. Mais cette fois, c'est un ennemi autrement plus tenace qui défie le Roi-Soleil : une fistule anale. Une seringue contaminée (que l'on appelle « clystère ») serait à l'origine de cette infection. Médecins et chirurgiens débattent sur le traitement. Malgré plusieurs mois de remèdes maison, rien n'y fait, la zone est toujours dans un sale état, pour ainsi dire. La douleur oblige le roi à renoncer à sa passion pour l'équitation.

Félix de Tassy, chirurgien du roi, persuade Louis XIV d'inciser son fameux abcès royal. Avant de passer à l'acte, il s'entraîne sur des patients moins prestigieux. Pour la gloire de la France, tous les sacrifices sont permis. Le 7 juin 1686, à 7 heures du matin, le praticien est prêt. L'opération, menée dans le plus grand secret, a lieu dans la chambre royale sous le regard attentif de Madame de Maintenon, du père Lachaise (le confesseur du malade), des médecins, des apothicaires et, bien sûr, du marquis de Louvois. Ce dernier, secrétaire d'État à la guerre, accompagne

→

La construction de VERSAILLES

Avant d'incarner la monarchie absolue, Versailles n'était qu'un pavillon de chasse, un modeste relais construit par Louis XIII en 1623 au milieu d'un terrain marécageux et infesté de moustiques. Disons-le franchement : un caprice de chasseur. Mais son fils, Louis XIV, y voit le lieu pour affirmer son autorité, fixer la noblesse et façonner son règne à son image. Dès les années 1660, il transforme ce bout de campagne en cœur battant du royaume. Objectif : déplacer la cour loin de Paris, l'installer sous son œil, et régner comme un astre sur son système.

Pour concevoir les jardins, Louis XIV fait appel à André Le Nôtre, son jardinier, ami fidèle et maître incontesté du tracé. Hérité de la Renaissance italienne, théorisé un siècle plus tôt, le jardin à la française impose une nature géométrique, symétrique, domptée. S'il ne crée pas ce style, Le Nôtre le magnifie. Le roi veut que la terre s'aligne à sa volonté : des allées et bosquets savamment disposés et surtout des fontaines omniprésentes, véritable ponctuation de cette écriture végétale.

Le Nôtre conçoit une perspective centrale de près de trois kilomètres alignée sur le Grand Canal, avec à peine trente mètres de dénivelé entre le château et l'horizon. Pour créer une illusion parfaite, il applique un principe d'anamorphose inversée : plus une statue ou un bosquet est éloigné, plus on l'agrandit. Résultat ? Des fenêtres de la galerie des Glaces, tout semble à la même échelle. L'œil est piégé ; le jardin paraît infini.

Mais la nature, elle, n'a pas lu le cahier des charges. Le site de Versailles se situe à 142 mètres au-dessus de la Seine, loin de toute source abondante. Pas de rivière, pas de nappe phréatique généreuse. Rien ne facilite un tel déluge hydraulique. Louis XIV s'en moque. Il fait creuser des rigoles, bâtir des aqueducs,

détourner des cours d'eau. Des réservoirs sont installés sur les hauteurs, certains tuyaux posés à l'époque fonctionnent encore. Plus de trente mille ouvriers s'attellent à la tâche pour rendre possible l'impossible.

Point culminant de cette folie d'ingénierie : la machine de Marly. Un monstre de roues, quatorze pour être précis, à son effigie naturellement, de pompes et de pistons, chargé de faire remonter l'eau de la Seine sur plusieurs kilomètres jusqu'aux fontaines royales. Coûteuse, fragile, capricieuse… mais spectaculaire. Louis XIV fait plier la géographie à sa volonté. Ce que la nature refuse, il l'arrache à force d'or, de sueur, de sang et de génie mécanique.

Par ailleurs, placé au point le plus bas du domaine, le Grand Canal recueille les eaux écoulées des fontaines situées en amont. Un ingénieux système de pompes actionnées grâce à des moulins à chevaux et à vent permet de remonter une partie de ces eaux vers un réservoir placé près de la grotte de Thétys, à proximité du château. Si ce dispositif permet de réutiliser une partie de l'eau, il reste néanmoins insuffisant pour assurer l'autonomie complète du réseau, obligeant constamment Versailles à puiser dans d'autres sources.

À l'intérieur, même ambition. Louis XIV veut que tout soit made in France : tapisseries, bronzes, soieries… On extrait le marbre dans les Alpes, les Pyrénées, le Languedoc. La pièce la plus célèbre ? La galerie des Glaces. Soixante-treize mètres de longueur, trois cent cinquante-sept miroirs qui reflètent les jardins à l'infini. Une vitrine monarchique… et une gifle à la République de Venise. À l'époque, seule la Sérénissime maîtrise la fabrication de glaces de un mètre nettes, sans bulles et sans défaut. Louis XIV veut mieux. Il fait appel à la Manufacture royale de Saint-Gobain et exige que l'on produise en France de grands miroirs, et en quantité. Chacun d'eux est coulé sur table puis poli au mercure. Difficile d'imaginer plus toxique, mais quel éclat ! Deux mois de travail par glace. Tout est fait à la main, à la pièce, ce qui met en danger la santé des artisans.

Versailles devient également un modèle d'organisation sociale. À son apogée, le château héberge entre trois mille et cinq mille personnes en permanence, jusqu'à dix mille lors des grandes cérémonies. Le bâtiment compte plus de deux mille trois cents pièces, réparties sur soixante-trois mille mètres carrés. Du Portugal à la Russie, tout le monde veut son Versailles, ou du moins son ersatz. Le palais devient un prototype de pouvoir absolu.

Rêvé par un seul homme, bâti par des milliers, Versailles évoque autant la puissance que l'acharnement.

→
fidèlement Louis non seulement sur les champs de bataille, mais également sur le champ… chirurgical ! Avec une bouteille de vin rouge pour anesthésiant et un bistouri spécialement conçu pour le postérieur royal, Félix de Tassy intervient pendant trois longues heures au cours desquelles le roi se montre stoïque.

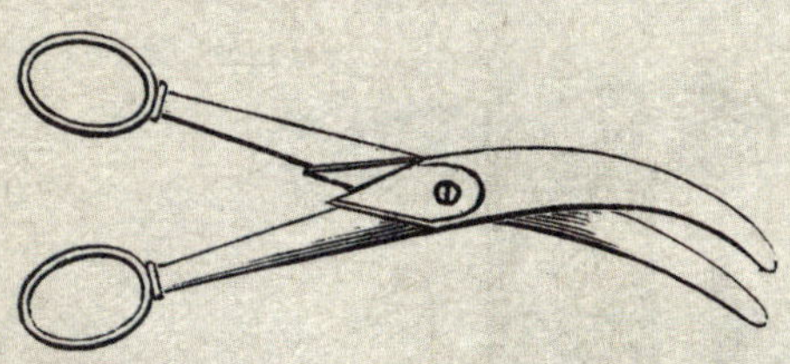

L'opération est un succès. Pour célébrer le rétablissement du roi, Madame de Brinon, supérieure de la maison royale de Saint-Louis à Saint-Cyr, compose un cantique que Lully met aussitôt en musique, créant un véritable tube à Versailles : « Grand Dieu, sauve le roi, accorde-lui de longs jours, une vie prospère, bonheur et gloire, qu'il connaisse un règne heureux avec le soutien des cieux. » La mélodie devient si populaire qu'elle traverse la Manche. Le compositeur Georg Friedrich Haendel, qui visite Versailles en 1714, découvre cette chanson et la réinterprète pour la cour britannique. Séduit, il présente *God Save the King*, qui devient en 1745 l'hymne national britannique. Oui, oui, chers Anglais ! Vous pouvez remercier l'abcès anal de Louis.

FIN DE PARTIE *pour Louis*

Les dernières années de Louis XIV n'ont rien d'un conte de fées. Guerres interminables, famines et impôts écrasants : le royaume est à bout de souffle. Ajoutez à cela une série de deuils personnels, son fils aîné, le Grand Dauphin, et deux de ses petits-fils qui passent l'arme à gauche et vous comprendrez la mélancolie de ce roi vieillissant. Cherchant à racheter ses excès passés, Louis se replie peu à peu dans une austérité pieuse. Versailles, théâtre de fêtes somptueuses, devient plus silencieux, presque ascétique.

Louis, toujours attaché à son trône, continue de diriger son royaume d'une main ferme jusqu'à la fin. Au cours de l'été 1715, il est pris de vives douleurs à la jambe gauche. Il s'agit d'une gangrène qui se propage lentement et le fait atrocement souffrir. Pour assurer une transition sans heurts, il nomme son frère régent pour son arrière-petit-fils, le futur Louis XV. Le 1er septembre 1715, le roi tire sa révérence après un règne de soixante-douze ans, le plus long de l'histoire européenne. Son départ marque la fin d'une ère de grandeur inégalée et de conflits incessants. Il laisse derrière lui une France rayonnante, mais épuisée par des guerres coûteuses, ainsi qu'une vision du pouvoir royal absolu qui hantera les couloirs de Versailles bien après sa mort.

NEC PLURIBUS IMPAR

(« à nul autre pareil »)

Angleterre

XVIIe SIÈCLE

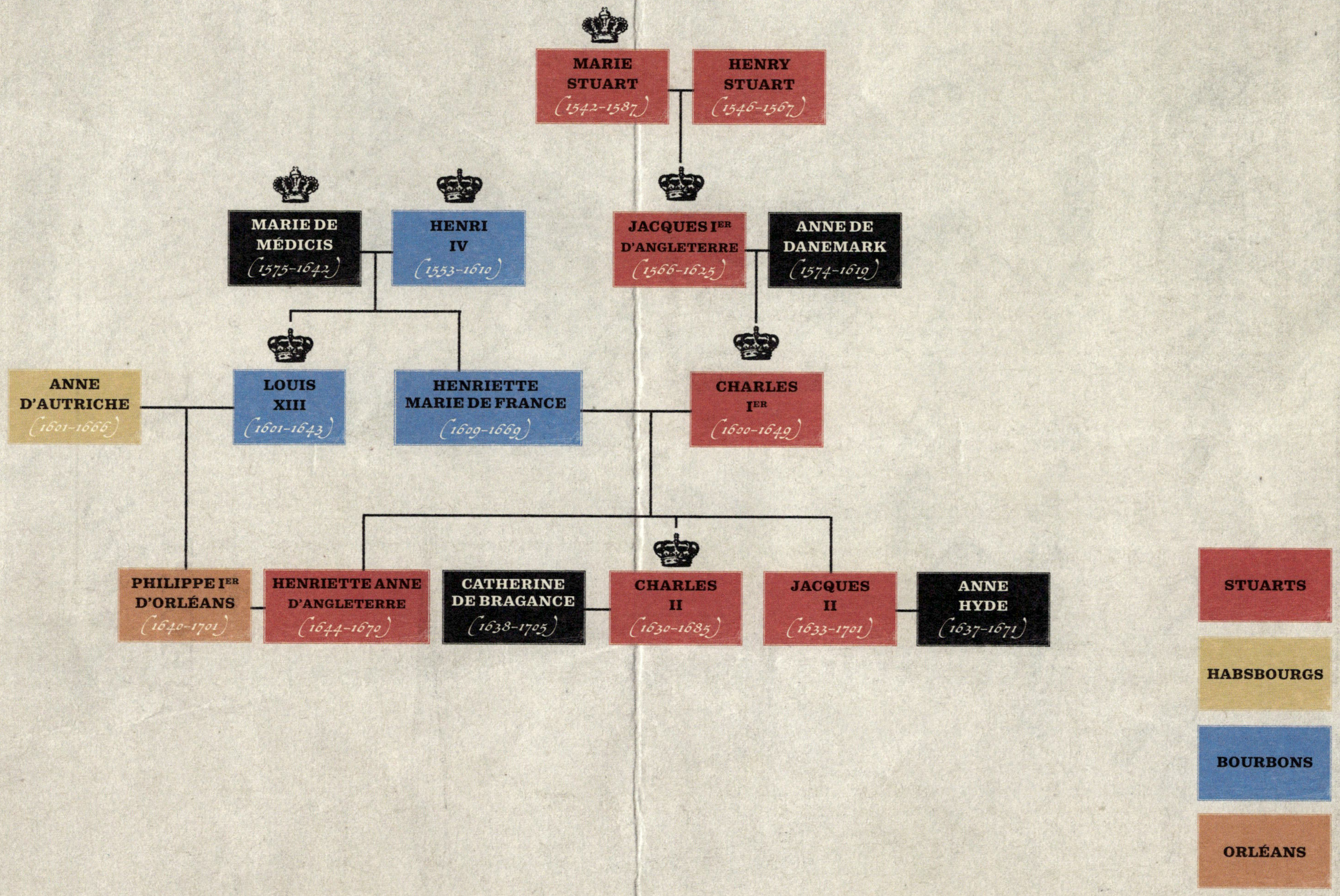

Jacques Ier

Fiche d'identité

NAISSANCE : 19 juin 1566, château d'Édimbourg **RÈGNE :** roi d'Écosse (Jacques VI) : 24 juillet 1567-27 mars 1625 ; roi d'Angleterre et d'Irlande (Jacques Ier) : 24 mars 1603-27 mars 1625	**MARIAGE :** Anne de Danemark (1589) **MORT :** 27 mars 1625, Theobalds House	**SIGNE ASTRO :** ♊ Gémeaux

Fils de Marie et Henry Stuart, Jacques Ier accomplit le rêve de sa mère en s'asseyant sur le trône anglais. La mort d'Élisabeth Ire, sans héritier, le place face à la lourde tâche de succéder à l'un des plus grands monarques d'Angleterre. Très pieux, il s'entoure néanmoins de beaux jeunes hommes durant tout son règne, éveillant les soupçons sur sa sexualité. Malgré les rumeurs et les intrigues, Jacques navigue habilement entre les défis de l'unification des couronnes, les tensions religieuses et ses ambitions politiques.

ORIGINES *et naissance*

Jacques Ier est le fils unique de Henry Stuart, Lord Darnley, et de Marie Stuart, reine d'Écosse. Sa lignée prestigieuse descend directement d'Henri VII, ce qui lui confère des prétentions légitimes au trône anglais. Il a à peine 1 an lorsque sa mère est contrainte d'abdiquer, le laissant sous la garde de régents écossais

Union
DES COURONNES

En 1603, à la mort d'Élisabeth Ire, Jacques accède au trône d'Angleterre, devenant ainsi le premier roi à régner simultanément sur l'Angleterre et l'Écosse. Son ambition est de créer un royaume unique unissant les deux couronnes sous une seule autorité, avec un Parlement et une loi commune. « Ne nous a-t-il pas tous créés sur une île, entourée par une mer et par nature indivisible ? », demande-t-il au Parlement anglais en parlant de Dieu. Malgré son enthousiasme, il rencontre une opposition farouche. Les Anglais et les Écossais tiennent à leurs traditions et à leurs systèmes juridiques. En avril 1604, l'assemblée rejette sa demande de se faire appeler « roi de Grande-Bretagne ». Mais Jacques n'est pas du genre à se laisser arrêter par ces formalités : il adopte ce titre par proclamation en octobre de la même année, ce qui illustre sa détermination à réaliser son projet d'union, même si ce dernier ne se concrétisera pas totalement de son vivant.

souvent plus intéressés par leurs propres ambitions que par son bien-être.

L'exécution de Marie par Élisabeth Ire pour trahison marque profondément Jacques. Cet événement tragique renforce la légitimité de sa prétention au trône anglais, Élisabeth n'ayant pas d'enfants. Il se voit alors comme l'héritier naturel, presque moral, de la Couronne. Élevé dans l'ombre de ces drames familiaux, Jacques nourrit des sentiments ambivalents à l'égard de sa mère décédée et de l'Angleterre, pays de sa destinée. Cette dualité forge son caractère et prépare son futur règne, tumultueux et fascinant.

Mariage
ET FAMILLE

En 1589, Jacques épouse Anne de Danemark. Cette union, avant tout politique, est relativement harmonieuse. Ils ont plusieurs enfants, dont le futur roi Charles Ier. Anne, avec son goût pour les arts et son élégance, ajoute une touche de raffinement à la cour. Cependant, Jacques passe la majorité de son temps à Londres, négligeant quelque peu son royaume écossais. Cette distance permet aux deux époux de mener des vies parallèles, chacun poursuivant ses propres intérêts.

Jacques
ET SES FAVORIS

En quête constante d'affection et de loyauté, Jacques noue des liens intimes avec ses favoris. Esmé Stewart, son cousin élégant et raffiné, capte d'abord son regard, et sans doute davantage. Puis vient Robert Carr, un Écossais au charme brut, qu'il couvre de titres et de terres, déclenchant jalousies et manœuvres en coulisse.

Cependant, c'est George Villiers qui obtient la plus haute distinction. « Le plus beau corps d'Angleterre » charme Jacques dès leur rencontre, en 1614. Le roi ne tarde pas à l'élever rapidement dans l'échelle sociale, le propulsant de simple gentilhomme à duc de Buckingham. Les deux hommes échangent des lettres tendres et suggestives dans lesquelles Jacques appelle Villiers « épouse » et Villiers se réfère à Jacques comme son « maître ».

Les relations de Jacques avec ses favoris vont au-delà de l'amitié platonique. Ses démonstrations publiques d'affection et ses poèmes passionnés montrent une intimité qui dépasse les simples conventions de l'amitié royale. Paradoxalement, Jacques s'oppose farouchement à la sodomie, qu'il considère, en

→

La chasse aux SORCIÈRES

Elles n'ont pas de trône, pas de palais, pas de cabinet ni de blouse blanche. On les imagine avec un pot d'orties, une infusion de millepertuis, un chat noir sur le pas de la porte ou une cabane en lisière de forêt. Leurs images traversent les siècles, parce qu'elles rassurent : elles transforment une violence réelle en décor de conte. Derrière le cliché, une réalité historique brutale : en France seulement, entre les XIVe et XVIIIe siècles, on estime que près de cent mille femmes sont condamnées pour sorcellerie. Car ce que l'histoire tait, ce sont des femmes réelles accusées, jugées, torturées et exécutées dans toute l'Europe chrétienne. Pourquoi ? Parce qu'elles accouchent seules, préparent des tisanes, vivent sans mari ou comprennent trop bien la nature.

Leur succès inquiète autant qu'il dérange. Il remet en question les dogmes et l'ego masculin. La grande chasse aux sorcières s'installe à la jonction des XVe et XVIe siècles. Étrangement, c'est en pleine période dite « humaniste » qu'elle atteint son paroxysme, quand l'Europe prétend célébrer la raison, la science et la dignité humaine. Elle s'étend à toute l'Europe : l'Angleterre, l'Espagne de l'Inquisition, l'Empire germanique, les Alpes françaises, les Pays-Bas, la Pologne, la Suisse. C'est un phénomène transnational, obsessionnel, qui touche toutes les strates de la société. Il implique les Églises, les Couronnes, les juges, les voisins. L'Europe moderne se construit en partie sur cette peur : celle d'une femme qui déséquilibre un ordre manipulé par les forces obscures.

Le profil de la victime est bien identifié : une femme souvent âgée, veuve, peu sociabilisée, ou au contraire trop influente dans son quartier. Elle soigne, elle conseille, elle observe. Ce savoir, transmis par la pratique et l'expérience, n'est ni codifié ni validé par l'université. D'où peut-il venir si la femme n'a pas accès à l'éducation ? Des démons, évidemment ! On l'accuse de maléfices : rendre un homme impuissant, provoquer une fausse couche, ruiner une récolte, ensorceler du lait ou du beurre. Le bouc émissaire parfait. L'Europe post-féodale, en perte de repères, cherche des responsables à ses malheurs. Et, souvent, elle les trouve dans le regard d'une femme seule.

Les accusations reposent sur un arsenal théologique et juridique impressionnant. *Le Malleus Maleficarum* (1486), rédigé par deux dominicains allemands, condense cette peur dans un manuel de répression : les femmes y sont décrites comme plus enclines au mal, plus désirables par Satan, plus gouvernées par leurs passions. L'ouvrage circule dans toute l'Europe et sert de fondement à des milliers d'arrestations, de tortures, d'exécutions.

Mais la chasse n'est pas qu'une affaire de dogme, elle devient un outil de gouvernement. Elle renforce l'ordre patriarcal, marginalise les savoirs populaires, régule les héritages, les sexualités, les corps. Elle fabrique du consensus par la peur : si l'une peut être accusée, alors toutes peuvent l'être. C'est aussi une guerre menée contre celles qui soignent, transmettent, conseillent. Une femme seule devient suspecte. Deux femmes ensemble, menaçantes. Trois : une cellule subversive.

Parfois, le bûcher ne vise pas une guérisseuse de village, mais une figure politique. Jeanne d'Arc en est l'exemple le plus célèbre. En 1431, elle est condamnée pour sorcellerie : pacte avec le diable, hérésie, blasphème. Derrière les chefs d'accusation religieux, l'objectif est clair. Elle fait sacrer Charles VII, affronte les Anglais, défie l'ordre établi. C'en est trop ! Ce qu'on lui reproche, surtout, c'est d'avoir franchi une ligne interdite : celle du genre. Elle s'habille en homme, commande une armée, parle au nom de Dieu. Le diable devient l'arme parfaite pour faire tomber une femme qui agit et qui réussit.

À partir du XVIIIe siècle, les Lumières font reculer la croyance. Le bûcher s'éteint. Mais la caricature commence. Verrue, balai, nez crochu, chat noir. La sorcière devient un personnage. On transforme son histoire en farce.

Cependant, depuis quelques années, elle fait son retour. Pas dans les forêts ni à cheval sur un balai sous un ciel étoilé, non : dans les livres, les combats féministes, les analyses historiques. Elle n'est plus un mythe fantasmagorique destiné à faire peur, mais une mémoire. Celle des réseaux informels, de la transmission des soins, des corps résistants, d'un chemin alternatif.

→ bon protestant, comme une abomination. Le duc de Buckingham écrit un jour au roi : « J'aime votre personne, c'est tout naturel, et j'adore tous les aspects qui vous constituent… Vous êtes ma raison de vivre… Je vivrai et mourrai en vous aimant. »

Religion ET THÉOLOGIE

Fervent étudiant de théologie, Jacques plonge dans les Écritures avec l'enthousiasme d'un érudit en quête de vérité divine. Il écrit plusieurs traités religieux, dont une célèbre dissertation contre la sorcellerie intitulée *Daemonologie*. Obsédé par la menace des forces occultes, il mène une chasse aux sorcières – dans le sens littéral de l'expression –, convaincu que ces puissances obscures complotent contre son royaume.

Sous son règne, la Bible est traduite en anglais, donnant naissance à la fameuse *King James Version* (« Bible du roi Jacques »), une œuvre monumentale qui reste une référence pour des millions de croyants à travers le monde. Pour Jacques, cette traduction est un moyen d'unifier ses royaumes sous une seule foi protestante, même si cette initiative ne fait pas l'unanimité.

Il s'aventure dans les eaux troubles des tensions religieuses entre catholiques et protestants. Bien qu'il soit un protestant dévoué, il prône une certaine tolérance afin d'éviter les conflits internes. Cette approche pragmatique, pourtant, ne satisfait ni les catholiques, qui espèrent plus de liberté, ni les protestants, qui redoutent de trop grandes concessions.

Relation avec le Parlement

Jacques Ier, fermement convaincu que son pouvoir lui vient directement de Dieu, n'a aucune intention de tolérer des limites à son autorité. Il se voit comme un roi absolu, régnant par droit divin, et a l'intention de ne rendre des comptes à personne. Bien sûr, cette vision idéaliste du pouvoir se heurte de plein fouet aux ambitions du Parlement anglais, bien décidé à préserver ses propres privilèges. Très vite, chaque session devient un véritable champ de bataille ; Jacques lutte pour imposer ses décisions face à des opposants qui n'ont aucune intention de se laisser dicter la loi.

Cette tension persistante, alimentée par des visions incompatibles du pouvoir, ne fait qu'engendrer des conflits plus graves qui éclateront sous le règne de son fils, Charles Ier. Ce dernier héritera d'une relation profondément fracturée avec le Parlement, ce qui aura des conséquences bien plus funestes que les querelles de son père.

FIN DE VIE et héritage

Les dernières années de Jacques sont marquées par des problèmes de santé, notamment la goutte, l'arthrite et des crises récurrentes de dysenterie qui l'affaiblissent progressivement. De plus en plus dépendant de ses conseillers, il voit son influence s'éroder. Il meurt en 1625, laissant derrière lui un royaume unifié, mais politiquement instable.

Son héritage est ambivalent. D'un côté, sa vision absolutiste de la monarchie et du droit divin des rois sème les graines de la guerre civile anglaise. Cette vision rigide et autoritaire mène à des tensions croissantes avec le Parlement, tensions qui culmineront avec l'exécution de son fils, Charles Ier, et l'abolition temporaire de la monarchie pendant une décennie.

D'un autre côté, Jacques prépare la voie à la création d'un royaume de Grande-Bretagne unifié. Bien que son projet d'unification complète des royaumes d'Angleterre et d'Écosse rencontre une forte résistance de son vivant, il jette les bases de ce qui deviendra plus tard une réalité politique et administrative. Sa politique active en faveur de la fusion des deux royaumes dépasse la simple union personnelle des couronnes et pose les fondations d'un État plus cohérent et intégré.

Charles Ier

Fiche d'identité

NAISSANCE :	MARIAGE :	SIGNE ASTRO :
19 novembre 1600, Dunfermline Palace, Écosse	Henriette-Marie de France (1625)	♏ Scorpion
RÈGNE : 27 mars 1625-30 janvier 1649	**MORT** : 30 janvier 1649, Londres	

Convaincu du droit divin, le petit-fils de Marie Stuart se bat jusqu'à l'échafaud pour sauver sa vision de la monarchie. Écho prémonitoire de Louis XVI et de la Révolution française, il entraîne l'Angleterre dans une guerre civile et livre, par son échec, le pays aux mains d'Olivier Cromwell, dictateur en devenir. Lorsque le couperet tombe, il met provisoirement fin à sept siècles de monarchie anglaise et ouvre la voie à des bouleversements qui résonnent bien au-delà de son propre royaume et de son siècle.

ORIGINES *et naissance*

Charles est le second fils de Jacques VI d'Écosse (plus tard Jacques Ier d'Angleterre) et d'Anne de Danemark. Il appartient à la dynastie des Stuarts, une lignée royale qui descend directement de Robert II d'Écosse, mais aussi de la célèbre Marie Stuart, sa grand-mère, ce qui l'ancre dans une tradition de revendications et de tensions dynastiques.

Charles n'était pas destiné à régner, puisque son frère aîné, Henri-Frédéric, était l'héritier présomptif. Cependant, en 1612, la mort prématurée de ce dernier propulse Charles, jusque-là considéré comme fragile et maladif, au rang de successeur. Élevé dans l'ombre de son père, le roi Jacques Ier, fervent théoricien de la monarchie absolue, Charles développe un caractère réservé, nourri par les idées de droit divin.

L'ascension de Charles se déroule dans un contexte d'instabilité politique et religieuse, alors que l'Angleterre et l'Écosse sont secouées par des tensions entre l'autorité royale et les revendications du Parlement. Ces défis, ainsi que l'héritage de sa grand-mère Marie Stuart, exécutée pour trahison par Élisabeth Ire, façonnent sa vision du pouvoir et son avenir. À la mort de son père, en 1625, Charles monte sur le trône d'Angleterre, prêt à défendre ce qu'il considère comme son droit sacré, mais ignorant les dangers qui se profilent à l'horizon.

VIE DE *famille*

Charles Ier trouve le bonheur conjugal auprès d'Henriette-Marie de France, qu'il épouse en 1625, peu après son accession au trône. Fille du roi Henri IV de France et de Marie de Médicis, c'est une princesse catholique, ce qui fait d'elle une figure controversée dans l'Angleterre majoritairement protestante. Leur union, bien que politiquement sensible, se révèle solide.

Le couple royal a neuf enfants, dont plusieurs jouent des rôles significatifs dans l'histoire britannique. Leur premier fils, Charles, né en 1630, montera sur le trône sous le nom de Charles II, suivi par leur second fils, Jacques, né en 1633, qui deviendra le roi Jacques II. Parmi leurs autres enfants, Henriette-Anne épousera le duc d'Orléans, frère du roi Louis XIV, renforçant ainsi les liens entre la France et l'Angleterre.

Malgré les troubles politiques qui marquent le règne de Charles Ier, la famille royale reste unie. Henriette-Marie se révèle une alliée fidèle et dévouée à son époux, même lorsqu'ils sont séparés par la guerre civile. Leur amour et leur loyauté mutuelle s'affirment dans l'adversité, mais la tragédie familiale culmine avec l'exécution de Charles en 1649. Cet événement disperse et exile ses enfants, laissant Henriette-Marie veuve et profondément marquée par la perte de son mari et de son royaume.

Le rêve ÉPHÉMÈRE *de la monarchie absolue*

Au tournant du XVIIe siècle, l'Angleterre et l'Écosse nagent en eaux troubles. Les piliers du vieux monde féodal s'effritent et dans ce fracas émergent des revendications nouvelles, à la fois religieuses, politiques et sociales. C'est dans ce contexte agité que Charles Ier monte sur le trône, convaincu d'avoir été choisi par Dieu lui-même pour régner sans partage. Son père, Jacques Ier, avait déjà bien préparé le terrain en brandissant le droit divin comme un étendard. Charles, lui, pousse le concept jusqu'à l'obsession.

Inspiré par les grands absolutistes de son temps, il regarde du côté de Madrid ou de Versailles avec admiration sans se douter que l'Angleterre n'est pas un terrain aussi malléable. Le roi veut gouverner seul ? Le Parlement, lui, n'entend pas se laisser réduire au silence. Il revendique des prérogatives bien réelles : le contrôle des finances, la régulation des impôts, et surtout, la liberté de débattre et de critiquer. Autant dire que l'ambiance est tendue au cours des séances.

Mais il ne s'agit pas là que d'une querelle de pouvoir. Le conflit s'enracine dans des traditions profondes, notamment la *Magna Carta*, signée en 1215 à Runnymede sous la pression d'une coalition de barons excédés par les abus du roi Jean sans Terre. Ce texte, encore vénéré, devient le symbole d'une résistance grandissante. Il énonce pour la première fois dans l'histoire anglaise que le souverain est tenu de respecter le droit et qu'il ne peut gouverner sans l'accord de ses sujets. Car en Angleterre, on affirme de plus en plus haut que le roi n'est pas au-dessus des lois – et même qu'un peuple a le droit de se défendre contre la tyrannie.

Cromwell :
de l'ombre à la lumière du pouvoir

Alors que le royaume s'enlise dans la guerre civile, un personnage inattendu émerge : Olivier Cromwell. Ce député aux ferventes convictions religieuses se révèle un stratège militaire et un leader charismatique. En 1645, il restructure l'armée parlementaire, la transformant en une force redoutable appelée le « Nouveau Modèle » et composée de soldats motivés autant par la foi que par la politique.

Cromwell et son armée infligent une série de défaites humiliantes aux forces royales et, en 1647, Charles Ier se retrouve prisonnier du Parlement. Après plusieurs tentatives de négociation qui ne sont que des manœuvres dilatoires de la part du roi, Cromwell en a assez. Il prend la décision radicale de faire juger et exécuter Charles Ier en 1649, une action qui secoue les têtes couronnées d'Europe et affirme la prééminence du pouvoir populaire sur la monarchie.

Les tensions religieuses viennent raviver les braises de la discorde. Les protestants les plus zélés voient d'un très mauvais œil les gestes ambigus de Charles envers le catholicisme, qu'ils jugent menaçants pour l'avenir de l'Église d'Angleterre. Cette méfiance, conjuguée à l'intransigeance du souverain, finit par fissurer le fragile équilibre du royaume. Pour Charles, céder serait renier l'autorité sacrée dont il se croit investi. Il campe donc sur ses positions en dépit de la colère qui monte. Peu à peu, le pouvoir royal cesse d'être un point d'ancrage pour la nation : il devient le cœur même de la tempête.

Chute et tragédie finale

Face à la montée en puissance de Cromwell et à l'effondrement de ses forces loyales, Charles Ier voit son règne sombrer dans le chaos. Après avoir été capturé par l'armée parlementaire, le roi tente désespérément de négocier une issue favorable. Cependant, ses offres de compromis ne sont perçues que comme des stratagèmes pour regagner le pouvoir. La méfiance est à son comble et chacune de ses démarches échoue, exacerbant la détermination de Cromwell et des radicaux à mettre fin à la monarchie.

Isolé et trahi par certains de ses anciens soutiens, Charles Ier est finalement jugé pour haute trahison par un tribunal spécial, un acte sans précédent dans l'histoire de l'Angleterre. Le procès, mené sous l'ombre menaçante de l'armée, est une formalité aux yeux de Cromwell et de ses partisans. Malgré les arguments de Charles, qui affirme avec dignité qu'il est roi par droit divin et qu'il ne peut être jugé par aucun tribunal terrestre, la sentence est prononcée : il doit mourir.

Le 30 janvier 1649, il marche vers l'échafaud érigé devant la Banqueting House à Whitehall, entouré de la neige et du silence oppressant de ses derniers partisans. Jusqu'à la fin, il maintient une dignité royale, exhortant les spectateurs à se souvenir que sa mort est le sacrifice d'un roi pour la paix de son peuple, bien qu'il soit convaincu que cet acte de violence ne résoudra rien. Comme sa grand-mère Marie Stuart, Charles connaît un sort tragique et brutal : la décapitation. D'un coup sec, la hache du bourreau met fin à sa vie, scellant le destin d'un souverain en décalage avec les réalités changeantes de son temps.

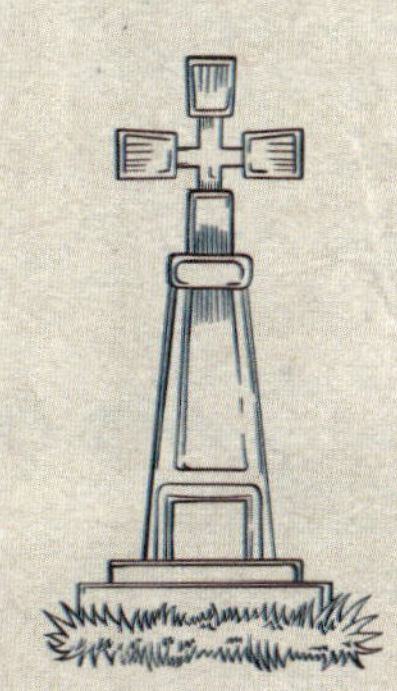

Cromwell

Charles II d'Angleterre

Fiche d'identité

Cromwell

NAISSANCE : 25 avril 1599, Huntingdon **FONCTION :** Lord-protecteur du Commonwealth d'Angleterre, d'Écosse et d'Irlande	**MANDAT :** 16 décembre 1653-3 septembre 1658 **MORT :** 3 septembre 1658, Londres	**SIGNE ASTRO :** ♉ Taureau

Fiche d'identité

Charles

NAISSANCE : 29 mai 1630, palais de St James **RÈGNE :** 29 mai 1660-6 février 1685	**MARIAGE :** Catherine de Bragance (1662) **MORT :** 6 février 1685, palais de Whitehall	**SIGNE ASTRO :** ♊ Gémeaux

En 1653, Olivier Cromwell s'empare du titre de lord protecteur, un rôle qui, sans la Couronne, lui confère tout de même un pouvoir absolu sur l'Angleterre. Sans perdre de temps, il écrase les révoltes en Irlande ainsi qu'en Écosse et s'illustre sur les champs de bataille étrangers. Pourtant, malgré sa grande autorité, il ne parvient pas à inscrire son nom dans l'histoire comme Napoléon en France. Aucune grande réforme, aucune institution marquante ne survit à son règne. Il laisse derrière lui un pouvoir qui s'évapore presque aussi rapidement qu'il l'a exercé. Son échec à instaurer une stabilité durable et sa rigueur austère finissent par lasser le peuple, ouvrant la voie à la

LE STRATÈGE inattendu

Alors que la guerre civile s'intensifie, Cromwell, novice en matière militaire, se révèle un stratège de génie. Il se forge une réputation non seulement pour sa bravoure au combat, mais aussi pour son intransigeance envers l'ennemi. Il crée la New Model Army, une force révolutionnaire composée de soldats motivés par leur foi et par leur cause politique. Sa capacité à organiser, à inspirer et à imposer une discipline rigoureuse fait de lui une figure incontournable de la guerre. Sous sa direction, les forces parlementaires remportent victoire sur victoire jusqu'à la capture et l'exécution de Charles Ier, en 1649.

Restauration sous Charles II. Le retour de ce dernier, en 1660, est accueilli avec un soulagement palpable après des années de morosité républicaine.

OLIVIER CROMWELL

Né dans une famille de la petite noblesse à Huntingdon, Olivier Cromwell mène une vie ordinaire jusqu'à la fin de la trentaine. Peu de signes, à ce stade, indiquent qu'il deviendra l'homme qui renversera la monarchie anglaise. C'est sa foi puritaine, un courant rigoriste du protestantisme issu du calvinisme, qui le guide et le pousse à se lancer dans la politique. En tant que député, il fait ses premières armes en défendant avec vigueur les droits du Parlement, tout en s'affirmant comme l'un des critiques les plus virulents de Charles Ier. C'est cette même foi, mêlée à une profonde conviction de la corruption morale du royaume, qui le mène à rejoindre l'opposition armée lorsque la guerre civile éclate, en 1642.

LE PROTECTORAT : *une république mal aimée*

Avec la mort de Charles Ier, Cromwell se retrouve à la tête d'une république naissante. Cependant, gouverner l'Angleterre se révèle bien plus ardu que la libérer d'un roi. Le Commonwealth, malgré les espoirs qu'il soulève, se heurte rapidement à des problèmes internes : querelles religieuses, divisions politiques. En outre, le pays est épuisé par la guerre. Cromwell, bien que réticent, finit par assumer le rôle de lord-protecteur en 1653, gouvernant l'Angleterre comme un monarque sans couronne.

Son régime, marqué par une main de fer, est paradoxal. D'un côté, Cromwell prône la liberté de conscience, permettant une plus grande tolérance religieuse envers les protestants non conformistes. De l'autre, il impose des lois puritaines strictes, bannissant les fêtes, fermant les théâtres, instaurant une moralité rigide qui suscite l'amertume chez une grande partie de la population. Son règne est également caractérisé par une politique étrangère agressive, notamment avec l'invasion de l'Irlande, en 1649. Ses forces commettent alors des massacres qui marqueront les relations anglo-irlandaises pour des siècles.

ENTRE GLOIRE et fatigue

Au fil du temps, Cromwell s'épuise, tiraillé entre ses idéaux républicains et les réalités du pouvoir. La république qu'il a contribué à instaurer s'enlise dans les querelles, l'impopularité et la désillusion générale. En 1657, ses partisans vont jusqu'à lui proposer la Couronne, signe que le royaume est déboussolé, prêt à restaurer la monarchie qu'il avait renversée. Fidèle à ses principes, il refuse, mais l'usure gagne du terrain. En 1658, Cromwell meurt, laissant les rênes à son fils Richard, qui n'a ni la carrure ni le soutien nécessaire. Le Protectorat s'effondre, la monarchie revient en force avec Charles II en 1660 et Cromwell devient l'homme à abattre, même dans la tombe. En 1661, pour symboliser le rejet de son règne, son corps est exhumé de l'abbaye de Westminster, pendu en public et décapité post mortem. Ce geste macabre souligne la violence des passions politiques de l'époque.

L'héritage de Cromwell est l'un des plus complexes de l'histoire anglaise. Pour certains, il reste un héros, un homme qui a défié la monarchie absolue et ouvert la voie à une Angleterre plus démocratique. Pour d'autres, c'est un dictateur qui a trahi les idéaux républicains pour instaurer un régime austère et oppressif. Son impact sur l'Angleterre est indéniable : il a montré que même un roi peut être tenu responsable de ses actes et que le pouvoir peut, et doit, être contesté. Pourtant, il a également montré les dangers d'un pouvoir sans limites, qu'il soit exercé par un roi ou par un simple député devenu général.

CHARLES II

Pendant que Cromwell redessine le paysage politique de l'Angleterre, Charles II erre en exil à travers l'Europe, observant de loin les bouleversements qui agitent son royaume. Né en 1630, Charles grandit dans l'ombre de son père, témoin des événements tragiques qui conduisent à son exécution. Forcé de fuir l'Angleterre en 1646, il passe plusieurs années à la cour de France, en Espagne, et même aux Pays-Bas, cherchant désespérément des alliés pour restaurer la monarchie. Mais les portes se ferment une à une et Charles II apprend à vivre avec l'amertume de l'attente et l'incertitude du destin.

LA RESTAURATION *du roi joyeux*

En 1660, l'Angleterre, toujours pleine de surprise et fatiguée des conflits internes, appelle Charles II sur le trône. Son retour, surnommé la « Restauration », est accueilli avec un enthousiasme qui contraste avec la sobriété puritaine de l'ère précédente. Connu pour son esprit vif et son goût pour les plaisirs de la vie, Charles II incarne tout ce que Cromwell avait cherché à supprimer : les fêtes, les théâtres, une cour célébrant le luxe et l'hédonisme. Charles II, surnommé le *Merry Monarch* (le « roi joyeux »), gouverne avec une certaine décontraction. Il préfère le compromis à la confrontation directe. Cependant, derrière son apparente insouciance, il se montre habile dans la gestion des tensions religieuses et politiques qui continuent de secouer son royaume.

LE ROI, LA REINE… *et pas le petit prince*

En 1662, Charles II épouse Catherine de Bragance, princesse portugaise pieuse et discrète. Cette alliance est bien pensée : en plus d'une dot colossale, elle apporte à la Couronne anglaise Bombay et Tanger, un joli pactole qui scelle l'amitié entre l'Angleterre et le Portugal.

Cependant, le grand drame de ce mariage, c'est l'absence d'héritier. Catherine fait plusieurs fausses couches, tandis que Charles n'a aucun mal à remplir les couloirs de la cour d'enfants illégitimes. Il en reconnaît certains, les titre, les affiche. Sa femme, elle, reste seule, sans descendance. Le contraste est cruel : plus Charles sème, plus le vide du trône se remarque. Catherine, malgré sa piété et sa dignité, voit sa place de reine fragilisée par le silence du berceau.

Malgré les maîtresses omniprésentes de son mari, elle reste fidèle, digne, irréprochable. Charles, s'il papillonne, ne l'abandonne pas pour autant. Il la protège, refuse de céder aux appels du Parlement pour la répudier. Leur mariage, atypique mais tenace, dure jusqu'à la mort du roi.

Toutefois, l'absence d'un héritier légitime ouvre une brèche. Le frère de Charles, Jacques, duc d'York, est catholique. Dans une Angleterre encore hantée par le souvenir des guerres de religion, l'idée d'un roi papiste fait trembler les fondations du royaume.

La fin D'UNE ÈRE

Charles II meurt à l'âge de 54 ans après avoir survécu à la peste noire de 1665 et, l'année suivante, au grand incendie de Londres. Ce *Merry Monarch* laisse derrière lui un royaume transformé, même s'il est toujours fracturé par les divisions religieuses et politiques qui avaient coûté la vie à son père. Son règne est marqué par son goût pour la vie et les plaisirs, mais aussi par sa capacité à manœuvrer dans les eaux parfois houleuses de la politique anglaise. Son décès marque la fin d'une ère de restauration. Inhumé dans l'abbaye de Westminster le 14 février 1685, il laisse son frère, Jacques II, à la tête d'un royaume qui s'apprête à plonger dans de nouveaux bouleversements.

Jacques II

Fiche d'identité

NAISSANCE : 14 octobre 1633, palais de St James	MARIAGES : Anne Hyde (1660), Marie de Modène (1673)	SIGNE ASTRO : ♍ Vierge
RÈGNE : 6 février 1685-11 décembre 1688	MORT : 16 septembre 1701, château de Saint-Germain-en-Laye	

Jacques II, dernier roi catholique d'Angleterre, se voit confier une véritable patate chaude : une Couronne déjà enflammée par des décennies de conflits religieux et politiques. Frère de Charles II, il grandit en exil, traversant les tumultes de la guerre civile et les intrigues de la cour de Louis XIV en France. Ces expériences forgent son caractère, mais elles le conduiront aussi à prendre des décisions qui le feront abdiquer, avec des conséquences irréversibles pour la monarchie anglaise et la dynastie des Stuarts.

ENTRE FOI *et pouvoir*

Jacques voit le jour dans une Angleterre profondément marquée par les conflits religieux et politiques. Après l'exécution de son père Charles Ier, il passe plusieurs années en exil, notamment en France, à la cour de Louis XIV. Durant cette période, il sert à la fois dans les armées française et espagnole, preuve de son pragmatisme militaire, mais aussi d'un certain opportunisme. Ce séjour exerce sur lui une influence durable, notamment par l'imprégnation de la culture catholique française qui façonne peu à peu ses convictions religieuses.

En 1660, après la restauration de la monarchie, Jacques épouse Anne Hyde, fille d'Edward Hyde, comte de Clarendon. Bien que son père ait été anobli, elle ne fait pas partie de la vieille aristocratie ; son union avec un prince héritier scandalise la cour. Mais il y a plus urgent : Anne est enceinte. Le mariage, célébré en secret à Londres, reste discret jusqu'à sa reconnaissance publique, quelques mois plus tard.

Cette union demeure l'une des plus controversées de la famille royale. Jacques insiste pour épouser une femme qui n'est pas une princesse de sang, défiant les usages de la noblesse. Elle sera d'ailleurs la dernière roturière à épouser un héritier du trône d'Angleterre avant Lady Diana Spencer, en 1981. Ce choix révèle autant la détermination de Jacques à suivre ses convictions que son mépris des attentes rigides de l'aristocratie anglaise.

Le séjour de Jacques en France le fait peu à peu douter de ses croyances protestantes. Après une période de crise spirituelle, il se convertit au catholicisme en 1669. Ce choix est très mal reçu dans une Angleterre majoritairement protestante. Anne Hyde, bien que protestante de naissance, finit par l'imiter, sans pour autant s'impliquer dans les débats religieux.

Ils donnent naissance à huit enfants, mais seules deux filles, Marie et Anne, survivent. Bien que leur père soit catholique, elles sont élevées dans la foi protestante, selon les volontés de leur oncle Charles II, soucieux de préserver la stabilité religieuse de la Couronne. Elles joueront bientôt un rôle crucial.

Anne Hyde meurt en 1671, laissant Jacques veuf. Deux ans plus tard, il épouse Marie de Modène, une princesse catholique italienne. Ce mariage accroît la méfiance autour de la question dynastique, car il fait planer la menace d'une succession catholique sur le royaume.

L'inévitable accession AU TRÔNE

À la mort de Charles II, en 1685, son frère Jacques lui succède, faute d'héritier légitime. Mais le début de règne est chaotique : son propre neveu, James Scott, duc de Monmouth, tente de s'emparer du trône. Le roi écrase la révolte sans ménagement, faisant exécuter des milliers de partisans. Le ton est donné.

Si Jacques bénéficie au départ d'un soutien relatif, sa politique religieuse le plonge rapidement dans la tourmente. En promouvant la tolérance envers les catholiques, notamment avec la Déclaration d'indulgence de 1687, et en nommant des catholiques à des postes de pouvoir, Jacques affole l'establishment protestant. Son rapprochement avec Louis XIV, incarnation du pouvoir absolu et du catholicisme triomphant, fait craindre le pire. Beaucoup voient en lui un roi prêt à marcher dans les pas du monarque français, au risque de renverser l'équilibre religieux et politique patiemment construit depuis la Réforme. L'alliance franco-anglaise réveille de vieux démons.

Une crise DYNASTIQUE

Les craintes se confirment en 1688 avec la naissance de son fils, Jacques François Édouard, issu de son mariage avec Marie de Modène. Élevé dans la foi catholique, il devient l'héritier du trône, écartant les filles protestantes de Jacques. Pour beaucoup, cette naissance fait redouter l'instauration d'une dynastie catholique. Marie, mariée au prince protestant Guillaume d'Orange, devient un symbole de l'opposition à son père, tandis qu'Anne, malgré sa fidélité familiale, est de plus en plus tiraillée par les tensions religieuses et politiques.

L'arrivée de cet héritier catholique précipite ce qui sera connu comme la « Glorieuse Révolution ». Les nobles anglais, inquiets de voir une dynastie catholique s'installer, invitent Guillaume d'Orange à envahir l'Angleterre. Abandonné, isolé, le roi choisit de fuir vers la France, emmenant avec lui son épouse Marie de Modène et leur nourrisson. Le bébé grandira en exil sous le nom de Jacques III pour ses partisans, mais il sera toujours perçu comme un imposteur par les nouvelles autorités anglaises. Ce départ précipité, sans bataille ni abdication officielle, scelle le sort de Jacques : la Couronne passe à Guillaume et Marie, marquant le début d'un nouveau régime fondé sur le compromis entre monarchie et Parlement.

Le déclin du dernier Stuart

Jacques passe le reste de sa vie en exil en France, où il est accueilli par Louis XIV au château de Saint-Germain-en-Laye. Bien qu'il soit reçu avec les honneurs dus à son rang, Jacques n'est plus qu'un roi sans royaume, une figure déchue qui dépend entièrement de la générosité du roi de France. Pourtant, il ne renonce pas à l'idée de reconquérir son trône, bien au contraire. En 1690, il tente de reprendre le pouvoir en Irlande avec le soutien des troupes françaises, mais sa défaite à la bataille de la Boyne scelle son sort. Cette humiliation achève ses espoirs de restauration.

Après cet échec cuisant, Jacques se retire peu à peu des affaires politiques, devenant une figure mélancolique et résignée. Il se consacre à des pratiques religieuses austères, trouvant dans la foi catholique un réconfort à son déclin personnel et politique. Il connaît une relative solitude, entouré de quelques fidèles, vivant de la charité du roi de France qui continue de le soutenir par respect pour la cause catholique, mais aussi pour maintenir une certaine influence sur les affaires anglaises.

Sa santé décline progressivement au cours des dernières années de sa vie. Il est frappé par une hémorragie cérébrale en mars 1701 et ne récupérera jamais complètement ses facultés. Entouré de sa famille et de ses fidèles partisans, Jacques s'éteint paisiblement à l'âge de 67 ans.

Le dernier roi Stuart est enterré dans l'église de Saint-Germain-en-Laye dans une certaine discrétion. Son décès marque la fin de la lignée masculine des Stuarts sur le trône d'Angleterre. Son fils, Jacques François Édouard, surnommé le « Vieux Prétendant », tente de revendiquer le trône, mais en vain. Après le règne des filles de Jacques II, Marie II et Anne, aucun de ses descendants masculins directs ne réussira à reprendre le pouvoir. La monarchie anglaise prend alors une nouvelle direction constitutionnelle, marquant une étape importante dans l'histoire du royaume.

Résultat *des courses*

L'héritage de Jacques II est celui d'un roi que ses convictions religieuses ont précipité dans le vide. Son règne, bref mais révélateur, incarne les risques d'un souverain sourd aux équilibres politiques de son temps. Son intransigeance face à l'opposition protestante et son refus du compromis le mènent à l'exil, et à un tournant historique. Car en déposant Jacques, la Glorieuse Révolution inaugure une monarchie constitutionnelle où le pouvoir royal ne règne plus sans partage. Pour la dynastie, c'est une fracture irréversible. Pour l'Angleterre, un nouvel équilibre.

Dernier roi catholique du royaume, Jacques II devient malgré lui le symbole de cette transition brutale : un monarque qui, à force de s'accrocher à la corde, s'est brûlé les mains. Son ombre, pourtant, continue de rôder : un demi-siècle plus tard, son petit-fils, Bonnie Prince Charlie, tentera en vain de reprendre le trône comme un ex toxique qui n'a toujours pas compris qu'on ne voulait plus de lui.

Espagne

XVIIe SIÈCLE

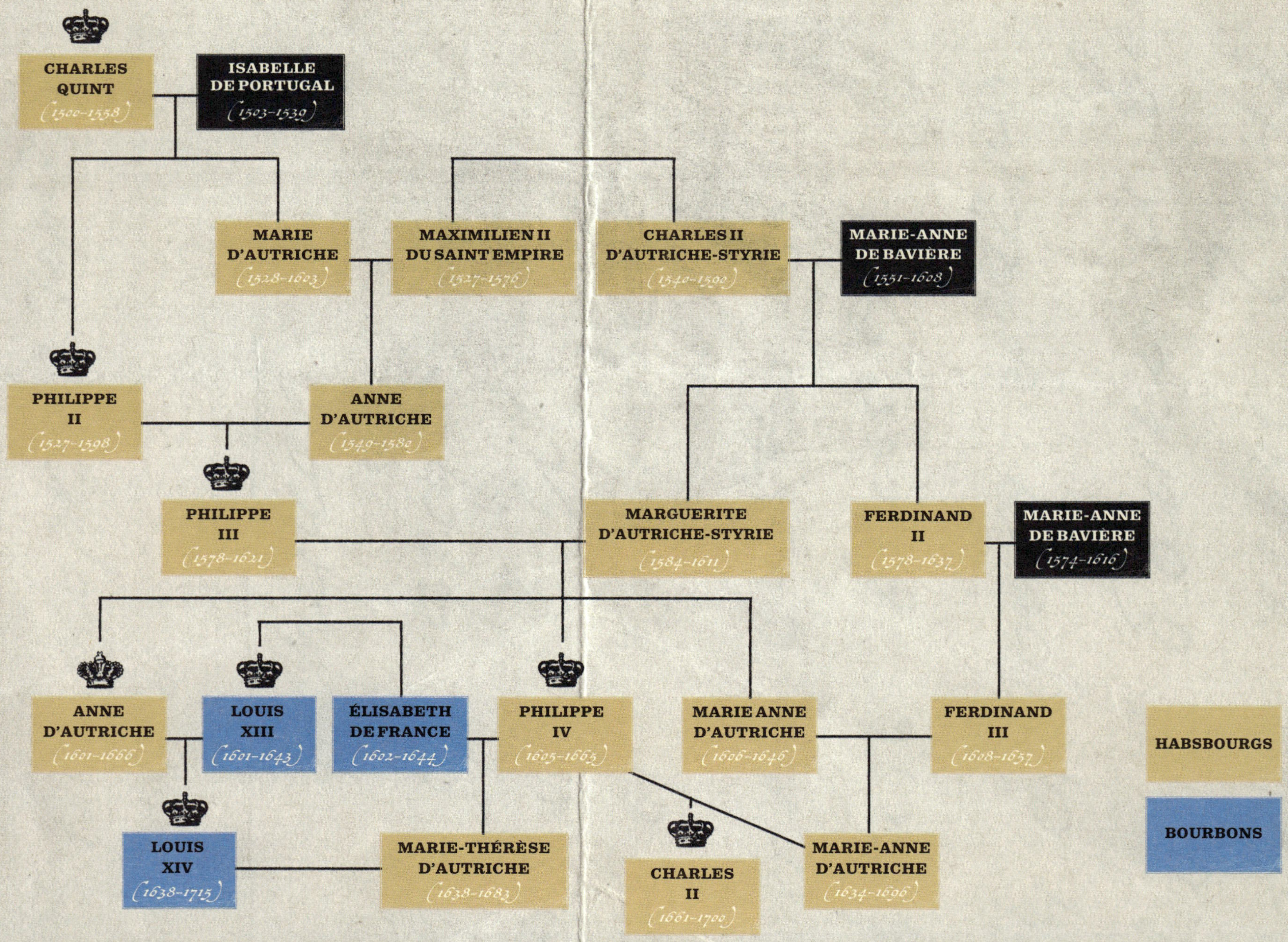

Philippe III

Fiche d'identité

NAISSANCE : 14 avril 1578, Madrid **RÈGNE :** 13 septembre 1598-31 mars 1621	**MARIAGE :** Marguerite d'Autriche (1599) **MORT :** 31 mars 1621, Madrid	**SIGNE ASTRO :** ♈ Bélier

Héritier d'un empire qui fait face à des défis colossaux, Philippe III accède au trône en 1598 au sein d'une Espagne où la grandeur côtoie la fragilité. Contrairement à son grand-père Charles Quint, Philippe III ne se rêve pas conquérant ou stratège d'envergure. Discret et profondément pieux, il ne souhaite pas reproduire les exploits militaires de son aïeul ni bâtir un empire. Il est façonné par l'étiquette rigide de la cour et par un profond respect pour l'ordre établi. Sous son règne, l'Espagne s'engage toutefois sur une pente glissante, marquant la fin d'une époque d'hégémonie incontestée.

Austérité *et dévotion*

Philippe III naît au cœur de la plus catholique des dynasties d'Europe : les Habsbourgs. Son père, Philippe II, en est à son quatrième mariage… avec sa propre nièce, Anne d'Autriche. À ce stade, l'arbre généalogique ressemble plutôt à une toile d'araignée. De cette union très sainte naît un enfant élevé dans l'odeur des cierges, les prières, le poids du dogme et la crainte du péché. La mère veille à la piété, le père à la discipline ; entre les deux, la tendresse et l'affection parentale se fait discrète. Résultat : un prince docile, croyant, mais inadapté à l'exercice du pouvoir.

Le règne des favoris

Philippe III laisse rapidement les affaires du royaume entre les mains de son favori, le duc de Lerma, rusé et parfaitement conscient de la liberté d'action obtenue. À l'aise dans les dévotions et les cérémonies, le roi préfère prier, et Lerma s'occupe du reste.

Pendant deux décennies, le duc a carte blanche : décisions, charges, richesses. Il verrouille l'accès au roi, écarte les rivaux et s'entoure d'un réseau solide d'alliés. Cette gestion très personnelle du pouvoir finit par agacer, y compris dans les cercles proches de la cour. Peu à peu, le favoritisme vire à la paralysie politique. Le roi reste en retrait et Lerma devient le véritable maître du royaume, mais ses abus finissent par le rattraper et il est remplacé par son propre fils. Le règne des favoris continue ; seule la marionnette change.

ENTRE PAIX ET DÉCLIN

Sous Philippe III, l'Espagne semble connaître une période de paix, mais cette tranquillité cache une lente dégringolade. L'une des décisions majeures de son règne est la signature, en 1609, de la trêve de Douze ans avec les Provinces-Unies, ce territoire du nord des Pays-Bas révolté contre la domination espagnole. La guerre de Quatre-Vingts ans (1568-1648), motivée par des tensions religieuses et économiques, oppose l'Espagne catholique aux calvinistes néerlandais. Certes, la trêve offre un répit, mais beaucoup y voient surtout le signe d'un empire incapable de tenir sa position dominante.

Sur le plan intérieur, Philippe III doit affronter une série de crises. L'une de ses décisions les plus controversées reste l'expulsion des Morisques, descendants de musulmans convertis au christianisme qui représentent une part importante de la population dans des régions agricoles comme Valence et l'Andalousie. Dictée par des raisons religieuses et politiques, cette action a des conséquences désastreuses, comme une perte massive de main-d'œuvre et l'effondrement de secteurs entiers, alors que le royaume est surendetté.

Alliances ET DESCENDANCE

Le mariage de Philippe III avec Marguerite d'Autriche, en 1599, constitue une union stratégique, mais repose sur un lien personnel fort. Marguerite, fervente catholique, partage la piété de son mari et exerce une influence notable à la cour, soutenant les politiques de l'Église et les affaires familiales.

Le couple a huit enfants, dont quatre atteignent l'âge adulte. L'aîné, Philippe IV, succède à son père à la tête d'un empire déjà sur le déclin. Mais c'est leur fille Anne d'Autriche qui marquera l'histoire européenne. Mariée à Louis XIII, elle devient la mère de Louis XIV, cimentant ainsi une alliance franco-espagnole appelée à durer.

Anne d'Autriche, figure charnière entre les deux puissances catholiques, joue un rôle clé durant la régence de son fils. Sa vie, entre intrigues et luttes d'influence à la cour de France, reflète la complexité des relations dynastiques européennes.

LE DÉCLIN
d'un empire et d'un roi

Alors que l'Espagne commence à montrer des signes de faiblesse, Philippe III, de plus en plus absent des affaires d'État, laisse ses favoris diriger le pays. Sous leur gestion, les finances de l'empire se détériorent et les ennemis traditionnels de l'Espagne, tels que la France et l'Angleterre, en profitent pour affaiblir davantage la puissance espagnole en Europe.

Philippe III meurt en 1621, affaibli par une série de maladies chroniques. Il laisse un empire en crise à son fils, Philippe IV. Son règne, souvent considéré comme une période de transition, marque le début du déclin irréversible de l'Espagne sur la scène internationale. Il restera dans l'histoire comme un roi pieux et effacé, dont le règne incarne les limites d'une monarchie plus préoccupée par la préservation de ses traditions que par l'innovation nécessaire à sa survie.

Philippe IV

Fiche d'identité

NAISSANCE :	MARIAGES :	SIGNE ASTRO :
8 avril 1605, Valladolid	Élisabeth de France (1615), Marie Anne d'Autriche (1649)	♈ Bélier
RÈGNE : 31 mars 1621-17 septembre 1665	**MORT :** 17 septembre 1665, Madrid	

L'empire autrefois tout-puissant est désormais en pleine tourmente, miné par des décennies de guerres, une dette qui frôle l'insoutenable et une administration au bord de la rupture. Contrairement à son père, Philippe IV arrive avec un grand nombre de bonnes intentions ; il est déterminé à restaurer la gloire nationale. Hélas, il découvre rapidement que le navire espagnol est percé de toutes parts : les conflits coûteux, l'affaiblissement du pouvoir royal et les tensions internes sont autant de tempêtes qu'il ne peut maîtriser.

UNE JEUNESSE
sous le signe de l'urgence

Philippe IV naît dans une Espagne qui glisse inexorablement vers le déclin. Fils de Philippe III et de Marguerite d'Autriche, il est formé dès l'enfance à porter une couronne plus lourde qu'elle n'en a l'air. Lorsqu'il monte sur le trône en 1621, l'empire espagnol est ruiné, enlisé dans des conflits coûteux, et affaibli par une administration tentaculaire. La guerre de Trente Ans, dans laquelle l'Espagne s'est jetée pour défendre l'autorité des Habsbourg en Europe centrale, draine les ressources sans offrir de victoire durable.

Philippe IV veut stopper l'hémorragie. Il lance des réformes, mise sur l'austérité, restructure l'armée. Mais la plaie est trop profonde et le garrot ne suffit pas. En 1648, la paix de Westphalie, une série de traités qui redessinent l'Europe après trois décennies de guerre, contraint l'Espagne à reconnaître l'indépendance des Provinces-Unies. La France rafle la mise diplomatique. L'hégémonie change de camp.

L'écueil DU POUVOIR DÉLÉGUÉ

Comme son père, Philippe IV commet l'erreur de déléguer une grande partie de son pouvoir à des conseillers, en particulier au comte d'Olivares et duc de Sanlucar la Mayor, son favori. Bien que le premier soit un homme intelligent et dévoué, il centralise les décisions et tente de réformer l'empire avec des méthodes souvent impopulaires. Le roi se laisse guider, voire manipuler, prenant en toute bonne foi des décisions qui aggravent parfois les problèmes. Olivares pousse le roi à renforcer l'autorité, centraliser l'administration, redresser les finances. Mais ses réformes autoritaires ont tendance à crisper, surtout en Catalogne et au Portugal, où l'Espagne est de plus en plus perçue comme une tutelle étrangère. Le Portugal, relégué depuis soixante ans au second plan de l'Union ibérique, claque la porte : déclaration d'indépendance, Jean IV de Bragance sur le trône.

Au même moment, la Catalogne se soulève, refusant de se plier aux politiques centralisatrices de Madrid. Coup dur pour Olivares : l'empire qu'il espérait restaurer s'effrite sur plusieurs fronts.

Les échecs successifs finissent par miner la confiance du roi en son favori. Olivares est finalement destitué en 1643. Philippe IV tente alors de reprendre les rênes du pouvoir, mais c'est peine perdue et l'empire continue sa dégringolade.

LA FAMILLE ROYALE, *alliances et descendance*

Philippe IV épouse en 1615 Élisabeth de Bourbon, ce qui renforce les liens avec la France. De leur union naît Marie-Thérèse d'Autriche, future épouse de Louis XIV, qui scelle une alliance aussi diplomatique que dynastique entre les deux puissances catholiques rivales. À la mort d'Élisabeth, le roi se remarie avec sa propre nièce, Mariana d'Autriche. De cette union consanguine naît Charles II, dernier Habsbourg d'Espagne, fragile incarnation de l'excès de ces mariages trop rapprochés. L'enfant, atteint de multiples maux dès la naissance, devient très vite le symbole vivant d'un empire à bout de souffle, dirigé par un roi plus préoccupé par sa survie que par les affaires d'État.

Le crépuscule *d'un règne et d'un empire*

Philippe IV s'éteint en 1665 après quarante-quatre années de règne passées à tenter de contenir l'effondrement progressif d'un empire autrefois tout-puissant. Au moment de sa mort, l'Espagne, vidée de ses ressources, accablée par des guerres incessantes, minée par une bureaucratie tentaculaire et une noblesse plus préoccupée par ses privilèges que par l'intérêt général, n'est plus que l'ombre d'elle-même. Son règne, malgré ses efforts pour restaurer la grandeur de l'Espagne, marque la fin de l'hégémonie espagnole en Europe et le début de la montée en puissance d'autres nations, notamment la France.

Charles II d'Espagne

Fiche d'identité

NAISSANCE :
6 novembre 1661, Madrid

RÈGNE :
17 septembre 1665-
1er novembre 1700

MARIAGES :
Marie-Louise d'Orléans (1679), Marie-Anne de Neubourg (1689)

MORT : 1er novembre 1700, Madrid

SIGNE ASTRO :
♏
Scorpion

On ne les présente plus : les Habsbourgs continuent de régner sur un immense empire, mais plus pour longtemps. Obsédés par la pureté du sang avec une obstination qui ferait pâlir Salazar Serpentard, ils ont conduit leur lignée dans une impasse : Charles II. Fruit de la consanguinité générationnelle, il est, aux dires de ses contemporains, d'une laideur affligeante. Il incarne la dégénérescence de la dynastie. Alors que toute l'Europe prépare déjà sa succession et se dispute son héritage avant d'attendre sa mort, ce roi, dans une forme de déni, lutte pour survivre et maintenir à flot un empire au bord de l'implosion.

MALÉDICTION *ou biologie ?*

Charles II est l'unique fils survivant de Philippe IV et de sa propre nièce, Marie-Anne d'Autriche. Sa mère est donc aussi… sa cousine. Chez les Habsbourgs, les mariages en famille ont de quoi donner la migraine ! Pour eux, préserver la pureté du sang royal justifie quelques libertés avec les règles naturelles. Jadis critiquée par l'Église, cette pratique a fini par devenir monnaie courante à condition d'obtenir une autorisation spéciale du pape, que ce dernier, visiblement, finit par distribuer comme des petits pains. Les exemples abondent : Charles Quint s'unit à sa cousine germaine Isabelle de Portugal, et son fils Philippe II suit son exemple en épousant Marie de Portugal, qui est à la fois sa cousine et doublement liée à la famille. Ici, l'arbre généalogique ressemble plus à une imprimante à court d'encre : les copies se suivent, se ressemblent et se dégradent. Il serait temps de changer la cartouche !

DES MARIAGES *voués à l'échec*

Malgré ses faiblesses, Charles II se marie à deux reprises, tentant désespérément de renforcer sa position et, surtout, sur un malentendu, d'assurer une descendance. Son premier mariage en 1679 avec Marie-Louise d'Orléans, nièce de Louis XIV, vise à apaiser les tensions avec la France. Petite-cousine de Charles II côté Bourbon... et aussi sa cousine au second degré côté Habsbourg. Belle et énergique, Marie-Louise ne donne aucun héritier à Charles. Très vite, les rumeurs commencent à accuser la reine en raison de son incapacité à procréer, alors que tout indique que les problèmes viennent de Charles lui-même. La mort prématurée de Marie-Louise, en 1689, laisse Charles dévasté. La dynastie va s'éteindre.

En 1690, Charles se remarie avec Marie-Anne de Neubourg, une princesse allemande choisie pour sa fertile lignée. Il espère enfin concevoir un héritier. Mais le sort s'acharne et le couple reste sans enfant. Ces mariages infructueux scellent le destin de Charles et de son empire, rendant inéluctable le vide successoral qui obsède les cours européennes

Ces unions répétées finissent par laisser des traces indélébiles sur la descendance. Charles II est le dernier maillon d'une dynastie minée par la consanguinité. Dès l'enfance, ses handicaps sautent aux yeux : à cinq ans, il ne tient pas debout ; à neuf ans, il peine à parler. Affligé d'hydrocéphalie, de malformations cardiaques, de troubles thyroïdiens et rénaux, il souffre aussi d'une atrophie des testicules qui le rend stérile, scellant ainsi l'extinction de la branche espagnole des Habsbourgs.

Plutôt que de reconnaître les ravages causés par des mariages consanguins, les contemporains de Charles II préfèrent blâmer des forces occultes pour expliquer ses nombreuses afflictions. Convaincus que leur roi est victime de maléfices, ils le surnomment « El Rey Hechizado » (le « roi ensorcelé »). Le peuple voit en lui non pas un souverain malade, mais un homme en proie à des malédictions, symbole vivant des superstitions qui entourent son règne.

Au crépuscule de sa vie, à bout de recours, Charles se tourne vers des exorcismes, cherchant à se libérer de démons imaginaires sans jamais réussir à trouver la paix. Aujourd'hui, on sait que le brassage génétique est essentiel pour renforcer la vitalité et la santé des générations futures. Ironiquement, ce que les Habsbourgs voyaient comme un moyen de préserver la grandeur de leur lignée est devenu leur plus grande faiblesse, et le pauvre Charles II pâtit bien malgré lui des conséquences d'une obsession familiale devenue une véritable impasse biologique.

UN EMPIRE EN RUINE *et un roi sans pouvoir*

Dès son accession au trône, en 1665 à l'âge de 4 ans, Charles II devient le symbole d'un empire au déclin irréversible. Trop faible pour régner, il voit malgré lui le pouvoir tomber entre les mains de régents et de favoris, tandis que les intrigues et les manipulations gangrènent la cour. Tandis qu'il grandit, l'Espagne continue de s'effondrer, minée par des guerres interminables, une dette astronomique et un système administratif à bout de souffle.

Malgré son état physique et mental fragile, Charles II conserve quelques traits attachants : très pieux, mais aussi farouchement superstitieux, il oscille entre bienveillance maladroite et accès de panique mystique. Obsédé par sa santé, persuadé d'être ensorcelé, il sombre peu à peu dans la mélancolie. Il sait que toute l'Europe scrute son agonie, suspendue à l'issue d'une succession devenue une affaire d'équilibre continental.

RIVAUX ET STRATÈGES

Pendant que Charles II lutte désespérément pour maintenir son empire en vie, Louis XIV et Léopold Ier du Saint-Empire romain germanique préparent déjà l'après-Habsbourg. Chacun rêve de se tailler la part du lion dans l'héritage espagnol. Le roi de France et l'empereur germanique, pourtant cousins de Charles, voient dans sa faiblesse une opportunité en or pour redessiner les frontières de l'Europe à leur avantage.

Le Roi-Soleil a depuis longtemps jeté son dévolu sur l'Espagne, cherchant à étendre l'influence française et à renforcer sa propre dynastie. Par son mariage avec Marie-Thérèse d'Autriche, fille de Philippe IV et sœur de Charles II, il revendique ses droits sur la succession espagnole. L'œil rivé sur les riches possessions espagnoles en Italie et aux Pays-Bas, il imagine un empire français plus vaste que jamais.

De son côté, Léopold Ier, chef de la branche autrichienne des Habsbourgs et cousin germain de Charles, ne compte pas se laisser distancer. Pour lui, conserver l'héritage espagnol dans la famille Habsbourg est une question de fierté dynastique et de stratégie politique. Il ne veut pas voir les territoires espagnols tomber entre les mains françaises, car cela bouleverserait l'équilibre européen.

Les deux souverains manœuvrent en coulisses, signant secrètement des traités de partage et se préparant à une guerre inévitable. En 1698, le traité de La Haye est l'une des premières tentatives pour se diviser l'Empire espagnol en prévision de la mort de Charles II. Mais aucune entente ne parvient à satisfaire pleinement les ambitions des deux monarques et chacun se prépare à s'emparer du maximum de territoires possibles à la disparition du roi.

Disparition *d'un roi maudit*

Charles II tire sa révérence à 38 ans, emportant avec lui trois siècles de règne Habsbourg sur l'Espagne. Sa mort, attendue comme le dernier acte d'une tragédie dynastique, déclenche la guerre de Succession : un conflit féroce où les grandes puissances d'Europe, affamées, se jettent sur son empire comme des vautours sur une carcasse. Qui va décrocher le pactole ? Telle est la question qui obsède les cours européennes.

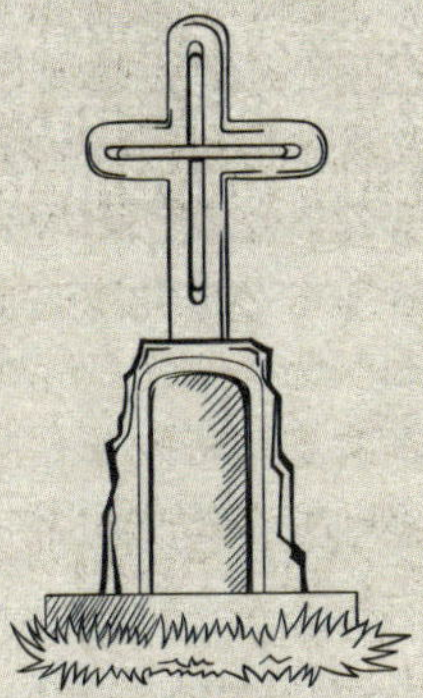

Charles II reste dans l'histoire comme le roi-fantôme d'un empire exsangue, dont la naissance difforme, les crises mystiques et l'entourage superstitieux résument l'agonie d'une dynastie aveugle à sa propre décomposition. Avec lui s'éteint un monde, et s'ouvre une guerre où l'Espagne devient la plus convoitée des dépouilles.

Le XVIIIe siècle

La fin des monarchies absolues

Les rois au XVIIIe siècle sont convaincus que rien ne les arrêtera. Ils vivent pourtant leurs dernières années de répit. Partout en Europe, un bouillonnement d'idées, de sciences et de guerres redessine les frontières du monde connu et le paysage mental des peuples. Les souverains, à la fois fascinés et terrifiés par ce qu'ils entendent dans les salons et par ce qu'ils lisent, pressentent que quelque chose est en marche. Spoiler : ils ont raison.

En France, après le règne interminable de Louis XIV, c'est son arrière-petit-fils Louis XV qui monte sur le trône. Pendant ce temps, de l'autre côté des Pyrénées, l'Espagne est à bout de souffle. Les Habsbourgs, après des générations de mariages entre cousins, laissent en héritage Charles II, un roi physiquement diminué et sans successeur. Sa mort permet à Philippe d'Anjou, petit-fils de Louis XIV, d'accéder au trône sous le nom de Philippe V d'Espagne. Cependant, l'arrivée d'un Bourbon sur le trône ibérique inquiète le reste de l'Europe. En 1701, la guerre de Succession d'Espagne éclate : douze ans de conflits, d'alliances retournées et de champs de bataille pour décider qui aura le dernier mot sur le sort de la Couronne espagnole.

Pendant ce temps, en Angleterre, la situation présente un nouveau visage. Avec la mort de la reine Anne, dernière de la lignée Stuart, le royaume doit encore une fois changer de dynastie. Une seule obsession domine les esprits : trouver un héritier protestant, quitte à fouiller du côté de Hanovre. C'est ainsi que débarque George Ier, armé d'un anglais à couper au couteau, et dont le tempérament, discret à l'extrême, ne contribue pas à réchauffer l'accueil qui lui est réservé. Mais peu importe : il est protestant, et c'est tout ce qui compte.

Le siècle des Lumières brille de mille feux : philosophes et scientifiques ébranlent les vieilles certitudes. Voltaire se moque, Rousseau s'indigne, Diderot et d'Alembert compilent l'*Encyclopédie* pour que chaque esprit curieux puisse feuilleter les pages du savoir. Tout le monde débat de la nature humaine, du droit et du progrès. Mais attention : ces idées se transforment en revendications, et ce n'est pas par hasard si, quelques décennies plus tard, la Révolution éclate.

À la fin du siècle, finalement, le vieux monde craquelle de toutes parts. La révolution américaine enflamme l'imagination de tous ceux qui rêvent de liberté, et la Révolution française, en 1789, renverse l'Ancien Régime. La lame tranchante de la guillotine met fin aux privilèges et laisse les têtes couronnées rouler sur l'échafaud.

Et pendant que tout ce beau monde philosophe et refait le monde, la révolution industrielle commence à pointer le bout de son nez en Angleterre. Des machines surgissent, les villes s'étendent, et le monde entame une course folle vers la modernité.

France

XVIIIᴱ SIÈCLE

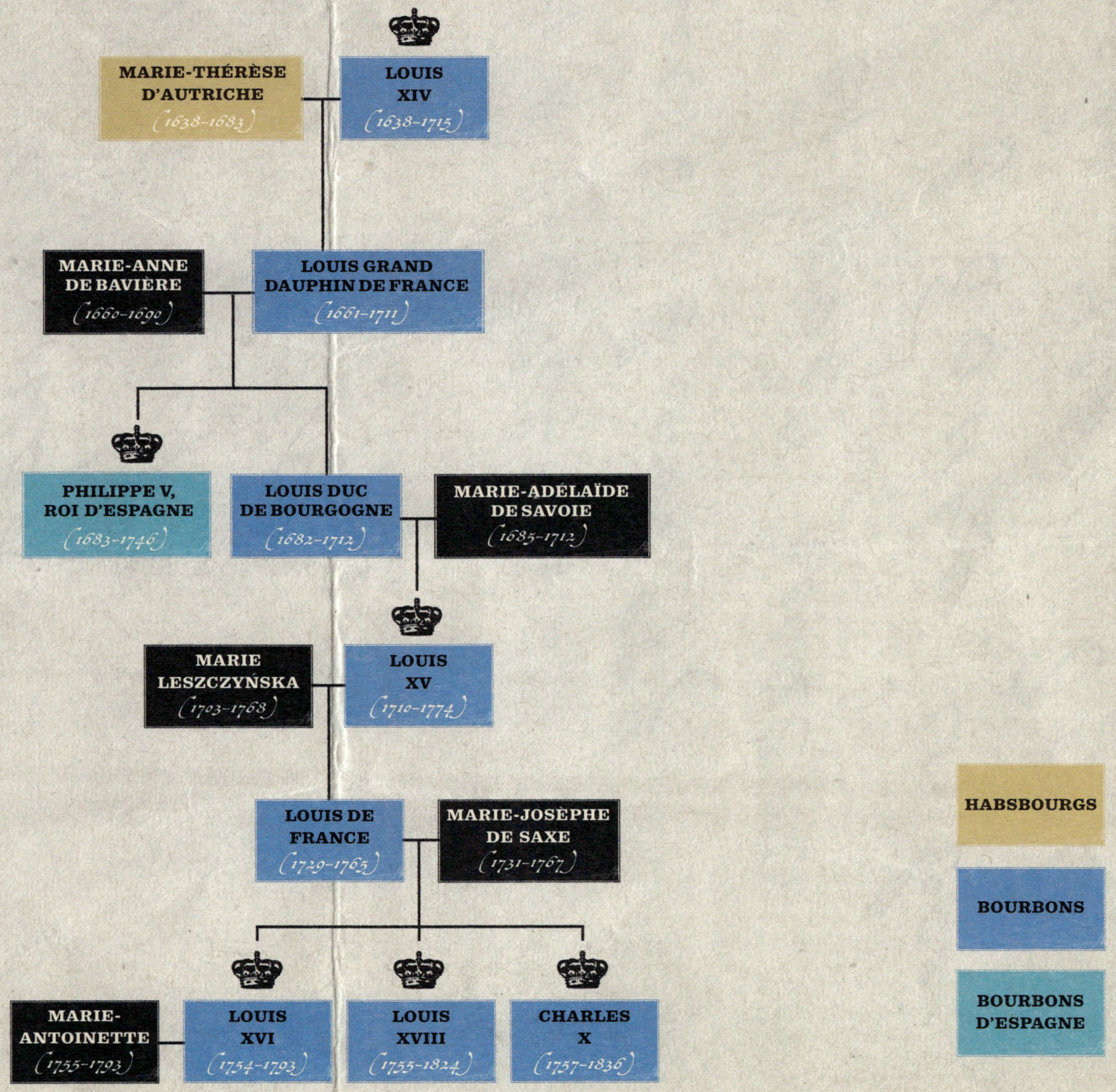

Louis XV

Fiche d'identité

NAISSANCE :	MARIAGE :	SIGNE ASTRO :
15 février 1710, château de Versailles	Marie Leszczyńska (1725)	♍ Vierge
RÈGNE : 1er septembre 1715-10 mai 1774	**MORT :** 10 mai 1774, château de Versailles	

Louis XV, seul roi de France à naître et mourir à Versailles, règne sur une cour où luxe et scandale se côtoient. Héritier d'un royaume forgé par Louis XIV, il en incarne l'apogée tout en amorçant sa chute. Fasciné par les sciences et les inventions, il accueille à Versailles astronomes et inventeurs, tandis que ses nombreuses favorites, dont il ne peut se passer, influencent souvent les rouages du pouvoir. Entre les éclats des fêtes somptueuses et les secrets *caliente* de l'alcôve, Louis XV gouverne une France dans laquelle l'élégance apparente cache les fissures d'un royaume sur la pente descendante.

UNE JEUNESSE mélancolique

Dès ses premiers jours, le destin impose à Louis XV un parcours semé de drames. Il n'a que 2 ans quand ses parents, le duc de Bourgogne et Marie-Adélaïde de Savoie, meurent, emportés à quelques jours d'intervalle par une épidémie de rougeole qui ravage la cour. Le jeune Louis est plongé dans un environnement où les visages familiers disparaissent aussi vite qu'ils apparaissent. Cette succession de deuils le marque profondément et il développe une mélancolie qui ne le quittera pas.

Pendant la régence de Philippe d'Orléans, le cousin de son père, la cour quitte Versailles pour s'installer aux Tuileries. Louis, encore enfant, grandit à l'écart de cette vie mondaine dans un cadre strict contrôlé par ses précepteurs. Peu exposé, peu sollicité, il se replie progressivement sur lui-même. Contrairement à son arrière-grand-père Louis XIV, qui scénarisait chaque moment de sa vie avec une obsession du détail qui ferait pâlir Las Vegas, il montre peu de goût pour la mise en scène du pouvoir. Il préfère l'intimité de ses appartements à l'agitation de la cour et les soupers discrets aux fastes officiels.

Devenu roi à 5 ans, Louis reste sous tutelle pendant toute la durée de la Régence. En 1722, la cour réintègre Versailles et, l'année suivante, il est déclaré majeur. À 13 ans, il apparaît comme un jeune souverain réservé, plus enclin à observer qu'à agir, discret mais déjà lucide.

MARIE LESZCZYŃSKA, *une union productive*

En 1725, Louis XV épouse Marie Leszczyńska, fille du roi déchu de Pologne. À l'origine, le jeune roi devait épouser l'infante d'Espagne, Marie-Anne-Victoire de Bourbon, fille de son cousin Philippe V, roi espagnol. Cependant, cette dernière, âgée de 3 ans, est bien trop jeune pour lui assurer rapidement une descendance. La santé du roi étant déjà préoccupante, ses conseillers préfèrent opter pour une candidate capable de donner des héritiers sans attendre. C'est ainsi que le choix se porte sur Marie Leszczyńska, 22 ans, discrète et pieuse, que l'on juge apte à remplir ce rôle crucial.

Bonne pioche. Marie s'installe dans son rôle d'épouse dévouée et, en quelques années, le couple accueille dix enfants. Toutefois, après la naissance du dernier d'entre eux, les médecins, constatant l'épuisement de la reine, conseillent au roi de ralentir la cadence. C'est à ce moment que, dit-on, Marie, fatiguée et résignée face à ses devoirs répétés, aurait laissé échapper : « Toujours coucher, toujours grosse, toujours accoucher. »

Louis XV, désormais à la recherche de nouvelles distractions, se tourne naturellement, comme ses prédécesseurs, vers la compagnie de maîtresses. C'est une nouvelle phase dans son règne ; la quête de plaisir et les intrigues galantes de Versailles vont rythmer la vie de la cour et ajouter une nouvelle dimension aux relations politiques du royaume.

Les sœurs DE MAILLY-NESLE

Parmi les premières favorites de Louis XV, les sœurs de Mailly-Nesle tiennent un rôle important ; elles installent un véritable petit harem à la cour. Issues de la noblesse française, ces sœurs se succèdent dans le cœur du roi, et dans son lit. Tout commence avec Louise Julie de Mailly-Nestle, qui est la première à attirer son attention avec sa douceur et sa discrétion. Bien vite, Pauline Félicité entre en scène, ne tardant pas à supplanter sa sœur. Plus vive et ambitieuse, elle perçoit rapidement les avantages que peuvent offrir les faveurs royales.

Mais l'histoire ne s'arrête pas là. Après Pauline apparaît Marie-Anne de Mailly-Nesle, la marquise de La Tournelle. Avec un esprit affûté et une ambition sans bornes, elle manipule habilement son ascension à la cour. Elle ne se contente pas de son rôle de maîtresse, mais réclame des titres et des privilèges uniques. Marie-Anne sait comment fonctionne le jeu des intrigues de Versailles et son influence grandit peu à peu, faisant d'elle une figure incontournable.

En 1744, tout bascule lorsque Louis XV tombe gravement malade à Metz. Devant la perspective de la mort, comme il redoute les feux ardents de l'enfer, il est pris d'une peur profonde de la damnation éternelle. Cette expérience le pousse à réfléchir sur sa vie de débauche et à reconnaître ses excès dans la quête des plaisirs charnels. En signe de repentir, il met un terme à sa relation avec Marie-Anne, sa favorite en titre, et décide d'abandonner ses aventures extraconjugales… pour un temps. Privée de la protection royale, Marie-Anne est rapidement écartée de la cour et se retrouve isolée. Elle vit un déclin brutal, rejetée par ceux qui la flattaient autrefois. Trois ans plus tard, en 1744, elle meurt à l'âge de 27 ans, probablement des suites de la variole, une maladie très répandue à l'époque et souvent mortelle.

MADAME DE POMPADOUR, *la ministre des Plaisirs*

Après cette brève période de repentir, Louis XV ne tarde pas à retomber dans ses travers. Chassez le naturel et il revient au galop ! En 1745, Jeanne-Antoinette Poisson, plus connue sous le nom de Madame de Pompadour, fait son entrée à la cour. Il lui faut peu de temps pour conquérir le cœur du roi. Mais, cette fois, ce n'est pas uniquement sa beauté qui séduit le monarque. Armée d'une intelligence perçante, d'un esprit raffiné et d'un charme incontestable, elle surprend et attise sa curiosité grâce à ses conversations envoûtantes et sa présence élégante. Elle devient rapidement, bien plus qu'une simple favorite, sa confidente la plus intime et une figure clé de Versailles.

Madame de Pompadour comprend vite que l'esprit ne suffit pas face à un roi dont la libido ne connaît ni saison ni répit. Si elle captive Louis XV par son intelligence et son raffinement, elle peine à suivre sa cadence infernale. La chaleur qui habite le roi en permanence n'a jamais vraiment élu domicile chez elle. Cependant, au lieu d'abdiquer, la Pompadour change de stratégie : elle troque le lit pour le pouvoir et se réinvente. Elle devient organisatrice en chef des plaisirs royaux tout en s'imposant comme une figure centrale de la cour et de la politique.

Elle orchestre un réseau de jeunes femmes soigneusement choisies, appelées « les petites maîtresses », qui résident dans le Parc-aux-Cerfs, une résidence discrète à proximité de Versailles. Elles sont prêtes à satisfaire les désirs du roi. Madame de Pompadour reste ainsi indispensable. Ce rôle de proxénète ne la déstabilise pas, au contraire : elle joue de cette situation pour renforcer son emprise sur Louis XV, demeurant à ses côtés en tant que conseillère, amie et confidente.

Sa stratégie, audacieuse et bien pensée, lui permet de conserver une influence sans précédent pendant près de vingt ans. Madame de Pompadour se transforme en une sorte de ministre officieux des plaisirs royaux, tout en jouant un rôle politique et culturel essentiel. Elle devient la protectrice des arts et des lettres, soutient les philosophes des Lumières, en particulier Voltaire, encourage les productions artistiques et architecturales. C'est sous son impulsion que la manufacture de porcelaine de Sèvres voit le jour, et elle participe activement à la construction de l'École militaire et de la place Louis-XV (aujourd'hui place de la Concorde).

Mais la santé de Madame de Pompadour décline. Affaiblie par des problèmes pulmonaires, elle meurt de la tuberculose en 1764, à 42 ans. En voyant son cortège funéraire partir sous la pluie, Louis XV aurait dit avec tristesse : « La marquise n'aura pas de beau temps pour son voyage. »

MADAME DU BARRY, *la favorite scandaleuse*

Après la disparition de Madame de Pompadour, puis celle de la reine Marie Leszczyńska en 1768, Louis XV traverse une période sombre. Épuisé par les intrigues incessantes de la cour, il semble en quête de renouveau. C'est dans ce climat morose que Jeanne Bécu, future Madame du Barry, fait son entrée à Versailles, apportant avec elle une fraîcheur printanière tout à fait inattendue.

Fille illégitime d'une couturière, elle a grandi loin des codes de la noblesse et s'est taillé une réputation en tant que courtisane dans les cercles mondains parisiens. Son passé, bien que controversé, ne freine en rien son ascension fulgurante. Avec l'aide du comte du Barry, qui la marie à son frère pour l'introduire à la cour, elle devient peu de temps la « comtesse du Barry ». Résolue à tirer parti de sa nouvelle situation, elle ne tarde pas à s'affirmer et à profiter de tous les privilèges que lui offre son statut… ce qui, comme on s'en doute, ne plaît pas à tout le monde.

C'est lors d'une soirée à Versailles, dans le cadre feutré des petits appartements royaux, que Jeanne et Louis XV se rencontrent pour la première fois. Le comte du Barry, bien conscient de l'ennui croissant qu'éprouve le roi, organise cette rencontre avec soin.

Quand Jeanne est présentée, le monarque l'observe avec attention. Elle s'incline avec respect, mais sans exagération, et lui adresse quelques mots bien choisis, ni trop familiers ni trop formels. Ce premier échange – à peine quelques phrases – marque le début d'une relation dans laquelle Louis XV cherchera un instant de légèreté dans un univers de contraintes.

Pretty Woman version XVIIIe siècle, Jeanne apporte un vent de fraîcheur à la cour de Louis XV. Décomplexée, spontanée, elle ne possède pas les codes d'une aristocrate, mais son charme naturel et sa beauté captivent, amusent et font fondre le cœur du vieux roi. À 58 ans, Louis XV, lassé des conventions, se laisse volontiers envoûter par le parfum de cette fleur sauvage éclose loin des jardins royaux.

Afin de choyer sa favorite et de lui épargner les tensions de la cour, Louis XV lui offre en 1769 le domaine de Louveciennes, un charmant château en bordure de Paris. Ce geste est autant une marque d'affection qu'une volonté de lui offrir un refuge loin de l'agitation versaillaise. Madame du Barry profite de cette résidence somptueuse pour organiser des réceptions ; elle s'entoure d'artistes et d'intellectuels. Louis XV, très attaché à elle, y passe de nombreux moments, fuyant la rigueur de l'étiquette. Dans ce cadre intime, ils vivent une parenthèse d'évasion.

Ce caprice n'est pas sans conséquences. Les nobles voient d'un très mauvais œil l'ascension d'une femme au passé douteux et sans une goutte de sang bleu. L'aristocratie fulmine, chuchote et complote. Pour eux, Madame du Barry n'est qu'une catin, une « fille de rien » qui n'a pas sa place dans le monde des privilèges héréditaires. Jeanne, cependant, ne se laisse pas intimider. Elle sait qu'elle n'a pas les manières d'une duchesse, mais elle utilise son franc-parler et son audace pour se frayer un chemin et capter l'attention du roi. Très vite, son influence commence à inquiéter non seulement les courtisans, mais aussi la jeune Dauphine, Marie-Antoinette, qui voit en Jeanne une rivale.

L'opposition entre les deux femmes devient un véritable feuilleton. La Dauphine autrichienne, outrée par la présence de cette ancienne courtisane, refuse de lui adresser la parole. Les deux femmes s'évitent soigneusement et chaque rencontre est une scène de théâtre remplie de regards dédaigneux et de silences crispés. Marie-Antoinette, déterminée à ne jamais céder, la surnomme simplement « la du Barry », comme pour rappeler ses origines et marquer son mépris. Louis XV, qui apprécie profondément sa dernière favorite, tente inlassablement de calmer les tensions.

Malgré cette animosité, Madame du Barry tient bon et continue de régner en maîtresse absolue dans le cœur du roi jusqu'à la mort de ce dernier, en 1774, qui marque aussi la fin brutale de la vie à la cour pour sa favorite. Elle est contrainte de quitter précipitamment Versailles et est envoyée en exil au couvent de Pont-aux-Dames, à Meaux. Cet isolement forcé, ordonné par la nouvelle cour, symbolise la volonté de couper les ponts avec les excès de l'ère précédente. Après un séjour de quelques mois, elle parvient à quitter le couvent et se retire dans son domaine de Louveciennes. Mais l'histoire ne s'arrête pas là : avec la Révolution française, le vent tourne une nouvelle fois. Accusée de correspondre avec les ennemis de la République, elle est condamnée et guillotinée en 1793. Voilà qui clôt l'épopée tumultueuse d'une femme qui a su, malgré sa basse extraction, se hisser au sommet et marquer l'histoire de son audace.

Un esprit éclairé dans une époque de découvertes

On ne saurait réduire Louis XV à l'image d'un roi volage. En réalité, il se passionne pour les sciences et les innovations de son temps, transformant sa cour en un véritable carrefour d'expérimentations et de découvertes. De nature curieuse, il s'entoure d'inventeurs, soutient les chercheurs et s'implique dans plusieurs avancées majeures qui changent la vie de son époque.

En 1752, Benjamin Franklin invente le paratonnerre, ce qui suscite l'intérêt de Louis XV. L'expérience, menée à Philadelphie, connaît un large retentissement jusque dans les salons de Versailles. Le roi suit ces avancées scientifiques de loin, sans jamais rencontrer Franklin (qui ne sera reçu à la cour qu'en 1778, sous Louis XVI). L'électricité devient un sujet à la mode ; cet engouement contribue à faire entrer les sciences dans les sphères du pouvoir.

Benjamin Franklin

Par ailleurs, Louis XV nourrit un goût profond pour la botanique. C'est dans son domaine de Versailles, au Trianon, qu'il laisse libre cours à cette passion. En 1750, il charge Claude Richard de créer un jardin expérimental, rapidement transformé en un véritable centre d'expérimentations botaniques sous la direction de Bernard de Jussieu. Bien que le Jardin du Roi, à Paris (le futur Jardin des plantes), continue de s'épanouir sous la houlette de savants comme Buffon, c'est à Versailles que Louis XV exerce sa main verte.

Le jardin de Trianon devient une référence européenne avec plus de quatre mille variétés de plantes organisées selon la classification de Linné, qui permet

Comte de Buffon

de mieux comprendre le règne végétal. Des serres y sont construites pour la culture de plantes exotiques comme l'ananas et l'acclimatation de variétés rapportées d'expéditions.

Bien que le jardin botanique du Trianon ait disparu, son héritage persiste à travers des documents et des plans. Aujourd'hui, près de trois cents ans après sa création, les jardiniers du domaine s'en inspirent toujours.

LA CHUTE DE L'EMPIRE FRANÇAIS

Si Louis XV est connu pour ses frasques galantes, c'est sur le champ de bataille qu'il connaît ses plus lourds revers. L'affrontement le plus mémorable, désastreux, reste la guerre de Sept ans (1756-1763). Ce conflit, véritable partie d'échecs à l'échelle mondiale, voit l'Angleterre, sous le règne de George II puis George III, manœuvrer avec habileté afin de démanteler les possessions françaises aux quatre coins du globe. La France, malgré ses efforts, perd des territoires stratégiques essentiels : le Canada et ses précieuses fourrures passent sous contrôle britannique et l'Inde, avec ses épices et ses soieries, échappe à la Couronne française. L'Angleterre, maîtresse des mers, rafle la mise et se place en tête des puissances coloniales.

Le traité de Paris, signé en 1763 dans une atmosphère pesante, consacre cette débâcle. La France se voit amputée de vastes territoires, symboles de sa grandeur passée. Pendant que l'Angleterre, auréolée de gloire sous George III, renforce son statut de superpuissance mondiale, la France s'enfonce dans une crise profonde.

Entretenir une guerre sur plusieurs fronts coûte des fortunes. Chaque bataille, chaque navire envoyé pour défendre les colonies représente des sommes colossales. Et, comme toujours, c'est le peuple qui finit par payer l'addition. Les impôts grimpent, la dette enfle et l'inflation pèse sur le quotidien des Français lassés par les récits glorieux de la noblesse. Les murmures de mécontentement sont de plus en plus perceptibles.

La montée *des révoltes*

Vers la fin de son règne, Louis XV, affaibli par la variole et fatigué des jeux de pouvoir incessants de Versailles, voit son influence s'effriter peu à peu. Celui qui, au début de son règne, avait suscité de grands espoirs assiste à une diminution progressive de l'autorité royale accompagnée d'une montée des tensions au sein du royaume. En 1774, après plus de cinquante ans à la tête du pays, il meurt à Versailles. Quand son petit-fils, Louis XVI, lui succède, le royaume est affaibli et la monarchie vacillante. C'est l'aube d'une période de bouleversements majeurs.

La table DES ROIS

À partir de la Renaissance, la nourriture devient un vrai terrain d'expérimentation. On ne parle pas encore de gastronomie, mais, déjà, les rois orchestrent leurs repas comme des œuvres d'art. Ce que l'on sert importe, bien sûr. Mais il y a plus important encore : la manière de le servir.

Le sucré et le salé se côtoient dans un même service, les épices orientales parfument les viandes, le sucre s'invite dans les poissons et la notion d'« entrée-plat-dessert » n'existe pas encore. Pour les puristes que la pizza à l'ananas indigne, un conseil : fermez les yeux. La monarchie adore bousculer les goûts.

À partir du XVIIe siècle, le service à la française devient la norme et tous les plats d'un même service sont posés en même temps sur la table, souvent par multiple de huit. On ne mange pas tout : on choisit, on picore. Le convive désigne, le valet sert. Le repas peut compter jusqu'à cinq services successifs qui mêlent potages, viandes, entremets sucrés et salés, tourtes, fromages, glaces et fruits. Peu importe l'ordre. Ce qui compte, c'est la mise en scène. Quitte à manger froid, ou tiède, du moment que l'on mange beau.

Autour de cette table spectaculaire, les ustensiles racontent aussi leur propre histoire. La fourchette, d'origine byzantine, est longtemps jugée affectée, voire efféminée. Ce n'est qu'au XVIIe siècle qu'elle s'impose à la cour de France, où l'on apprend à la manier avec grâce. Le pain, lui, demeure l'aliment roi pour saucer.

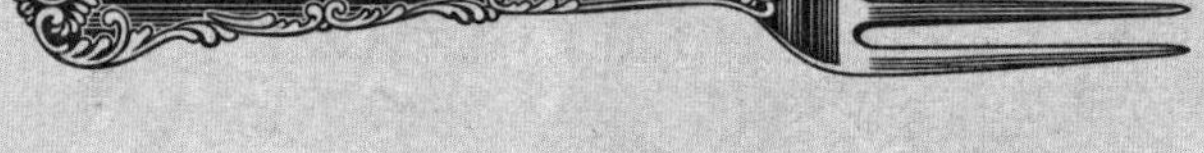

Quant aux lieux, ils reflètent les goûts du monarque. Louis XIV mange en public, dans un silence quasi liturgique, selon l'étiquette rigide du « grand couvert ». Son arrière-petit-fils, Louis XV, préfère les soupers intimes. Dans ses petits appartements, le roi se détend, invite quelques proches… et, parfois, prépare lui-même sa boisson favorite : le chocolat chaud.

À l'époque, le chocolat est un luxe. Rare, épais, relevé. Louis XV en raffole. Ses favorites, Madame du Barry en tête, ne s'en privent pas non plus : on lui prête des vertus aphrodisiaques. Et, comme on dit, cela ne coûte rien d'essayer.

La recette royale du chocolat chaud de Louis XV

« Vous mettez autant de tablettes de chocolat que de tasses d'eau dans une cafetière et les faites bouillir à petit feu quelques bouillons ; lorsque vous êtes prêt à le servir, vous y mettez un jaune d'œuf pour quatre tasses et le remuez avec le bâton sur un petit feu sans bouillir. Si on le fait la veille pour le lendemain, il est meilleur. Ceux qui en prennent tous les jours laissent un levain pour celui du lendemain. On peut, à la place d'un jaune d'œuf, y mettre le blanc fouetté après avoir ôté la première mousse ; vous le délayez dans un peu de chocolat de celui qui est dans la cafetière et le mettez dans la cafetière et finissez comme avec le jaune. »

Plus modeste, mais tout aussi fameuse : la soupe à l'oignon. La *comfort food* parfaite pour les célibataires endurcis qui n'ont peur ni d'une haleine à décoller le papier peint ni des calories. Car on ne se contente pas de faire fondre un oignon : on le dore longuement au beurre, on y ajoute des croûtes grillées elles aussi beurrées, puis on mouille le tout à l'eau bouillante pour laisser mijoter. C'est gras, c'est chaud, c'est bon. La légende veut que Stanislas Leszczyński, ex-roi de Pologne devenu duc de Lorraine, l'improvise une nuit d'hiver à Châlons-en-Champagne dans une auberge où son cuisinier dormait. Le roi aurait pris ce qu'il avait sous la main : pain, beurre, oignons, bouillon.

La soupe réconforte, le chocolat stimule… et, parfois, la cuisine s'amuse. Car bien avant *Top Chef* et les pâtisseries de Cédric Grolet, les cuisiniers de la cour rivalisent déjà d'imagination pour tromper l'œil. Au XVIe siècle, à la cour des Médicis, on sculpte des fruits en massepain, on les peint à la main, on les dispose en bouquets ou en pyramides parfois offerts en cadeau. Une figue, une poire, une grenade : tout est faux, tout est délicieux. L'illusion devient un art de la surprise, un jeu raffiné entre l'apparence et le goût.

Au XIXe siècle, changement de rythme. Le service à la russe s'impose : plats chauds servis les uns après les autres, à l'assiette. Un défilé orchestré qui amène de la chaleur en bouche et du mouvement en salle. L'art de la table devient plus intime, plus bourgeois, sans perdre en solennité. Mais une chose ne change pas : le plaisir de surprendre, d'impressionner, d'en rajouter une louche. Le palais, antichambre du goût ou demeure des rois, reste toujours un territoire à conquérir.

QUAND LE CHAMPAGNE *s'invite à table*

Louis XIV le découvre en 1654 et ne le lâche plus. À Versailles, le champagne coule aussi bien dans les verres que dans les marmites : rouge ou blanc, mousseux ou tranquille, on le boit à table, on le verse sur les viandes, on l'offre en carafe ou en cadeau. Le Roi-Soleil l'aime vif, frais, léger comme un soupir discret sous la perruque. Le Régent, lui, en fait l'allié de ses nuits longues, tandis que Madame de Pompadour est persuadée que « le champagne est le seul vin qui laisse les femmes belles après l'avoir bu ». Certainement Jeanne ! C'est d'ailleurs souvent ce que l'on pense après quelques verres…

Sous Louis XV, le champagne entre dans sa période la plus mondaine. Le roi préfère désormais les fines bulles bien nées. En 1733, les caves royales de Sèvres débordent : plus de 50 000 bouteilles, prêtes à éclater au moindre toast. Vers 1740, on le sert plus calme, venu de Sillery ou d'Épernay, mais toujours avec panache. Boisson d'apparat, signe de distinction, le champagne devient l'accessoire indispensable de toute conversation un peu brillante.

Louis XVI

Fiche d'identité

NAISSANCE :	MARIAGE :	SIGNE ASTRO :
23 août 1754, château de Versailles	Marie-Antoinette d'Autriche (1770)	♍ Vierge
RÈGNE : 10 mai 1774-21 septembre 1792	**MORT :** 21 janvier 1793, Paris	

Louis XVI, dernier roi de l'Ancien Régime, monte sur le trône en 1774 à l'âge de 20 ans, héritant non seulement d'une Couronne, mais aussi du royaume économiquement très affaibli que lui laisse son grand-père Louis XV. Il n'est pas tout à fait charismatique. D'une timidité maladive et d'une indécision légendaire, c'est tout sauf un homme de poigne. Coincé entre les attentes démesurées de la noblesse et les revendications d'un peuple en ébullition, excédé par les injustices et les impôts. Il devient malgré lui le symbole de la fin d'une époque. Son règne précipite la Révolution, qui le dépasse complètement.

UNE JEUNESSE *solitaire*

Louis-Auguste, futur Louis XVI, est le troisième petit-fils de Louis XV. Il devient dauphin de France en 1765 à la mort prématurée de son père, le dauphin Louis-Ferdinand. Sa mère, Marie-Josèphe de Saxe, meurt l'année suivante. Désormais orphelin, il éprouve un profond sentiment de solitude. Ce jeune prince réservé grandit sous le poids des attentes de la cour de Versailles ; il est bien peu préparé aux lourdes responsabilités qui l'attendent. Élevé dans un climat de méfiance et de rivalités internes, il développe une nature prudente et réfléchie, mais manque cruellement de confiance en lui, un trait qui marquera son règne.

Tout comme son grand-père, Louis XVI ne se passionne pas pour les plaisirs de la cour. Amoureux des sciences, de la géographie et surtout de la serrurerie, il préfère le calme de ses ateliers privés aux fastes des grandes cérémonies.

MARIE-ANTOINETTE *et les défis d'un mariage royal*

Lorsque Louis rencontre Marie-Antoinette, il a 15 ans et elle 14. Leur mariage est arrangé pour sceller l'alliance entre les Bourbons et les Habsbourgs d'Autriche. Comme c'était souvent le cas à l'époque, les deux jeunes gens ne se connaissent que par des portraits et ils s'unissent d'abord à distance : c'est un mariage par procuration. Ils se rencontrent réellement à Compiègne, le 14 mai 1770, puis se rendent ensemble à Versailles pour la cérémonie officielle qui a lieu quatre jours plus tard, le 16 mai.

Après la bénédiction nuptiale, c'est l'heure du banquet. Louis XVI, déjà plus à l'aise avec une dinde rôtie qu'avec sa toute nouvelle épouse, fait très bonne chère sous le regard inquiet de son grand-père Louis XV. Ce dernier lui souffle : « Ne te remplis pas trop l'estomac pour cette nuit. » Ce à quoi le dauphin, d'un air innocent, répond : « Pourquoi donc ? Je dors toujours mieux le ventre plein ! » La nuit de noces vire à l'angoisse pour les deux adolescents, qui n'éprouvent pas le moindre désir l'un pour l'autre.

Si Louis XVI est d'un naturel introverti, Marie-Antoinette est son opposée : reine des soirées mondaines, elle adore le luxe et les plaisirs nocturnes. Leur vie conjugale ressemble à un chassé-croisé permanent, comme un ballet de vacanciers sur l'autoroute un week-end de grand départ.

NOCE EXPLOSIVE *et désir tardif*

16 mai 1770 : pour célébrer le mariage du futur roi avec Marie-Antoinette, les autorités de Paris décident de sortir le grand jeu. Sur la place Louis-XV, on prévoit un spectacle pyrotechnique monumental. Ce qui devait être une fête digne d'un conte de fées tourne rapidement au cauchemar : alors que les lumières illuminent le ciel et captivent la foule, un temple de bois construit pour l'occasion prend feu. La panique gagne les spectateurs. Les gens se bousculent dans la rue royale, les carrosses bloquent tout. C'est le chaos total. Les pompiers peinent à se frayer un chemin et les passants, affolés, se marchent dessus. Bilan : cent trente-deux morts et des centaines de blessés. Les plus superstitieux y voient un signe funeste pour le jeune couple et leur règne. Ironie du sort, c'est sur cette même place qu'ils perdront la tête vingt ans plus tard.

Louis XVI et Marie-Antoinette commencent leur vie conjugale sous les yeux attentifs de la cour. Pendant sept ans, rien ne se passe. Le roi tarde à consommer son union, ce qui alimente les rumeurs. Certains soulignent la jeunesse du couple, d'autres évoquent un phimosis (rétrécissement de l'extrémité du prépuce) chez Louis. En 1777, l'empereur Joseph II, frère de Marie-Antoinette, fait le déplacement à Versailles pour jouer les médiateurs conjugaux. Il n'est pas médecin, encore moins sexologue, mais trois mois après sa visite, la Dauphine tombe enceinte. Comme quoi, chez les Habsbourgs comme chez les Bourbons, un conseil de famille vaut mieux qu'une ordonnance.

Un règne EN PÉRIL

Sur le plan politique, Louis XVI est pris dans une véritable tempête. La crise est à la fois financière, politique et sociale. Le roi est incapable d'y faire face.

Sur le plan financier, il hérite d'une situation catastrophique. Les coffres ont été vidés par les guerres coûteuses de Louis XV et les dépenses colossales de la cour. L'État flirte avec la banqueroute, alors que le système fiscal reste profondément inégalitaire : noblesse et clergé échappent largement à l'impôt, quand le tiers état le subit douloureusement. Et cela fait longtemps que cela dure.

La crise est également politique. Le pouvoir royal s'effrite, contesté de toutes parts. Louis XVI, hésitant, peine à imposer une ligne claire. Les Parlements bloquent les réformes, et quand les États généraux sont enfin convoqués, en 1789, le roi perd rapidement la main. L'autorité monarchique chancelle, prise en étau entre le conservatisme et les aspirations nouvelles.

Et comme si cela ne suffisait pas, une crise sociale vient aggraver la situation : à la fin des années 1780, plusieurs mauvaises récoltes entraînent une flambée des prix du pain. Cet aliment essentiel est devenu rare et cher. Dans les faubourgs, la colère monte.

LE SERMENT DU JEU DE PAUME

et la montée des tensions

Les États généraux, convoqués en mai 1789, réunissent les représentants des trois ordres du royaume : le clergé, la noblesse et le tiers état. Rapidement, les débats sont dans l'impasse ; le tiers état se sent marginalisé. Le 17 juin 1789, leurs représentants se proclament Assemblée nationale, revendiquant le pouvoir de représenter la nation entière. En guise de réponse, Louis XVI tente de bloquer leur progression en fermant l'hôtel des Menus-Plaisirs, où ils se réunissaient. Forcés de se déplacer, les députés se rassemblent dans la salle du Jeu de paume de Versailles.

Le 20 juin 1789, ils prêtent le serment du Jeu de paume, jurant de ne pas se séparer avant d'avoir rédigé une Constitution pour la France. Cet acte marque un point de non-retour dans la Révolution française. Il affirme clairement la volonté de mettre fin à l'absolutisme et de réorganiser le pouvoir. C'est le début de la chute de l'autorité monarchique. Incapable de contenir la montée en puissance de l'Assemblée nationale, le roi se trouve progressivement dépossédé de son pouvoir.

LA CHUTE DE LA MONARCHIE

et la fuite à Varennes

Avec l'insurrection du peuple parisien et la prise de la Bastille, le 14 juillet 1789, Louis XVI comprend que son règne est sérieusement menacé. Les révoltes se multiplient et la pression sur la famille royale devient insoutenable. En 1791, face à la montée des tensions, il décide de fuir avec sa famille pour rejoindre les forces contre-révolutionnaires stationnées à Montmédy, près de la frontière avec le Saint-Empire, à l'emplacement de l'actuelle frontière entre la France et la Belgique. L'idée est claire : rejoindre un territoire sûr où l'armée, fidèle à Louis XVI, pourrait protéger la famille royale et préparer la contre-offensive. Il compte sur le soutien de royalistes loyaux et de puissances étrangères.

Cependant, la fuite tourne au fiasco. Le 20 juin 1791, le roi, la reine, leurs enfants et quelques accompagnateurs quittent secrètement Paris dans un lourd

Un roi *face à la guillotine*

Après l'échec cuisant de sa fuite, Louis XVI est contraint d'accepter la Constitution de 1791, qui transforme la France en une monarchie constitutionnelle. Cependant, les tensions ne cessent de monter entre les monarchistes et les révolutionnaires. En 1792, la guerre est déclarée entre la France révolutionnaire et plusieurs monarchies européennes. Louis XVI, soupçonné de collusion avec les ennemis de la France, est arrêté le 10 août 1792, et la monarchie est abolie peu après.

Condamné pour haute trahison par la Convention nationale, Louis XVI n'échappe pas à son sort. Le 21 janvier 1793, il fait ses adieux place de la Révolution à Paris, prêt à monter sur l'échafaud. Avec un dernier élan de solennité, il déclare : « Je meurs innocent de tous les crimes qu'on m'impute. Je pardonne aux auteurs de ma mort. Je prie Dieu que le sang que vous allez répandre ne retombe jamais sur la France. » Quelques instants plus tard, la guillotine tranche dans le vif. Ainsi s'achève le règne d'un roi qui, malgré ses efforts pour naviguer dans le chaos révolutionnaire, finit par y perdre littéralement la tête.

carrosse déguisé. Les premières étapes du voyage se déroulent sans encombre, mais le cortège est lent et attire l'attention. À Varennes-en-Argonne, le 21 juin, la famille royale est reconnue par Jean-Baptiste Drouet, un maître de poste qui, intrigué par l'apparence de Louis XVI, l'identifie grâce à un billet de banque sur lequel figure son portrait.

Drouet donne l'alerte et les autorités locales interviennent rapidement. Les tentatives de dissimulation échouent. Le roi, bien qu'il soit déguisé, est identifié et arrêté. La nouvelle de la capture de la famille royale se répand comme une traînée de poudre. Très vite, la population se mobilise pour empêcher toute nouvelle évasion. Louis XVI et sa famille sont ramenés sous bonne garde à Paris sous les huées d'une foule qui ne voit plus en son roi qu'un lâche et un traître. Le lien de confiance entre Louis XVI et son peuple est définitivement rompu. Aux yeux de nombreux révolutionnaires, le monarque a prouvé qu'il n'avait aucune intention de coopérer et qu'il préférait trahir la nation pour sauver sa couronne.

Entre INCOMPRÉHENSION ET RÉVOLTE

L'héritage de Louis XVI est complexe et ambivalent. C'est le dernier roi d'une monarchie absolue qui, malgré quelques tentatives de réforme, reste figée dans ses traditions. Sa chute, tragique par sa brutalité, marque non seulement la fin d'une ère de pouvoir sans partage, mais aussi l'opportunité pour la France de redéfinir son avenir. La Révolution, née des contradictions de son règne, devient un tremplin pour écrire un nouveau chapitre dans lequel le peuple prendra en main son destin. C'est pour l'Europe monarchique un véritable tremblement de terre qui ébranle les fondements des royaumes voisins. Ce moment charnière ouvre la voie à une réinvention de la nation française tout en redéfinissant l'équilibre des pouvoirs à l'échelle du continent.

Marie-Antoinette

Fiche d'identité

NAISSANCE : 2 novembre 1755, Vienne	**MARIAGE :** Louis XVI (1770)	**SIGNE ASTRO :** ♏ Scorpion
REINE DE FRANCE : 10 mai 1774-21 septembre 1792	**MORT :** 16 octobre 1793, Paris	

Brioche, macarons, colliers et coiffures excentriques… Marie-Antoinette fascine autant qu'elle scandalise. Membre d'une fratrie nombreuse, elle est façonnée par sa mère, l'impératrice Marie-Thérèse d'Autriche, véritable stratège des alliances européennes, qui en fait un pion central dans le jeu des couronnes. À seulement 14 ans, cette petite blonde autrichienne débarque à Versailles pour unir les Habsbourgs et les Bourbons. Elle embrase la cour avec ses robes somptueuses, ses fêtes décadentes et son goût prononcé pour la liberté, devenant l'icône d'une aristocratie à la dérive. Derrière les critiques et les rumeurs se dessine le portrait d'une jeune femme prise entre les pièges du pouvoir et la soif de vivre, qui connaît un destin tragique.

UNE REINE *malmenée par la rumeur*

Dès son arrivée à Versailles, Marie-Antoinette se trouve sous le regard scrutateur de la cour et des courtisans. Tout, de son attitude à ses choix vestimentaires, devient sujet de critique. La jeune dauphine, puis reine, se distingue par ses robes somptueuses et décalées, souvent réalisées par sa couturière attitrée, Rose Bertin, qui gagne le surnom de « ministre de la Mode ». Ses coiffures audacieuses, conçues par Léonard Autié, sont de véritables sculptures ornées de plumes, de fleurs et même de maquettes de navires. Ces extravagances choquent une noblesse déjà méfiante vis-à-vis de cette « étrangère » autrichienne. Pour eux, Marie-Antoinette est plus préoccupée par son apparence que par son rôle de reine.

En quête de liberté et d'intimité, Marie-Antoinette s'entoure d'un cercle d'amis et crée une sorte de sanctuaire au Petit Trianon, un domaine qu'elle transforme en un lieu de vie détendu à l'écart de la rigidité de la cour de Versailles. Ici, elle se débarrasse des lourdes obligations de l'étiquette et des costumes formels ; elle choisit de porter des robes simples en mousseline qui finissent par être tendance. Cependant, ce besoin d'évasion nourrit la rumeur : pour ses détracteurs, ces escapades au Trianon ne sont que du pur gaspillage.

Les dépenses de la reine deviennent ainsi un sujet de médisance. Ses goûts raffinés pour le luxe et les fêtes, ses bijoux, ses robes et ses remodelages coûteux du Petit Trianon donnent d'elle une image frivole et déconnectée. Chacune de ses dépenses est interprétée comme un affront à l'égard de ce peuple qui connaît la misère. En réalité, ce n'est presque rien comparé aux coûts engendrés par les guerres menées par Louis XV ; mais les tensions ne cessent de s'amplifier. La cour elle-même n'est pas exempte de ces critiques : alors que le royaume croule sous les dettes, les intrigues et les dépenses inutiles des courtisans contribuent largement à ce climat de mécontentement. Mais dans l'esprit populaire, Marie-Antoinette est « Madame Déficit » et devient responsable de tous les maux financiers du royaume. Il fallait désigner un bouc émissaire.

LE MYSTÈRE FERSEN, *amour ou amitié ?*

Axel de Fersen, noble suédois et diplomate, croise la route de Marie-Antoinette en 1774 lors d'un bal masqué à l'Opéra de Paris. Leur entente est immédiate. Figure centrale dans les moments cruciaux de la vie de la reine, il s'impose comme un allié loyal et un confident essentiel.

Leur relation ambiguë fait naître bien des rumeurs. Fersen devient rapidement plus qu'un simple visiteur de la cour. Il est évident qu'il attire l'attention de la reine avec une ferveur qui dépasse de loin l'étiquette, ce qui, pour certains, n'est guère acceptable. Leurs échanges épistolaires, longtemps restés secrets, révèlent une intimité qui va bien au-delà des convenances de l'époque. Convenons qu'il est rare d'écrire à un simple « ami » avec autant de ferveur : « Je ne vis et n'existe que pour vous adorer. » C'est pourtant ce que déclame Fersen. Et la passion qu'il éprouve semble réciproque. Voici en effet les mots que lui adresse Marie-Antoinette : « Je vais finir, non pas sans vous dire, mon cher et bien tendre ami, que je vous aime à la folie et que jamais, jamais je ne peux être un moment sans vous adorer. » No comment.

Ces lettres suscitent toutes sortes de spéculations. Fersen est perçu comme le protecteur et le confident de la reine, surtout dans les moments de désespoir qu'elle éprouve de plus en plus souvent face à la montée de la Révolution. Que cette relation soit platonique ou enflammée, elle ne passe pas inaperçue. Le fait qu'il soit resté auprès d'elle jusqu'à la fameuse fuite à Varennes, au cours de laquelle il organise et planifie chaque détail, n'a fait que renforcer les soupçons d'une complicité qui dépassait la simple amitié.

Ces rumeurs vont même jusqu'à attribuer la paternité du deuxième dauphin, Louis XVII, au séduisant Suédois. La ressemblance frappante entre l'enfant et les descendants de Fersen devient un argument de choix pour les mauvaises langues. Si les rois peuvent bien multiplier les maîtresses sous l'œil complice de la cour, pour une reine, les règles du jeu sont différentes. Une incartade amoureuse entraînerait sa disgrâce, sinon pire. Si cette liaison avec Fersen est réelle, Marie-Antoinette défie ouvertement les normes de son temps et remet en question les règles du jeu de l'amour dictées par une morale patriarcale.

Une phrase *qui ne passe pas*

Ah, cette fameuse phrase ! Qui n'a jamais entendu ces mots attribués à Marie-Antoinette et qui résonnent comme le symbole de son indifférence à la misère du peuple ? Pourtant, il s'agit là d'une pure invention. La citation provient en réalité de Jean-Jacques Rousseau dans *Les Confessions*, écrites dans les années 1760 et publiées après sa mort, en 1782, plusieurs années avant que Marie-Antoinette n'arrive en France. Dans son récit, Rousseau évoque une « grande princesse » qui, en apprenant que les paysans n'avaient plus de pain, aurait dit : « Qu'ils mangent de la brioche. »

> « *Qu'ils mangent* **de la brioche.** »

Mais comment cette rumeur s'est-elle ancrée dans l'imaginaire collectif ? Cette phrase devient bien vite l'illustration parfaite d'une reine frivole, déconnectée, inconsciente des réalités du peuple, qui vit dans l'opulence de Versailles pendant que les Français meurent de faim. Cette citation apocryphe s'intègre parfaitement à la propagande révolutionnaire qui cherche à discréditer la monarchie et à alimenter le mépris envers la famille royale. La légende de « la brioche » devient ainsi une arme redoutable pour les ennemis de la monarchie.

L'AFFAIRE du collier

Pour ne rien arranger à la réputation déjà sulfureuse de Marie-Antoinette éclate en 1785 un scandale dont elle n'est pas responsable. Au centre de cette affaire se trouve un collier de 650 diamants – extravagance inouïe – initialement conçu pour Madame du Barry, maîtresse de Louis XV. Après la mort de ce dernier, le bijou n'est pas vendu ; les joailliers

Charles Auguste Böhmer et Paul Bassenge se mettent donc en quête d'un acquéreur. Au bord de la faillite, désespérés, ils proposent avec insistance ce collier à Marie-Antoinette pour la modique somme de 1 600 000 livres (quelque 27 millions d'euros). Mais la reine refuse, bien consciente des finances désastreuses de la cour.

Entre alors en scène Jeanne de La Motte, une aventurière rusée, qui voit là l'occasion rêvée de réaliser un gros coup. Elle convainc le cardinal de Rohan, un prélat en disgrâce, qu'il peut regagner les bonnes grâces de Marie-Antoinette en lui offrant ce fameux collier. Pour rendre l'affaire encore plus crédible, elle va jusqu'à organiser une fausse rencontre entre le cardinal et un sosie de la reine. Bien entendu, Rohan se fait duper : il croit que la reine souhaite vraiment ce collier. Pensant lui rendre service, il accepte d'en avancer le paiement. Le bijou, lui, disparaît : il est revendu pièce par pièce par Jeanne et ses complices.

Quand l'affaire éclate, c'est la catastrophe. Marie-Antoinette n'a rien demandé, mais se retrouve impliquée malgré elle dans cette escroquerie digne du scénario d'un mauvais film. Les journaux satiriques s'en donnent à cœur joie et l'opinion publique est persuadée que la reine a voulu se procurer ce collier pour assouvir ses goûts de luxe. Bien que la reine soit innocentée, l'affaire du collier vient renforcer la désastreuse image de « Madame Déficit ».

LA RÉVOLUTION *et la chute*

À mesure que la Révolution approche, Marie-Antoinette devient la cible privilégiée des révolutionnaires. Ses origines autrichiennes et ses correspondances secrètes avec sa famille nourrissent la suspicion et enflamment les esprits. Elle est considérée comme l'étrangère manipulatrice qui pousse Louis XVI à résister aux réformes. L'échec de la fuite à Varennes en 1791 signe le coup de grâce. Arrêtés et ramenés à Paris, les membres de la famille royale deviennent les prisonniers de la Révolution, et la monarchie n'inspire plus aucune confiance. Marie-Antoinette comprend que le destin de sa famille est scellé.

Emprisonnée à la Conciergerie après l'abolition de la monarchie, elle endure un procès inique au cours duquel chaque allégation, même la plus absurde, est utilisée contre elle. On l'accuse de tout, y compris d'inceste avec son propre fils. Face à cette ignoble calomnie, elle rétorque avec une dignité poignante : « Si je n'ai pas répondu, c'est que la nature elle-même refuse de répondre à une pareille infamie faite à une mère. J'en appelle à toutes celles qui peuvent se trouver ici. » Cela ne suffira pas. Condamnée à mort, elle monte sur l'échafaud le 16 octobre 1793, neuf mois après son mari. À 37 ans, son procès devient le symbole de la volonté révolutionnaire d'éradiquer tout ce que représente l'Ancien Régime. Au même moment, dans l'ombre de la tour du Temple, son jeune fils, Louis-Charles, endure un destin tout aussi cruel.

Le mystère DU DAUPHIN

Louis-Charles de France, deuxième fils de Louis XVI et Marie-Antoinette, naît en 1785. À la mort de son père, en 1793, il devient, aux yeux des royalistes, le roi légitime sous le nom de Louis XVII. Pour la République, il incarne un danger : c'est un symbole vivant que l'Europe monarchique rêve déjà de restaurer. À 8 ans, il est enfermé à la tour du Temple, séparé de sa mère et de sa sœur. Il est en proie à l'isolement et à la maltraitance sous la garde d'Antoine Simon, un révolutionnaire zélé chargé de « rééduquer » le petit roi.

Rapidement, l'enfant dépérit. Il est mal nourri, malade, plongé dans le mutisme, et son état devient alarmant. En juin 1795, il meurt officiellement de tuberculose, brisé, à seulement 10 ans. Mais cette disparition n'éteint pas les rumeurs : et si ce n'était pas lui ? Et s'il avait été échangé ? Des théories de cet ordre enflamment les esprits, alimentées par le comportement étrange du jeune prisonnier et par les confidences de certains geôliers.

Ces rumeurs se renforcent au fil du temps, surtout lorsqu'un certain Karl-Wilhelm Naundorff apparaît en 1833, trente-huit ans après la mort supposée de Louis XVII, prétendant être le vrai dauphin et revendiquant ce titre. Cet horloger allemand débarque à Paris en pleine effervescence politique. Bien qu'il maîtrise mal le français, il raconte avec une précision troublante comment il aurait été sauvé du Temple puis échangé contre un orphelin sourd-muet qui serait mort peu après. Selon cette version abracadabrante, il aurait été caché dans une partie secrète de la tour avant de réussir à s'échapper. Plus tard, il aurait été capturé par les troupes napoléoniennes puis emprisonné dans différents cachots à travers l'Europe jusqu'à son évasion, autour de la vingtaine.

Malgré l'absence de preuves concrètes, Naundorff réussit à convaincre plusieurs anciens membres de la cour de Louis XVI. Agathe de Rambaud, nourrice de Louis XVII, et Étienne de Joly, ancien ministre de la Justice, le reconnaissent formellement. La première tente même de convaincre la sœur du Dauphin, Marie-Thérèse, de rencontrer Naundorff, mais en vain. La princesse, qu'ont épuisée les nombreuses tentatives de dauphins prétendus – plus d'une centaine se manifestent après la Révolution –, finit par couper tout contact avec ces prétendants. Cependant, pour les partisans de l'horloger, ce refus laisse planer un doute durable, nourrissant l'idée que la vérité pourrait être plus complexe qu'il n'y paraît.

En 1836, Naundorff porte plainte contre Marie-Thérèse afin de récupérer des biens qui lui appartiendraient en tant que roi légitime. Naturellement, au lieu de recevoir gain de cause, il est arrêté sur ordre de Louis-Philippe, roi des Français, et expulsé vers Londres. Dans la mesure où ses affirmations menacent la stabilité monarchique, Naundorff se retrouve exilé en Angleterre, avant de s'établir aux Pays-Bas, où il passe ses dernières années, jusqu'à sa mort, en 1845. Sur sa tombe à Delft, on peut lire l'inscription suivante, qui continue d'intriguer : « Ici repose Louis XVII, roi de France et de Navarre. »

Le docteur Philippe-Jean Pelletan (1747-1829), chirurgien réputé, pratique l'autopsie de l'enfant mort au Temple en 1795. Il décide de conserver le cœur de l'enfant dans un flacon. Cet organe, témoin silencieux d'une destinée brisée, traverse les tempêtes du XIXe siècle comme un fragile héritage des bouleversements révolutionnaires. Il survit aux révolutions, aux exils et aux restaurations monarchiques, passant de main en main comme un secret chuchoté à travers le temps.

En 1998, des tests ADN sont effectués sur le cœur attribué à Louis XVII pour vérifier une fois pour toutes l'identité de l'enfant mort au Temple. Les scientifiques utilisent des prélèvements d'ADN qui proviennent de cheveux de la famille royale autrichienne, en particulier de deux filles de l'impératrice Marie-Thérèse, la grand-mère de Louis XVII, ainsi que d'autres membres des Habsbourgs. Parmi ces échantillons figure aussi l'ADN de la reine Anne de Roumanie, née Bourbon-Parme, une descendante de Marie-Antoinette. Les résultats sont clairs : l'ADN du cœur correspond à celui des Habsbourgs et des Bourbons, ce qui confirme que l'enfant mort au Temple en 1795 était effectivement Louis XVII.

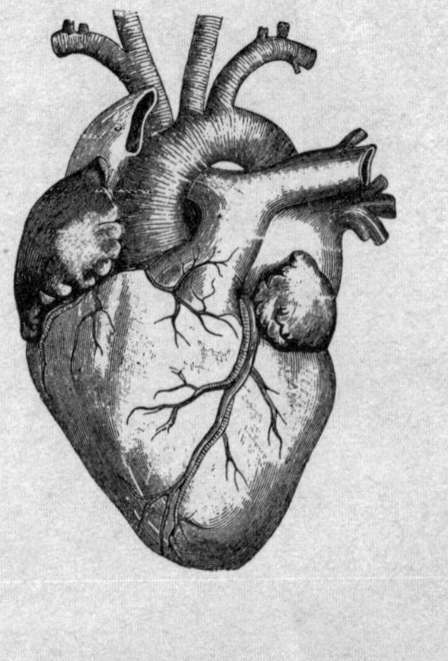

Angleterre

XVIIIᴱ SIÈCLE

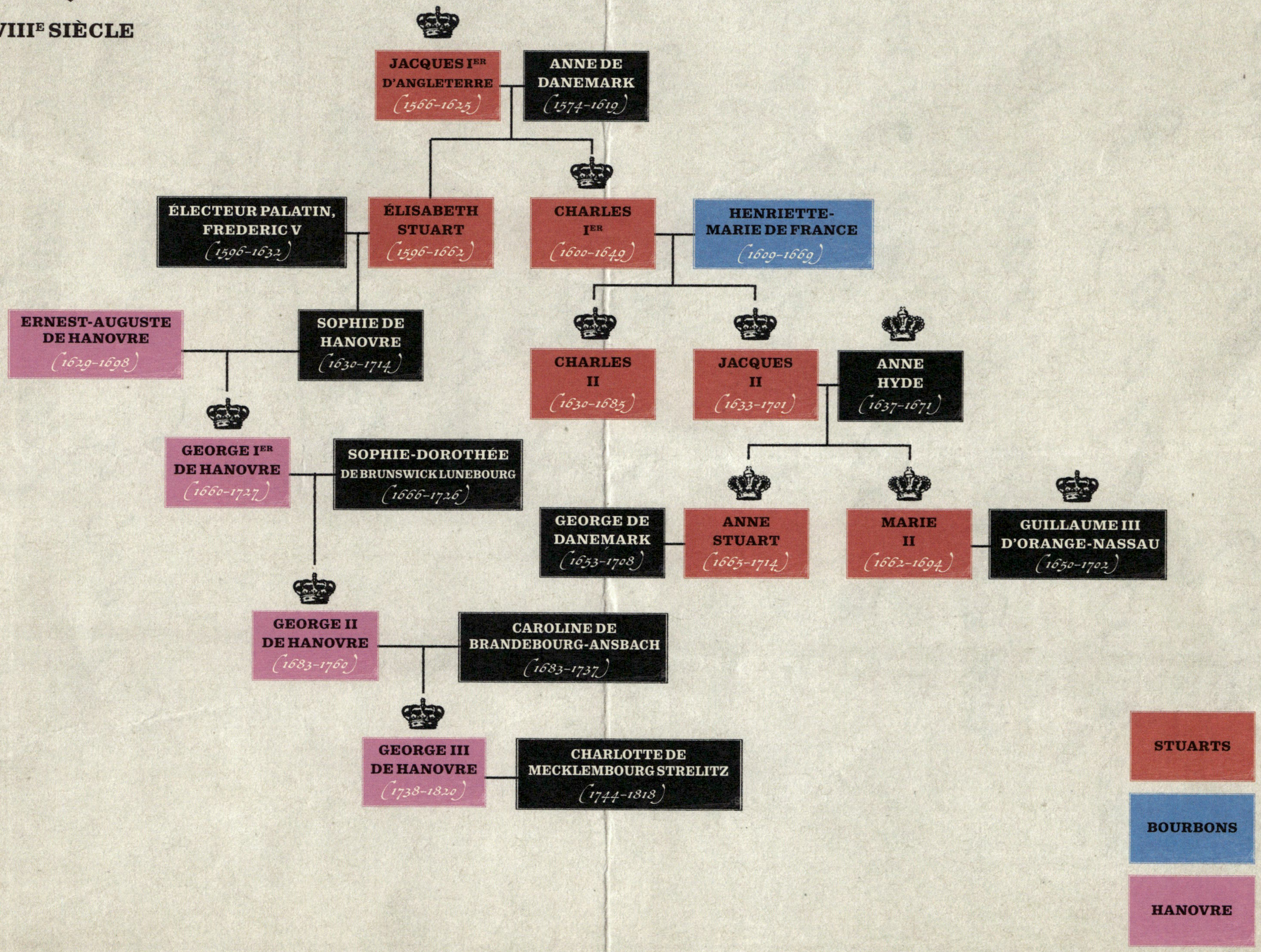

Marie II

Guillaume III d'Orange

Fiche d'identité

Marie

NAISSANCE : 30 avril 1662, Londres

RÈGNE : 13 février 1689-28 décembre 1694

MARIAGE : Guillaume III d'Orange (1677)

MORT : 28 décembre 1694, Londres

SIGNE ASTRO : ♉ Taureau

Fiche d'identité

Guillaume

NAISSANCE : 14 novembre 1650, La Haye

RÈGNE : 13 février 1689-8 mars 1702 (roi d'Angleterre, d'Écosse et d'Irlande)

MARIAGE : Marie II (1677)

MORT : 8 mars 1702, Londres

SIGNE ASTRO : ♏ Scorpion

Guillaume d'Orange et Marie II ne sont pas de simples figurants de la monarchie britannique : ce sont les architectes d'un basculement historique. Leur règne, né d'un coup d'État sans effusion de sang, est une alchimie rare entre tradition dynastique et pragmatisme politique : elle, princesse Stuart éduquée dans le respect de l'ordre établi ; lui, stratège calviniste venu des brumes néerlandaises avec un sens aigu de l'équilibre des puissances. Ensemble, ils amorcent une révolution silencieuse : le pouvoir glisse des mains royales vers celles du Parlement. La Couronne reste, mais son sens change. De force absolue, la monarchie britannique devient modèle constitutionnel.

DUO *inédit*

Marie II, fille de Jacques II, naît dans une Angleterre marquée par les tensions religieuses. À 15 ans, elle épouse Guillaume d'Orange, prince protestant de la maison d'Orange-Nassau. Le mariage, négocié par son oncle Charles II, vise à consolider l'alliance avec les Provinces-Unies contre la France de Louis XIV. Guillaume, qui a onze ans de plus, n'est pas un mari passionné, mais il apporte son poids politique, son pragmatisme ainsi qu'une solide expérience militaire. Marie, de son côté, incarne la légitimité dynastique et rassure les protestants anglais.

Lorsque tonton Jacques II monte sur le trône, en 1685, ses efforts pour réinstaller le catholicisme au cœur de l'État inquiètent jusqu'à ses plus fidèles soutiens. La naissance soudaine d'un fils, en 1688, achève de convaincre les élites protestantes qu'il est temps d'agir. Un groupe de sept notables, que l'on surnommera les « Immortels », adresse alors une lettre secrète à Guillaume : l'Angleterre a besoin d'eux. En quelques mois, le couple, jusque-là tenu à l'écart, devient le recours providentiel. Et les fondations d'une nouvelle monarchie sont posées.

LA GLORIEUSE Révolution

En novembre 1688, Guillaume débarque à Torbay, sur la côte sud-ouest de l'Angleterre, avec ses troupes néerlandaises dans le cadre de ce que l'on appellera la « Glorieuse Révolution », une opération militaire aussi chirurgicale qu'éclair. À peine met-il le pied sur le sol anglais que la situation tourne en sa faveur. Jacques II, déchu, lâché par ses alliés et trahi par ses généraux, ne tente même pas de résister. Il prend la fuite en direction de la France, laissant le trône vacant. En 1689, Guillaume et Marie sont couronnés comonarques, une première dans l'histoire anglaise. Ils sont théoriquement à égalité, mais chacun tient les rênes à sa manière. En réalité, c'est essentiellement Guillaume qui s'occupe des affaires sérieuses, comme la guerre et la diplomatie, tandis que Marie assure le show à la cour. C'est elle qui gouverne quand monsieur part en campagne militaire. Gouvernance partagée ? Disons plutôt répartition stratégique des tâches royales !

Vers UNE MONARCHIE PARLEMENTAIRE

Le règne de Marie II et Guillaume III commence en fanfare avec la Charte des droits (« *Bill of Rights* ») de 1689. Ce document révolutionnaire ne se contente pas de limiter le pouvoir royal ; il l'encadre de manière stricte en stipulant que le souverain ne peut ni suspendre les lois ni lever des impôts sans l'accord du Parlement. Bien que Charles II et Jacques II aient déjà été contraints de composer avec l'assemblée de manière implicite après la Restauration, c'est sous Marie et Guillaume que ces limites deviennent explicites et institutionnalisées. On est bien loin des rêves de monarchie absolue de Jacques Ier.

La Charte des droits marque ainsi un tournant décisif : plus de zones d'ombre, plus de négociations en coulisse. Les règles du jeu politique sont désormais gravées dans le marbre. Marie et Guillaume n'ont d'autre choix que d'accepter cette nouvelle réalité. Même si leur règne est ponctué de tensions et d'oppositions, il laisse un héritage durable. C'est la première fois que la monarchie accepte définitivement de confier son pouvoir au Parlement. Ce processus se poursuivra avec tous les monarques suivants, jusqu'à George III, marquant la transition vers un système au sein duquel le Parlement devient le véritable détenteur du pouvoir.

La paire *complémentaire*

Guillaume d'Orange devient roi d'Angleterre, d'Écosse et d'Irlande aux côtés de sa femme, Marie. C'est avant tout un stratège impitoyable. Sa principale obsession ? Contenir Louis XIV et empêcher la

France de dominer l'Europe. Il consacre une grande partie de son règne à combattre ce royaume, notamment pendant la guerre de la Ligue d'Augsbourg (1688-1697), allant jusqu'à s'allier avec l'Espagne des Habsbourgs, ses ennemis jurés.

Sa victoire lors de la bataille de la Boyne, en 1690, contre les partisans de Jacques II, renforce son autorité et confirme la prédominance protestante en Angleterre ainsi qu'en Irlande. Cependant, en 1700, la mort de Charles II d'Espagne sans héritier direct fait trembler l'Europe. Le trône est proposé à Philippe d'Anjou, petit-fils de Louis XIV : deux Bourbons sur deux trônes ? C'est inacceptable pour Guillaume, qui s'engage aussitôt dans la guerre de Succession d'Espagne (1701-1714) pour empêcher ce rapprochement dynastique.

Pendant que Guillaume dirige les armées, Marie gère les affaires intérieures et les tensions familiales, notamment avec sa sœur Anne. Admirée pour son sens du devoir, Marie meurt brutalement de la petite vérole en 1694, à seulement 32 ans. Guillaume se retrouve seul, privé de son plus solide soutien, mais bien déterminé à poursuivre le combat jusqu'au bout.

L'héritage

Il règne seul jusqu'en 1702, mais son image auprès des Anglais reste celle d'un « produit exotique importé ». S'il attise une certaine curiosité, il n'offre pas la garantie d'un bon vieux *made in England*. Son style austère, son accent néerlandais, sa froideur naturelle et son cercle restreint de conseillers hollandais n'aident pas à se faire aimer de ses sujets. Pourtant, Guillaume est résolu à stabiliser le pays après des décennies de chaos. Il s'entoure pour cela d'hommes compétents, favorise l'essor du commerce maritime et, surtout, crée en 1694 la Banque d'Angleterre – une révolution. Cette institution, pensée pour lever des fonds sans passer par le bon vouloir du Parlement, permet de moderniser les finances royales et de soutenir l'effort de guerre contre la France.

Ces efforts de modernisation ont un prix. Ses guerres incessantes contre la France vident les coffres royaux. Les finances anglaises souffrent et les impôts grimpent en flèche. Toutefois, ces conflits renforcent la position du pays comme une grande puissance européenne capable de rivaliser avec la France et de dicter les termes de la politique continentale. Pour Guillaume, l'essentiel est d'affirmer l'Angleterre non seulement comme un acteur incontournable, mais comme un maître du jeu géopolitique européen.

Un leader *fatigué*

À la fin de son règne, Guillaume III n'a plus rien du stratège intrépide des débuts. En février 1702, lors d'une promenade à cheval dans le parc de Hampton Court, sa monture trébuche sur une taupinière. Il chute violemment, se fracture la clavicule et l'infection qui s'ensuit précipite son déclin. Ce banal accident devient une métaphore cruelle : après avoir résisté aux rois, aux révolutions et aux guerres, c'est une taupe qui l'emporte. Déjà affaibli par les années de campagne et les pressions d'une Europe en ébullition, Guillaume ne récupère jamais. Il s'éteint le 8 mars, à 51 ans, sans héritier direct. Avant de mourir, il s'assure cependant que la Couronne reste dans le giron protestant, respectant les clauses de l'Acte d'établissement de 1701. Ce dernier geste scelle définitivement l'exclusion des Stuarts catholiques et ouvre la voie à sa belle-sœur, Anne. Les jacobites, partisans indéfectibles de Jacques II et de sa lignée, farouchement hostiles à la monarchie protestante, lèvent alors un verre à la « taupe du roi Jacques », seule créature à avoir eu raison de Guillaume d'Orange.

Anne Stuart

Fiche d'identité

NAISSANCE :	MARIAGE :	SIGNE ASTRO :
6 février 1665, Londres	George de Danemark (1683)	♒ Verseau
RÈGNE : 8 mars 1702-1er août 1714	MORT : 1er août 1714, Londres	

Anne, dernière souveraine de la dynastie des Stuarts, se retrouve malgré elle à une charnière de l'histoire britannique. Avec dix-sept grossesses, mais aucun héritier vivant, elle porte le poids d'un royaume à la croisée des chemins. Entre les batailles décisives qui façonnent l'Europe et les intrigues politiques qui transforment la monarchie anglaise en un pouvoir plus symbolique, son règne est une transition : tandis que le Parlement s'impose au sommet du pouvoir, la couronne quitte les Stuart pour les Hanovre dans un jeu de chaises musicales dynastique.

FAMILLE et pouvoir

Anne monte sur le trône en 1702, après la mort de Guillaume III, et son règne commence sous de sombres auspices. D'un côté, elle hérite d'un pays déjà embourbé dans la guerre de Succession d'Espagne, où l'Europe entière se déchire pour savoir si le petit-fils de Louis XIV, Philippe d'Anjou, va récupérer la Couronne espagnole. De l'autre, elle doit composer avec une famille pour le moins dysfonctionnelle. Sa relation avec sa sœur Marie avait déjà été empoisonnée par la politique, et Anne est plutôt rancunière. Il faut également mentionner sa relation amicale et tumultueuse avec Sarah Churchill, duchesse de Marlborough, une figure aussi influente que dominatrice. Leur relation, fusionnelle au début, tourne vite au vinaigre, comme souvent entre BFF (*best friends forever*). Sarah, jamais avare de commentaires piquants, se permet de critiquer la reine de plus en plus ouvertement. Anne, agacée et blessée, décide de couper les ponts.

UN POUVOIR À DEUX TÊTES

Anne ne se trouve pas dans une situation totalement nouvelle ; les rapports de force entre la monarchie et le Parlement ont déjà évolué sous le règne de Jacques II, puis celui de Marie et Guillaume. La reine doit apprendre à gouverner main dans la main avec un nouveau protagoniste politique. Cette dynamique redéfinit son pouvoir sans l'effacer complètement, et son rôle demeure essentiel dans les moments cruciaux (affaires militaires, grandes décisions stratégiques). Anne soutient sans relâche son plus grand stratège, le duc de Marlborough, John Churchill (l'époux de Sarah, sa confidente déchue). Grâce à ses compétences militaires, il inflige plusieurs défaites écrasantes aux armées françaises.

DISCRET, MAIS ESSENTIEL

Dans cette aventure royale, l'héritière des Stuarts n'est pas seule. Elle a épousé en 1683 le prince George de Danemark. Bien qu'il ne soit ni particulièrement charismatique ni impliqué dans la politique, c'est un soutien solide. Leur mariage est arrangé, bien sûr, mais ils développent une relation sincère et affectueuse à l'image de deux partenaires qui naviguent ensemble malgré les turbulences de la politique anglaise. George est souvent décrit comme effacé, ce qui, à la cour, où chaque mouvement est surveillé de près, peut être un atout. Il ne fait pas de vagues, ne cherche pas à s'immiscer dans les affaires de l'État, et sa loyauté sans faille envers sa femme renforce sa position. Sa mort, en 1708, après des années de maladie, est un coup dur pour Anne.

Mariage blanc

En 1707, l'Acte d'Union scelle le mariage entre l'Angleterre et l'Écosse : naissance officielle de la Grande-Bretagne. Un coup stratégique pour Anne, qui cherche à muscler son royaume face à Louis XIV. Mais unir deux ennemis historiques relève du casse-tête : côté écossais, on dénonce la disparition des institutions nationales ; côté anglais, on grimace à l'idée d'intégrer ces voisins jugés rustiques.

Malgré les tensions, l'Union jette les bases d'un marché commun et d'un empire en devenir. Le début est rugueux : révoltes, méfiance, grincements. Mais le pari prend : les deux rivaux deviennent une puissance unie, prête à se retrousser les manches pour concurrencer les grandes monarchies du continent.

À LA RECHERCHE d'un héritier

À la mort d'Anne en 1714, une question agite Westminster : qui donc va hériter de la couronne ? Elle meurt sans enfant. Et hors de question de remettre un Stuart catholique sur le trône, l'Acte d'établissement de 1701 l'interdit formellement. Une ribambelle de cousins mieux placés sont écartés pour cause de foi douteuse.

La solution vient d'Allemagne : George, électeur de Hanovre, protestant certifié et arrière-petit-fils de Jacques Ier. Il n'a jamais mis les pieds en Angleterre, parle à peine la langue, mais qu'importe. Pour le Parlement, mieux vaut un inconnu protestant qu'un Stuart trop papiste.

George Ier monte sur le trône : une nouvelle dynastie s'installe, et avec elle, un glissement majeur. Le roi règne, mais c'est bien le Parlement qui gouverne.

George Ier

Fiche d'identité

NAISSANCE :
28 mai 1660, Hanovre

RÈGNE :
1er août 1714-
11 juin 1727

MARIAGE :
Sophie-Dorothée
de Celle (1682)

MORT :
11 juin 1727,
Osnabrück

SIGNE ASTRO :
♊
Gémeaux

George Ier n'est certainement pas le candidat attendu pour le trône d'Angleterre. Mais le destin a beaucoup d'humour : grâce à une série d'événements imprévisibles, notamment le décès de nombre de ses oncles, qui lui laissent un territoire considérable, il devient l'électeur de Hanovre, une principauté importante du Saint-Empire romain germanique. Pragmatique et austère, il est protestant, un atout essentiel à une époque où l'on redoute en Angleterre le retour du catholicisme.

Concours
de circonstances

Quand le destin frappe à la porte, rien ne peut l'arrêter. L'accession de George Ier au trône britannique est le fruit d'un curieux enchaînement de circonstances en bonne partie conditionné par un accord préalable avec sa mère, Sophie de Hanovre. En vertu de l'Acte d'établissement de 1701, Sophie est désignée héritière présomptive du trône d'Angleterre dans l'hypothèse où la reine Anne mourrait sans descendants. Bingo ! Cette loi vise à garantir que la

Couronne britannique reste entre des mains protestantes, éloignant de facto les Stuarts catholiques en dépit de liens familiaux plus directs.

Sophie de Hanovre, malgré ses 83 ans, est connue pour son étonnante vitalité et son esprit vif. Cependant, personne n'aurait imaginé le drame qui a eu lieu lors de sa dernière promenade dans les jardins de Herrenhausen. Surprise par un orage, elle se hâte de trouver un abri, mais s'effondre aussitôt, victime d'une attaque cardiaque. Cette mort soudaine, survenue en 1714, permet à son fils, George, d'accéder au trône britannique.

George devient donc l'héritier direct par un simple coup du sort. Électeur de Hanovre et roi d'Angleterre, il doit gouverner deux territoires fort différents. Pour le Parlement anglais, c'est en tout cas le candidat parfait, non parce qu'il est particulièrement qualifié, mais parce qu'il est fermement protestant et facilement influençable.

UNE FEMME EN PRISON, *une amante à la maison*

Le prince-électeur George de Hanovre épouse en 1682 sa cousine Sophie-Dorothée de Celle. Cette union est arrangée dans les règles de l'art dynastique dans le but de réunir des terres, d'apaiser des tensions familiales et de consolider la position des Hanovre. Politiquement stratégique, ce mariage est désastreux sur le plan des sentiments. George, peu loquace et volontiers infidèle, n'offre à sa femme ni affection ni tendresse. Sophie-Dorothée, brillante et vive, s'ennuie à mourir dans cette cage dorée.

Elle trouve alors du réconfort dans les bras du fringant comte suédois Philip Christoph von Königsmarck. Leur liaison, bien qu'elle soit discrète, ne tarde pas à éveiller les soupçons. En 1694, les deux amants projettent de fuir ensemble, mais l'affaire tourne court. Königsmarck disparaît du jour au lendemain sans laisser de trace. Assassinat déguisé ? Accident opportun ? La question reste entière. Certains suspectent la main de George, ou du moins celle de ses proches. La théorie du mari jaloux est toujours la plus croustillante.

Sophie-Dorothée, elle, est arrêtée sans ménagement, séparée de ses enfants et enfermée au château d'Ahlden. Elle y vit recluse pendant trente-deux ans, jamais divorcée, jamais réhabilitée. Une condamnation à vie, sans jugement, dictée par la raison d'État… et, peut-être, par un mari plus rancunier qu'il en avait l'air.

George ne se remarie pas, sans doute parce que l'Église anglicane interdit de le faire tant que la personne que l'on a épousée est encore en vie. Cela ne l'empêche pas de mener une vie confortable aux côtés de sa maîtresse, Ehrengard Mélusine von der Schulenburg. Surnommée « la Maypole » (« mât » en français) en référence à sa silhouette élancée – ce sobriquet est certes plus simple à prononcer que son nom de famille –, Mélusine est plus qu'une amante. Leur relation, commencée dans les années 1690, est fondée sur des affinités profondes comme leur amour de la musique et du théâtre. Le couple a trois enfants qui ne seront jamais officiellement reconnus, enregistrés sous les noms des sœurs de Mélusine.

Lorsque George monte sur le trône d'Angleterre, en 1714, Mélusine prend du galon et devient duchesse de Kendal. Mais elle n'a rien d'une figure ornementale. Son influence est reconnue à la cour ainsi que dans les affaires politiques. Robert Walpole confie même qu'elle est « aussi reine d'Angleterre que n'importe quelle autre ». À la cour, beaucoup savent qu'aucune décision ne se prend sans son aval, qu'elle garde un rôle clé sur le plan social et politique. Malgré cette influence indéniable, elle reste dans l'ombre, dépeinte par le public britannique comme une figure caricaturale, souvent moquée.

Armoiries de la duchesse de Kendal

LE CUMUL *des mandats*

George Ier doit jongler entre deux systèmes très différents : l'Angleterre, où la monarchie évolue vers un rôle symbolique, et Hanovre, où son pouvoir est beaucoup plus direct. Cette double casquette lui impose de s'adapter à deux contextes politiques que tout oppose.

En Grande-Bretagne, la monarchie connaît une période de transition. La Charte des droits de 1689, sous le règne de Marie et Guillaume, marque le début de la monarchie constitutionnelle. George, étranger à la langue anglaise et à la culture politique du pays, comprend vite qu'il doit déléguer une grande partie de ses pouvoirs. Il s'appuie donc lourdement sur ses ministres, et plus particulièrement sur Robert Walpole, qui devient une figure incontournable. C'est sous George Ier que la fonction de Premier ministre prend vraiment de l'ampleur et que le Parlement ainsi que le cabinet ministériel deviennent les moteurs de la politique britannique. Cette nouvelle organisation pose les fondations d'une monarchie parlementaire moderne au sein de laquelle le roi est peu à peu relégué à un rôle plus protocolaire.

Cette distance croissante entre le roi et le pouvoir réel n'est pas sans conséquence. George, perçu comme un souverain étranger peu engagé dans les affaires anglaises, peine à gagner l'affection de ses sujets. Les Anglais en viendraient presque à regretter Guillaume… Ses fréquents séjours à Hanovre ne font qu'accentuer cette image d'un roi plus attaché à ses terres natales qu'à son nouveau royaume. Son faible attachement à la Couronne britannique et ses absences répétées renforcent cette perception. À Hanovre, en revanche, il garde un contrôle beaucoup plus direct et autoritaire sur les affaires locales. Là-bas, il est un souverain actif et respecté, capable d'exercer pleinement ses prérogatives, ce qui présente un contraste saisissant avec son image en Angleterre.

L'impact de cette double fonction a des répercussions dans ses rapports avec ses ministres, mais aussi dans la relation qu'il entretient avec son fils, le futur George II. Un fossé se creuse entre eux en raison des tensions liées aux différents rôles que joue à la cour Mélusine von der Schulenburg. Disons pour résumer que le petit George n'adore pas belle-maman. Voilà qui reflète la complexité des dynamiques familiales et politiques de l'époque.

Retour *à la maison*

Le 11 juin 1727, George Ier, victime d'un accident vasculaire cérébral, s'effondre dans son carrosse alors qu'il voyage en direction de Pyrmont pour y suivre une cure thermale. Comme un ultime pied de nez à l'Angleterre, il rend son dernier souffle du côté de Hanovre, sur cette terre allemande qu'il n'a jamais cessé d'aimer.

C'est donc ainsi que disparaît ce souverain souvent absent, à cheval entre deux royaumes qu'il n'a jamais vraiment réussi à unir ni à séduire. Son règne marque pourtant une transition cruciale, car il a permis d'asseoir un modèle monarchique où le pouvoir véritable se déplace peu à peu vers le Premier ministre et le cabinet.

C'est son détachement, son silence, son anglais approximatif, son mal du pays, qui ont, malgré lui, posé les bases de ce tandem encore en vigueur aujourd'hui : une monarchie vedette, et un gouvernement aux manettes.

George II

Fiche d'identité

NAISSANCE : 10 novembre 1683, Herrenhausen

RÈGNE : 22 juin 1727-25 octobre 1760

MARIAGE : Caroline d'Ansbach (1705)

MORT : 25 octobre 1760, Londres

SIGNE ASTRO : ♏ Scorpion

Dernier monarque britannique à ne pas être né en Grande-Bretagne, George II a conscience que le pouvoir royal est limité ; pourtant, lorsqu'il accède au trône, il a l'idée assez romantique de raviver le rôle du monarque en tant que chef militaire. Et il s'y tient : en 1743, à l'âge de 60 ans, il est le dernier roi britannique à diriger personnellement ses troupes lors de la bataille de Dettingen (dans l'Allemagne actuelle), contre les Français, pendant la guerre de Succession d'Autriche. Cela lui vaut d'être un roi respecté pour sa bravoure, même si son manque de vision politique est souvent critiqué.

QUERELLES DE FAMILLE

et rivalité père-fils

George II a hérité d'un talent rare : transformer ses relations familiales en soap opera. Sa relation avec son père, George Ier, pourrait faire l'objet d'un livre intitulé *Comment ruiner la dynamique père-fils.* Ironie du sort, George II reproduit ce schéma avec son propre fils, Frédéric, prince de Galles. Ce dernier, dont le sens de la mesure n'est pas le fort, fait de la rébellion contre son père le principal objectif de sa vie. Il pousse même l'audace jusqu'à créer sa propre cour à Leicester House, une sorte de club qui réunit les opposants à la gouvernance royale.

La reine Caroline, pas vraiment plus tendre que son mari, ne cache pas son dédain pour leur fils. Elle le qualifie de « plus grand imbécile, menteur et canaille que la Terre ait jamais porté ». Un portrait particulièrement nuancé. Elle ajoute : « Sa popularité me rend littéralement malade. » George II, quant à lui, choisit un jargon plus folklorique : il suggère que Frédéric pourrait bien être un « Wechselbalg » ou changeling, c'est-à-dire un enfant qui aurait été échangé par des créatures malveillantes à la naissance, souvent des elfes ou des fées…

L'histoire atteint son paroxysme en 1737, lorsque la reine Caroline, sur son lit de mort, refuse catégoriquement de voir son fils Frédéric. Sa dernière pensée résume bien ses sentiments : « Au moins, une fois les yeux fermés, je n'aurai plus à revoir ce monstre. » Le message est clair. Frédéric, quant à lui, meurt en 1751 des suites d'un banal accident de cricket compliqué par un abcès au poumon. Une fin terriblement *british*.

Théâtre POLITIQUE

La cour de George II n'a rien d'une mer tranquille : c'est un véritable champ de bataille, à la fois sur le plan politique et familial. Entre le roi et ses conseillers, les tensions sont fréquentes et Sir Robert Walpole s'avère un adversaire redoutable. Premier ministre et habile maître du jeu politique, il affiche un détachement et une condescendance à peine concevables vis-à-vis de George II, qui a du mal à supporter cette attitude. Mais Walpole parvient à déjouer les colères du monarque en utilisant sa ruse : il passe par la reine Caroline, dont les avis sont plus recevables aux oreilles royales, et parvient ainsi à infléchir le roi sans que ce dernier ne s'en doute.

LE DERNIER ROI *à mener une armée au combat*

La guerre de Succession d'Autriche commence en 1740, après la mort de Charles VI, empereur du Saint-Empire romain germanique. Sa fille, Marie-Thérèse, hérite de ses vastes territoires, mais sa légitimité est aussitôt contestée. Plusieurs puissances européennes, parmi lesquelles la France de Louis XV et la Prusse (ancien État du nord de l'Allemagne), y voient une opportunité d'étendre leur influence. Ce conflit devient un enjeu stratégique pour la Grande-Bretagne, qui choisit de soutenir Marie-Thérèse. L'idée est simple : empêcher la France de s'étendre davantage et maintenir l'équilibre des forces en Europe. Le soutien aux Habsbourgs est donc motivé par l'intérêt britannique de contenir son rival français bien plus que par une loyauté envers la dynastie autrichienne.

C'est dans ce contexte que George II décide de raviver une vieille tradition : mener lui-même ses troupes au combat. L'époque où les rois britanniques montaient à cheval pour commander leurs armées est révolue depuis longtemps ; pourtant, en 1743, lors de la bataille de Dettingen, George II prend tout le monde de court en se plaçant à la tête de ses hommes.

Depuis la Glorieuse Révolution de 1688, en effet, les souverains britanniques se tiennent à distance des champs de bataille, préférant régner de leurs palais et laisser les généraux gérer la guerre. C'est logique : un roi mort ou blessé complique les affaires de succession et d'administration. Mais George II voit les choses différemment. Il veut prouver qu'il n'a rien d'un monarque de façade et qu'il est capable de se battre comme ses prédécesseurs, rappelant à tous que la royauté peut encore prendre la forme d'un leadership actif, même à une époque où le Parlement acquiert de plus en plus de pouvoir sur les affaires militaires.

Cette décision est également politique : George cherche à montrer que la loyauté des troupes n'est pas seulement liée aux décisions du gouvernement, mais aussi à la bravoure de leur roi. S'il n'a pas totalement la main sur les décisions politiques, il peut au moins incarner le prestige martial, rappelant l'image des rois chevaliers d'antan.

« BONNIE PRINCE CHARLIE » : *l'alliance des Highlands*

Pendant que George II joue les rois guerriers, un autre prétendant se fait connaître par son audace et son charme : Charles Édouard Stuart, plus connu sous le nom de « Bonnie Prince Charlie ». Le sobriquet affectueux vient de son allure séduisante et de son charisme, qui lui valent l'admiration de nombreux partisans. À la tête des Jacobites, ces fidèles rêveurs de la maison Stuart – éjectée du trône en 1688 –, il lance en 1745 une rébellion afin de restaurer son droit royal. Cette aventure séduit de nombreux clans des Highlands écossais, qui, mécontents de l'autorité londonienne, y voient l'occasion de brandir leurs épées, leurs kilts et leurs traditions avec panache.

Malgré les efforts désespérés de Jamie et Claire dans *Outlander* pour réécrire le destin, la bataille de Culloden, en 1746, scelle tragiquement le sort de l'armée jacobite. Principalement composée de Highlanders des terres du nord de l'Écosse, elle est littéralement écrasée par les *redcoats* de George II. C'est la fin d'une époque pour les clans écossais. La défaite de Culloden n'est pas seulement militaire ; elle sonne le glas du monde libre des Highlands. George II, qui ne voit dans ces Highlanders que des rebelles à dompter, met en place des mesures drastiques. Les kilts, symboles flamboyants de l'identité écossaise, sont interdits, tout comme le gaélique. Les chefs de clans, autrefois maîtres de leurs terres, voient leur pouvoir s'effondrer sous la poigne de fer de la Couronne.

Quant à Charles, miraculeusement échappé du champ de ruines, il devient un fugitif traqué dans les brumes écossaises. Afin d'échapper à ses poursuivants, il se déguise… en servante irlandaise. Vêtu de jupons, escorté par Flora MacDonald, une jeune femme de clan fidèle à sa cause, le malheureux embarque clandestinement vers la France. Cette fuite rocambolesque achève de forger sa légende : un prince en jupons condamné à errer en exil, mais que ceux qui ont rêvé de le voir régner n'ont jamais oublié.

La fin D'UNE ÉPOQUE

George II s'éteint en 1760, victime d'une crise cardiaque au palais de Kensington. À 76 ans, il rend les armes, épuisé après un règne soumis à l'usure du pouvoir monarchique. Pour se sentir encore utile, George s'est rêvé chef de guerre, campant son autorité sur le seul terrain qu'on lui ait laissé : celui des batailles.

L'époque des rois tout-puissants est déjà loin ; quelque part, Jacques Ier, fanatique de l'absolutisme, doit se retourner dans sa tombe. Le règne de George, secoué par les caprices de cour, les tensions coloniales et la fougue de ministres trop ambitieux, s'étire comme une transition sans fin. À son petit-fils, George III, il lègue un royaume qui tient debout comme un château de cartes, et la bourrasque venue d'outre-Atlantique s'apprête à souffler bien plus fort qu'on ne l'imagine.

George III

Fiche d'identité

NAISSANCE :
4 juin 1738, Londres

RÈGNE :
25 octobre 1760-
29 janvier 1820

MARIAGE :
Charlotte de Mecklembourg-Strelitz (1761)

MORT :
29 janvier 1820, château de Windsor

SIGNE ASTRO :
♊
Gémeaux

Quand George III monte sur le trône, en 1760, l'Angleterre n'a plus eu de souverain né et élevé sur son sol depuis plus d'un demi-siècle. Jeune, patriote et résolu, il affiche d'emblée sa volonté de recentrer le pouvoir royal et de gouverner par lui-même, à contre-courant d'un Parlement de plus en plus envahissant. Cependant, l'histoire le rattrape très vite. Au-delà des murs du palais, le monde tangue : les Lumières bousculent les certitudes, l'Amérique gronde. George, trop ambitieux, incapable de saisir l'air du temps, s'agrippe à des principes monarchiques d'un autre âge. Son autorité qui vacille et son obstination finissent par se retourner contre lui. Loin du souverain éclairé qu'il espérait incarner, George III devient peu à peu le symbole d'un pouvoir dépassé.

L'empire HUMILIÉ

Jusqu'au milieu du XVIIIe siècle, les treize colonies jouent les filles modèles, sagement rangées sur le littoral atlantique. Des sujets fidèles, prospères, fiers de parler anglais, à condition qu'on les laisse tranquilles. Mais à Londres, on voit les choses autrement. Après la coûteuse guerre de Sept Ans, la Couronne veut renflouer ses caisses. Les colons, eux, découvrent la double peine : taxés sans représentation. Londres leur impose une série de lois fiscales sans leur accorder le moindre siège au Parlement. En 1773, le Tea Act provoque l'indignation : il accorde à la Compagnie britannique des Indes orientales le monopole de la vente de thé dans les colonies. Officiellement, c'est pour sauver cette entreprise en difficulté. Officieusement, c'est une démonstration d'autorité.

Alors, en décembre 1773, à Boston, la mèche s'allume. Des hommes grimés en Mohawks montent à bord de trois navires britanniques et jettent 342 caisses de thé dans le port. Pourquoi le thé ? Parce qu'il est devenu le symbole de l'arrogance impériale : un produit taxé, imposé, sans consultation. En ciblant le thé, les colons visent directement la politique commerciale de la Couronne. Un acte radical, chorégraphié pour humilier Londres et souder les colonies.

Le Parlement resserre la vis. Les colons, excédés, s'arment. En 1775, la guerre éclate. Le 4 juillet 1776, les treize colonies signent leur Déclaration d'indépendance. À Londres, George III reste de marbre. À ses yeux, ce soulèvement n'est que le caprice d'une adolescente en pleine crise, qu'une ferme tape sur la joue ramènera sur le droit chemin. Quelques soldats suffiront. Ce qu'il ne mesure pas encore, c'est que cette révolte outre-Atlantique marque l'effondrement d'un pan entier de l'Empire britannique.

La guerre s'éternise, les défaites s'accumulent, les caisses se vident. Et surtout, les Américains trouvent des alliés. La France, vexée depuis 1763, année où elle a dû céder le Canada, la Louisiane et l'essentiel de son empire colonial aux Britanniques, saute sur l'occasion. Elle s'engage en 1778, suivie par l'Espagne et les Provinces-Unies. L'Amérique devient le théâtre

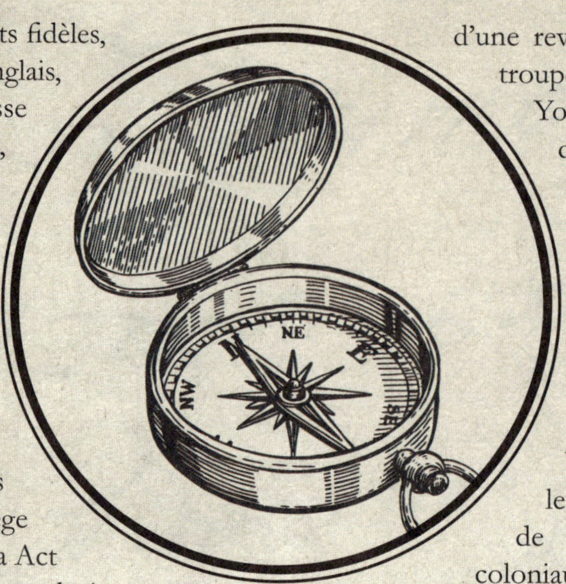

d'une revanche européenne. En 1781, les troupes britanniques sont acculées à Yorktown, encerclées par les forces de Washington et Rochambeau, et bloquées en mer par De Grasse. Le général Cornwallis capitule. Trois semaines de siège, zéro échappatoire. Londres encaisse. Et se résigne.

En 1783, le traité de Paris acte l'indépendance des États-Unis. Le traité de Versailles, signé le même jour, permet à la France de récupérer plusieurs territoires coloniaux. George III pensait punir des insolents. Il finit par perdre un continent. Une défaite stratégique, militaire, diplomatique, et impossible à dissimuler.

Émeute *à domicile*

À Londres, la nouvelle ne passe pas. Les émeutes éclatent, les pamphlets fleurissent, la majorité parlementaire s'effondre. George III, au lieu d'ouvrir les yeux, durcit encore sa ligne. Il rejette Charles James Fox, l'un des rares hommes capables de tenir tête à la crise. Trop libre, trop flamboyant, trop irrespectueux. Et sans doute trop intelligent pour être toléré. Fox rejoint l'opposition et transforme la Chambre des communes en arène.

Le roi, lui, s'isole. Les caricaturistes en font leur gibier préféré : on le croque avec des yeux globuleux, les joues gonflées, l'air égaré. Il incarne tout ce que l'Angleterre veut oublier : la défaite, l'entêtement, le pouvoir dépassé.

L'AMOUR *est dans le pré*

À l'instar de son homologue français Louis XVI, George III nourrit une passion sincère pour la science, les découvertes et les champs bien labourés. Son imagination se laisse volontiers embarquer par les vents du large : sous son règne, les cartes du monde se redessinent au fil des expéditions maritimes. Il soutient activement le capitaine James Cook dans ses voyages vers Tahiti et les confins du Pacifique, affirmant la suprématie britannique sur les routes maritimes stratégiques. Samuel Wallis, autre navigateur de renom, boucle un tour du globe qui confirme que l'Angleterre est une puissance navale de premier plan. George suit ces aventures à distance, la lunette à la main, de ses salons. Il est d'ailleurs le premier souverain britannique à recevoir une éducation scientifique digne de ce nom. Sa collection d'instruments (baromètres, globes et compas) fait aujourd'hui le bonheur du musée des Sciences de Londres.

Toutefois, c'est sur la terre ferme que son cœur bat le plus fort. George III se passionne pour l'agriculture et son ardeur dépasse la simple curiosité. Il échange avec des experts, écrit sous pseudonyme dans les *Annales de l'agriculture* et n'hésite pas à interrompre une promenade à cheval pour contempler un cochon dodu ou commenter la forme d'un champ de betteraves. Ce goût assumé pour les choses simples lui vaut un surnom aussi taquin qu'affectueux : « Farmer George ». Lors d'un discours au Parlement, alors que l'Empire chancelle face aux colonies américaines, le roi s'épanche longuement sur la maladie des bovins, à la stupéfaction de son auditoire. George n'en a cure : il préfère les vers de terre aux urgences politiques.

Son mode de vie, d'une sobriété presque pastorale, tranche nettement avec l'exubérance de la haute société. Tandis que l'aristocratie londonienne se ruine en banquets clinquants, en paris scandaleux et en modes importées de France, le roi cultive un art de vivre frugal, austère. Il délaisse volontiers les bals et les cercles de jeu pour passer une soirée paisible dans sa bibliothèque. Cela lui attire les moqueries d'une noblesse qui le juge sévère, rabat-joie et trop peu monarchique à son goût. Dans une capitale qui aime le champagne et le scandale, George III est perçu comme un souverain trop sérieux.

UNE REINE exemplaire

Charlotte de Mecklembourg-Strelitz, future reine consort de Grande-Bretagne, est envoyée à la cour britannique à seulement 17 ans pour épouser George III. Ce choix a de quoi surprendre, car son hérédité est moins prestigieuse que d'autres. Mais la discrète Charlotte devient rapidement un personnage central, à la fois pour son mari et pour la Couronne. Certains prétendent qu'il s'agirait de la première reine métisse d'Angleterre en raison de ses liens ancestraux avec l'aristocratie portugaise, évoquant des traits « de couleur » sur les portraits de l'époque. Selon eux, les idéaux de beauté eurocentrés auraient gommé tout signe de diversité dans ses représentations. La question n'est pas tranchée.

Charlotte fait preuve d'une fidélité sans faille. George III trouve en elle une alliée discrète, mais solide. Bien que leur relation ne soit pas aussi passionnée que *La Chronique des Bridgerton* voudrait nous le faire croire, elle est marquée par un attachement mutuel et un sens profond du devoir.

Cependant, être reine n'est pas une tâche facile. Charlotte se querelle fréquemment avec sa belle-mère et trouve écrasante la pression qui pèse sur elle : elle est tenue de produire une lignée royale abondante. Après avoir donné naissance à son quatorzième enfant, elle aurait dit : « Je ne crois pas qu'un prisonnier puisse désirer plus ardemment sa liberté que je ne souhaite me débarrasser de mon fardeau. » On croirait entendre Marie Leszczyńska.

Pour échapper à cette vie de contrainte, George lui offre Buckingham House, qui deviendra plus tard Buckingham Palace. Voilà un cadeau sympathique ! Charlotte y trouve refuge et s'adonne à la broderie, au clavecin et à la lecture. Elle partage avec son mari son amour de la botanique, qui l'aide à s'épanouir dans un environnement beaucoup plus paisible que celui de la cour. Charlotte et George III ont quinze enfants, assurant généreusement la continuité de la dynastie tout en naviguant parmi les difficultés politiques et familiales de leur époque.

UNE FOLIE ROYALE *bien frappée*

Si George III pense avoir du fil à retordre avec les Américains, c'est finalement dans sa tête que se trouve son adversaire le plus coriace. À la fin des années 1780, des signes inquiétants apparaissent. Ce qui n'est d'abord qu'une légère agitation laisse bientôt place à des crises spectaculaires : hallucinations, phrases incohérentes, comportement imprévisible. Il erre la nuit dans son palais, persuadé que Londres est engloutie. En réalité, c'est surtout sa tête qui prend l'eau.

Les médecins de l'époque, tout aussi déconcertés que son entourage, tentent toutes les méthodes traditionnelles : saignées, ventouses, sangsues... En vain. Son état s'aggrave et ses urines, inexplicablement bleues, laissent les médecins totalement perplexes. En outre, il ne tient plus en place, courant partout, posant des questions sans se soucier des réponses, éclatant de rire sans raison.

Un jour, au beau milieu d'une représentation du *Messie* de Haendel, George se lève soudainement pour battre frénétiquement la mesure. Les spectateurs se demandent s'il dirige l'orchestre ou s'il est tout simplement dérangé. La situation empire au point que le Parlement est contraint d'intervenir. En 1811, son fils, le prince de Galles, prend les commandes du royaume en tant que régent tandis que George III s'abîme dans un monde où la réalité n'existe plus.

Les experts d'aujourd'hui pensent que George III souffrait de porphyrie, une maladie rare affectant le système nerveux et provoquant des symptômes variés tels que des douleurs, des hallucinations et cette fameuse urine bleuâtre. À l'époque, cette maladie est totalement méconnue et George est traité comme une personne démente sans que personne ne parvienne à identifier le mal dont il est atteint.

Une triste fin

Alors que George III disparaît peu à peu dans les méandres de sa folie, son fils arrive peu à peu sous le feu des projecteurs. Il se voit déjà sur le trône avant même que son père ait officiellement quitté la scène. Pendant que le prince de Galles s'affaire à faire de ses dettes un art de vivre, l'État tente de sauver les apparences. Certes, le roi vit toujours, mais il est aussi décrépit que la tapisserie du château.

Le règne de George III, bien qu'il soit marqué par sa maladie, reste associé à un événement majeur qui aurait pu redorer son blason : la bataille de Trafalgar, en 1805. Ce succès naval éclatant pour la Grande-Bretagne – et synonyme de désastre retentissant pour les forces alliées de la France et de l'Espagne – consacre la suprématie maritime britannique, une domination qui se prolongera sur plusieurs décennies.

Au large du cap de Trafalgar, les escadres alliées, bien que supérieures en nombre, sont décimées par la flotte britannique commandée par l'amiral Nelson. Plus de 4 000 marins français et espagnols périssent, 8 000 sont faits prisonniers, et 17 vaisseaux alliés sont capturés ou détruits. Les Britanniques, eux, ne perdent aucun navire et ne comptent «que» 450 morts. La seule consolation, pour les alliés, réside dans la mort héroïque de Nelson, touché lors de la bataille.

L'expression «coup de Trafalgar» est entrée dans l'histoire pour désigner un désastre inattendu et sans appel, un renversement brutal de fortune. Les Français et les Espagnols, forts de leur avantage numérique, avaient pourtant toutes les raisons de croire en leur victoire.

Espagne

XVIIIᴱ SIÈCLE

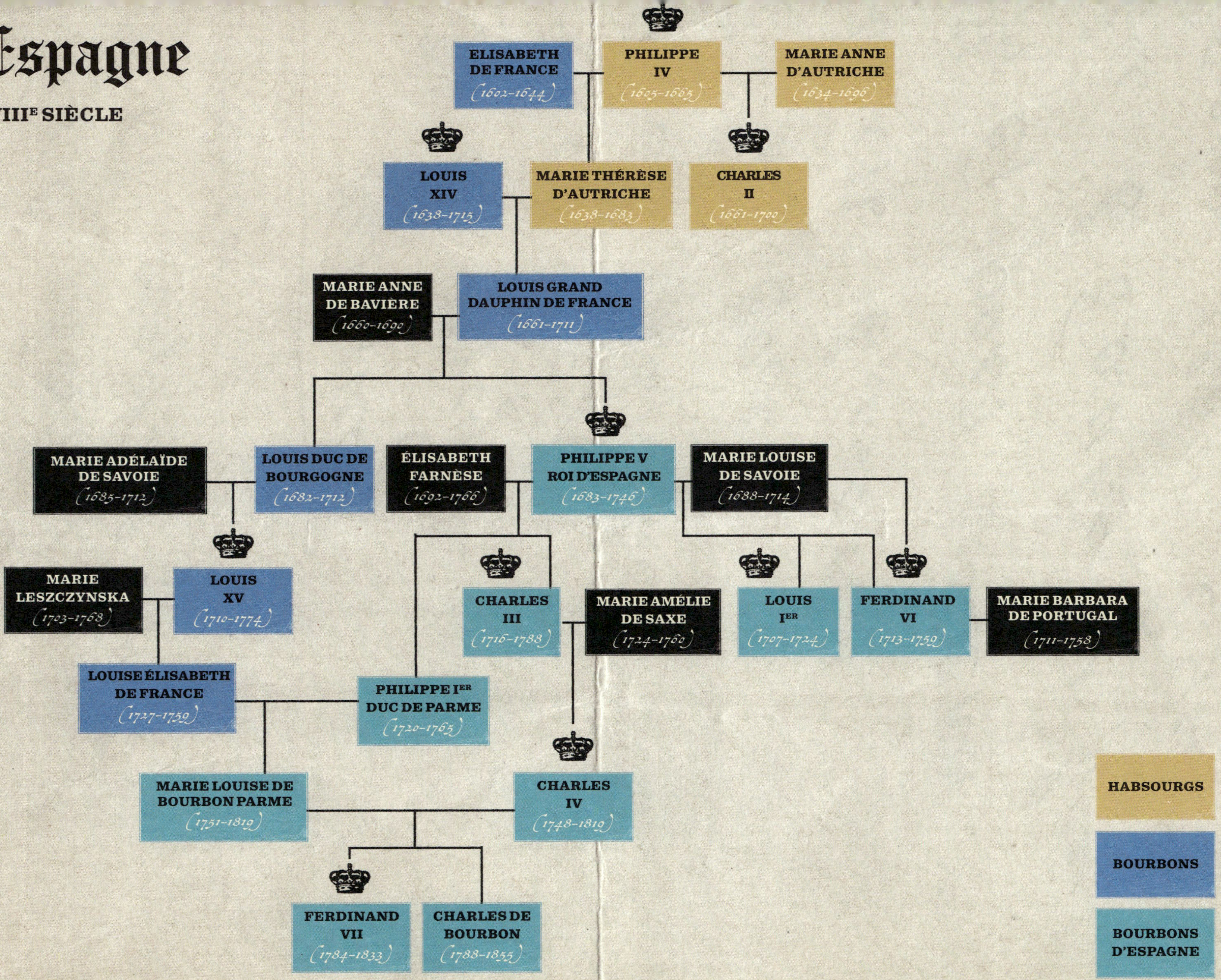

Philippe V

Fiche d'identité

NAISSANCE : 19 décembre 1683, château de Versailles

RÈGNE : 16 novembre 1700-15 janvier 1724, puis 6 septembre 1724-9 juillet 1746

MARIAGES : Marie-Louise-Gabrielle de Savoie (1701), Élisabeth Farnèse (1714)

MORT : 9 juillet 1746, Madrid

SIGNE ASTRO : ♍ Vierge

L'histoire de Philippe V, ancêtre direct de l'actuel roi d'Espagne Philippe VI, aurait parfaitement trouvé sa place dans la presse à scandale de l'époque. Né à Versailles, il est propulsé sur le trône d'Espagne par la volonté de son grand-père, le grand Louis XIV, bouleversant ainsi l'équilibre des puissances européennes. Sacrée promotion pour un jeune homme de 16 ans ! Le roi Philippe V détient un record historique, celui du plus long règne d'Espagne (quarante-cinq ans). Toutefois, sa renommée est également liée à l'un des plus grands rebondissements de la monarchie espagnole : son abdication en faveur de son fils Louis Ier (1724), suivie de son retour sur le trône quelques mois plus tard après la mort prématurée de ce dernier.

CHANGEMENT de dynastie

L'histoire de la succession d'Espagne au début du XVIIIe siècle est digne d'un scénario de film. Tout commence avec Charles II d'Espagne, surnommé « l'Ensorcelé » ou « le Maudit », en raison de sa santé précaire et de son incapacité à produire un héritier. Ce n'est pourtant pas faute d'avoir essayé…

En 1698, les grandes puissances européennes pensent avoir tout prévu. Un accord est signé pour nommer Joseph-Ferdinand de Bavière, un garçon de 6 ans, comme héritier du trône espagnol. Problème : le jeune prince meurt subitement un an plus tard, ce qui relance le jeu des négociations. Une deuxième tentative de partition est élaborée en 1700, cette fois sans même consulter l'Espagne. C'est avec l'intervention de Louis XIV et de Léopold Ier, prêts à tout pour s'emparer du trône, que les ennuis commencent.

D'un côté, le Roi-Soleil revendique le trône pour sa famille à travers un lien direct avec la dynastie espagnole. En effet, il est le petit-fils de Philippe III d'Espagne par sa mère, Anne d'Autriche, et a épousé Marie-Thérèse, fille aînée de Philippe IV d'Espagne (vous suivez ?). Bien que cette dernière ait renoncé à ses droits sur le trône d'Espagne lors de son mariage avec Louis XIV, cette renonciation était conditionnée au versement d'une dot de 500 000 écus, soit entre 15 et 22 millions d'euros actuels, somme qui n'a jamais été payée par l'Espagne.

Pour Louis XIV, ce non-paiement rend caduque la clause de renonciation. En d'autres termes, selon le roi de France, les droits de sa femme (donc ceux de son fils aîné, Louis de France, le Grand Dauphin) à la Couronne espagnole sont toujours valides. Ainsi, lorsque Charles II d'Espagne, dernier roi de la dynastie des Habsbourgs, meurt sans héritier, Louis XIV estime que son fils est un candidat légitime pour la succession au trône (vous suivez toujours ?).

Charles II, flairant la douce odeur de sa révérence finale, prend tout le monde de court. Il décide de ne pas choisir Louis de France pour éviter une union personnelle entre deux des plus grandes puissances d'Europe. À la surprise générale, il opte pour Philippe, le fils du Grand Dauphin, bien que ce dernier soit jeune et inexpérimenté. Bon timing : Charles meurt un mois plus tard.

Crise en Europe

En désignant Philippe de Bourbon, petit-fils de Louis XIV, comme héritier du trône d'Espagne, Charles II met le feu aux poudres. L'Europe entière bascule dans le chaos et la guerre de Succession d'Espagne éclate. Dès 1701, Louis XIV jette de l'huile sur le feu en affirmant que Philippe V garde ses droits à la Couronne de France, effrayant l'Europe entière à l'idée d'une union entre les deux plus grandes puissances.

Cependant, deux événements vont faire déborder la coupe : la mort en exil de Jacques II Stuart, roi déchu d'Angleterre, et la décision de Louis XIV de reconnaître son fils, Jacques-François, comme nouveau roi légitime d'Angleterre. Cette prise de position, perçue comme une provocation par les puissances européennes, scelle le sort du continent. Le Portugal, l'Angleterre, l'Autriche et la Hollande, qui redoutent l'émergence d'une hégémonie franco-espagnole, déclarent la guerre à la France et à l'Espagne.

Un Bourbon *sur le trône*

« Soyez bon Espagnol, c'est présentement votre premier devoir ; mais souvenez-vous que vous êtes né Français pour entretenir l'union entre nos deux nations », déclare Louis XIV à son petit-fils Philippe V au moment de son accession au trône. Voilà donc le défi qui attend Philippe : incarner un roi espagnol tout en préservant son héritage français.

Philippe V entame son règne avec une ambition claire : réformer les institutions espagnoles en s'inspirant du modèle centralisé français. Il renforce le pouvoir royal, réorganise l'administration et s'entoure de conseillers de poids. Parmi eux, la princesse des Ursins, Italienne d'origine française, devient l'une de ses proches collaboratrices. À ses côtés, le cardinal Alberoni, diplomate habile dont le parcours est remarquable, joue un rôle clé dans la politique étrangère et les réformes internes, notamment pour restaurer la puissance navale et militaire de l'Espagne.

Pourtant, sa relation avec la France, bien qu'elle soit fondée sur des liens familiaux forts, est délicate. Philippe doit naviguer entre les attentes de son peuple et les exigences de son grand-père, tout en maintenant l'indépendance de son royaume. Si des alliances dynastiques, comme son mariage avec Marie-Louise-Gabrielle de Savoie, resserrent les liens entre la France et l'Espagne, la mort de Louis XIV, en 1715, change la donne. Philippe, débarassé de l'ombre écrasante de papi Louis, cherche à établir son propre plan de route pour l'Espagne, qui diverge des intérêts français.

Amour ET FOLIE

Malheureusement, Philippe V souffre d'un mal qui a un impact majeur sur son règne et sa vie. On parlerait aujourd'hui d'un trouble bipolaire sévère ; il se manifeste par des crises de mélancolie et des épisodes de dépression prolongés qui plongent le roi dans une inquiétante inertie. Un roi de plus sur la longue liste des monarques qualifiés de « fous ». À plusieurs reprises, ses crises le paralysent au point de l'empêcher de remplir ses devoirs royaux.

Contrairement à la plupart des souverains de son époque, il se distingue par une fidélité sans faille envers ses épouses qu'il convient de souligner. Si son règne est marqué par des crises de dépression et de mélancolie, son cœur, lui, ne dévie jamais. Marie-Louise de Savoie, sa première épouse, est son premier grand amour. Éperdument amoureux, il éprouve une profonde tristesse lorsqu'elle meurt en 1714. Ce chagrin le plonge dans une mélancolie particulièrement intense.

En la personne de sa seconde épouse, Élisabeth Farnèse, il trouve une compagne aussi dévouée que compétente. Énergique, habile, politique jusqu'au bout des ongles, elle devient le véritable pilier de son règne. Quand Philippe s'efface, elle tient bon. Elle gouverne à sa place, négocie pour deux et s'impose comme l'un des esprits les plus redoutés de la cour d'Espagne.

La tentative de retraite

En proie à ses crises de folie, épuisé par l'exercice du pouvoir, Philippe V prend en 1724 une décision aussi étonnante que responsable : il abdique en faveur de son fils, Louis Ier. Il rêve alors d'une retraite anticipée, loin des responsabilités de la Couronne. Fatigué des intrigues politiques, accablé par ses démons intérieurs, il pense avoir trouvé un moment de répit. Mais le sort se montre cruel : à peine six mois après son abdication, Louis Ier succombe à la variole. Voilà de nouveau le trône vacant. Philippe, convaincu d'avoir obtenu sa rupture conventionnelle, se voit rappelé en CDI.

UNE FIN DE RÈGNE *sous le signe de la folie*

Après son retour sur le trône en 1724 – à contrecœur –, Philippe V continue à régner, mais son second règne est marqué par sa folie. De plus en plus instable, il délègue très souvent ses pouvoirs à sa seconde épouse, Élisabeth Farnèse, qui a de l'énergie à revendre. C'est elle qui pilote les alliances en Italie, fait et défait les ministres, oriente la politique intérieure.

Pendant que le gouvernement s'organise autour d'elle, Philippe s'enfonce dans la dévotion. Obsédé par le salut de son âme, il finit par considérer la prière comme sa véritable mission d'État. En 1746, après une existence traversée de visions, de renoncements et de retours en scène, il s'éteint dans le silence.

À sa mort, c'est son fils Ferdinand VI qui lui succède. Ferdinand est un souverain plus stable et modéré que son père. Il cherche à maintenir la paix et à consolider le royaume sans s'engager dans de grandes guerres ou dans d'ambitieuses aventures politiques.

Ferdinand VI

Fiche d'identité

NAISSANCE : 23 septembre 1713, Madrid	MARIAGE : Barbara de Bragance (1729)	SIGNE ASTRO : ♎ Balance
RÈGNE : 9 juillet 1746-10 août 1759	MORT : 10 août 1759, Villaviciosa de Odón	

Fils de Philippe V et de Marie-Louise de Savoie, Ferdinand VI monte sur le trône avec une mission claire : calmer le jeu. Son père était en proie à des visions mystiques et sujet à des abdications surprises ; Ferdinand, lui, préfère la paix à l'agitation. Pas de grandes envolées, pas de crises théâtrales, mais un roi qui aspire à un règne tranquille. Pour un royaume épuisé par les caprices royaux, ce règne est salutaire, comme le calme après la tempête.

Une enfance
dans l'ombre de la Couronne

Ferdinand n'est pas le premier dans la ligne de succession. Avant lui, il y a Louis, son aîné, destiné à régner, mais emporté par la variole, et Philippe-Pierre, décédé en bas âge. Ferdinand voit le jour dans une cour imprégnée de l'influence versaillaise et marquée par de lourdes pertes familiales. Alors qu'il est âgé de quelques mois, il est privé de sa mère, Marie-Louise de Savoie, reine douce et aimée, dont la mort plonge Philippe V dans une profonde dépression.

Lorsque Élisabeth Farnèse devient la nouvelle épouse de Philippe V, elle ne tarde pas à révéler un caractère autoritaire digne de la marâtre de Cendrillon. D'une ambition sans bornes et vouant un amour exclusif à ses propres enfants, elle relègue Ferdinand à l'arrière-plan. Elle ne cache pas sa préférence pour ses fils, dont le futur Charles III, qu'elle élève comme le seul véritable héritier du trône. Ferdinand, lui, devient presque un étranger dans sa propre famille.

Cette enfance austère, marquée par la distance émotionnelle et une forme de compétition implicite avec ses demi-frères, façonne profondément son caractère. D'autres auraient pu sombrer dans l'amertume, mais lui développe une surprenante résilience intérieure. C'est cette retenue, acquise dès son plus jeune âge, qui le poussera à rechercher la paix à n'importe quel prix ainsi que l'harmonie dans son règne.

Une subtile POLITIQUE EXTÉRIEURE

Si Ferdinand VI ne brille guère par ses conquêtes territoriales, il se montre habile sur la scène internationale. Sa politique extérieure est marquée par une volonté d'éviter les conflits tout en préservant les intérêts espagnols. Avec la France, alors dirigée par son cousin Louis XV, les relations sont plus distantes que sous le règne de son père. Depuis la mort du Roi-Soleil, l'Espagne cherche à s'émanciper de l'influence française. Ferdinand VI refuse d'entrer dans les jeux d'alliance qui lieraient trop étroitement les deux Couronnes, préférant conserver l'indépendance de l'Espagne par rapport à son encombrant voisin. Les relations restent cordiales, mais Ferdinand fait clairement comprendre que l'époque où l'Espagne suivait aveuglément la politique française est révolue.

En ce qui concerne les liens avec l'Angleterre, Ferdinand se retrouve face à George II, avec qui il adopte une approche plus stratégique. Les tensions héritées des guerres de succession ne disparaissent pas du jour au lendemain, mais le monarque espagnol veille à maintenir un certain équilibre avec la Couronne britannique. Son règne est marqué par des négociations commerciales astucieuses. Ainsi, il tient à sécuriser les routes maritimes de son royaume tout en évitant de froisser Londres. Plutôt que d'alimenter les querelles, Ferdinand cherche des compromis qui permettent à l'Espagne de préserver ses colonies et d'assurer ses échanges.

L'amour d'une vie

Princesse portugaise née en 1711, Barbara de Bragance, fille de Jean V de Portugal et de Marie-Anne d'Autriche, devient vite une figure centrale dans la vie de Ferdinand VI. Son mariage avec le roi d'Espagne est d'abord une alliance politique destinée à renforcer les liens entre les deux Couronnes ibériques. Cependant, contre toute attente, cette union devient une véritable histoire d'amour.

Barbara, reconnue pour son érudition, sa bienveillance et son sens aigu des arts, s'impose comme un pilier indispensable dans la vie de Ferdinand. Grande amatrice de musique, elle contribue à l'essor des arts à la cour et joue un rôle majeur dans l'apaisement des tourments de son époux. Ensemble, ils forment un couple solide et elle devient rapidement pour lui une confidente toujours présente dans les moments délicats.

Lorsqu'elle meurt en 1758, emportée par la tuberculose, le roi s'effondre. Il s'isole, refuse de gouverner, et glisse lentement dans la mélancolie. La monarchie tient encore debout, mais son cœur, lui, s'est éteint avec Barbara.

LE CRÉPUSCULE *d'un roi*

En 1759, un an après la disparition de sa bien-aimée Barbara, Ferdinand VI s'éteint, rongé par la mélancolie et la solitude. Il n'a pas d'héritier direct, et la Couronne revient à son demi-frère, Charles III. Dans les coulisses, une autre silhouette jubile, sourire en coin : Élisabeth Farnèse, leur infatigable mère, voit enfin l'un de ses fils ceindre la couronne. Un dénouement qu'elle avait soigneusement préparé.

Charles III

Fiche d'identité

NAISSANCE :	MARIAGE :	SIGNE ASTRO :
20 janvier 1716, Madrid	Marie-Amélie de Saxe (1738)	♒
RÈGNE :	**MORT :**	Verseau
10 août 1759-14 décembre 1788	14 décembre 1788, Madrid	

En 1759, lorsque Charles III monte sur le trône d'Espagne, il souhaite ardemment sortir le royaume de sa torpeur. Contrairement à son demi-frère, Ferdinand VI, Charles, marqué par une éducation stricte et l'influence d'une mère autoritaire, Élisabeth Farnèse, n'a pas l'intention de rester les bras croisés. Avant de régner sur ce royaume, il s'est déjà illustré comme roi de Naples et de Sicile. Il a laissé sa marque en modernisant les institutions. Dès son intronisation, Charles s'attaque aux archaïsmes de l'administration. Il introduit des réformes agraires qui ne manquent pas d'irriter les grands propriétaires terriens. Il n'hésite pas non plus à s'attaquer à la puissante noblesse espagnole, réduisant ses privilèges fiscaux et prônant une méritocratie qui profite avant tout à la classe moyenne émergente et à une nouvelle génération de fonctionnaires compétents.

DESPOTE éclairé

Charles III incarne à merveille le despote éclairé du siècle des Lumières. Avec ses intentions progressistes, il cherche à moderniser l'Espagne à travers des réformes économiques, sociales et éducatives largement inspirées des philosophes de son époque. Mais ces réformes ne sont pas négociables : Charles impose sa vision avec une autorité totale. Le roi ne tolère pas la résistance. Le progrès, *si señor*, mais sous contrôle strict et absolu.

Leopoldo de Gregorio, marquis d'Esquilache, fidèle du roi depuis leurs années à Naples, se lance dans une réforme qui semble anodine à première vue : interdire la cape longue et le chapeau à larges bords. Ces accessoires sont en effet jugés dangereux dans la mesure où ils permettent de dissimuler des armes et de créer des attroupements en toute impunité. Esquilache propose de les remplacer par la cape courte et le tricorne, une mode venue de France. L'objectif de cette mesure est double : moderniser les apparences et renforcer la sécurité publique. Mais cette petite révolution provoque un tollé à Madrid.

Il ne s'agit pas là d'une simple mise à jour du vestiaire madrilène : cette décision fait partie d'un plan plus large de modernisation de la capitale. Parmi les efforts d'Esquilache – soutenus par Charles –, citons le pavage des rues, l'installation de réverbères et la construction de fosses septiques pour rendre la ville plus salubre. Pourtant, les habitants perçoivent cette réforme vestimentaire comme une attaque contre leurs coutumes et un reflet d'une domination étrangère.

Cette réforme soulève aussi un profond malaise social. Le peuple voit dans ces vêtements imposés une injonction à ressembler aux élites, une mode étrangère perçue comme un uniforme de soumission. Le mécontentement enfle, nourri par la hausse du prix du pain, l'austérité et un pouvoir jugé distant. On ne se révolte pas vraiment pour une cape, mais contre ce qu'elle symbolise.

Face à ces changements imposés d'en haut, la ville bouillonne, les tensions s'exacerbent et une révolte éclate. Le peuple de Madrid, déjà épuisé par la hausse des prix, voit dans ce dictat du dressing un véritable affront. Il n'en faut pas plus pour qu'une résistance populaire s'organise : le « *motín de Esquilache* » (« révolte d'Esquilache »). Le décret devient le symbole d'un pouvoir sourd aux aspirations des classes populaires.

Cette résistance ne marque pas seulement un rejet des réformes urbaines. Il révèle l'ampleur de l'opposition populaire à l'autorité absolue de Charles III. Plutôt que de céder face à cette crise, le roi désigne rapidement les jésuites comme les instigateurs du soulèvement. À ses yeux, cet ordre religieux, avec ses réseaux internationaux et l'influence qu'il exerce sur l'éducation, fait obstacle à son projet de modernisation.

Les jésuites, formidables pédagogues et redoutables diplomates, tiennent les rênes de l'enseignement supérieur et des consciences. Charles les perçoit comme un État dans l'État, trop proches de Rome, trop indépendants, trop influents. Il veut des sujets loyaux, pas des érudits critiques. Alors, il les raye de la carte.

En 1767, le monarque espagnol prend une décision radicale : il ordonne l'expulsion d'Espagne et de ses colonies de plus de 5 000 jésuites. Pourtant influents à la cour, ils sont accusés de saper l'autorité royale et d'être trop loyaux envers le pape. Charles considère qu'aucune institution ne doit rivaliser avec lui. En les chassant, il élimine un contre-pouvoir jugé trop indépendant et qui développe trop d'esprits critiques.

Son règne incarne parfaitement les tensions qui s'expriment entre modernisation et autorité absolue. Le progrès est imposé d'en haut avec fermeté, parfois même avec brutalité, et toute résistance – qu'elle vienne du peuple ou du clergé – est balayée. Supprimer les médiateurs du savoir, c'est aussi s'assurer que les voix dissidentes bénéficieront de moins de relais. Cette méthode est ancienne, mais elle traverse sans difficulté les siècles.

POLITIQUE ÉTRANGÈRE

Sur la scène internationale, Charles III est un grand stratège. Sa relation avec son cousin, Louis XV de France, est essentielle dans sa politique extérieure. Les deux rois scellent le Pacte de famille, une alliance dynastique des Bourbons qui vise à contrer l'influence grandissante de l'Angleterre. Cette entente, qui renforce les liens militaires et commerciaux entre les deux royaumes, se concrétise par des engagements communs dans plusieurs conflits. Cependant, la guerre de Sept ans (1756-1763) se solde par des défaites amères pour l'Espagne, notamment la perte de La Havane et de Manille aux mains britanniques.

Mais Charles n'en reste pas là. Lorsque la guerre d'indépendance américaine éclate, il y voit l'occasion rêvée de prendre sa revanche sur l'Angleterre, alors dirigée par George III. Plutôt que de se lancer dans une confrontation directe, il choisit une stratégie subtile en soutenant les insurgés américains tout en récupérant discrètement des territoires stratégiques comme la Floride. Située à l'entrée du golfe du Mexique, c'est un véritable pivot géopolitique qui permet de contrôler des routes commerciales clés tout en offrant une zone de pression contre les intérêts britanniques dans les Caraïbes. En outre, c'est un coup symbolique : après l'avoir perdue en 1763, Charles parvient à la reprendre en profitant des turbulences de la révolution américaine. Il finance secrètement des cargaisons d'armes et de poudre, autorise les corsaires espagnols à perturber la logistique britannique dans les Caraïbes, et orchestre la reprise de Pensacola en 1781, coup de maître aussi discret qu'efficace. Il ne s'agit pas d'aider une république naissante, mais d'enfoncer un rival impérial. Et il y prend un malin plaisir.

On pourrait presque parler d'une guerre froide « par procuration ». En aidant les colons sans s'impliquer directement dans le conflit, Charles affaiblit l'Angleterre, étend l'influence espagnole en Amérique et réaffirme sa position sur la scène européenne. C'est une manière habile de tirer les ficelles sans prendre de coups.

UN HÉRITAGE INDÉNIABLE et controversé

La fin du règne de Charles III est marquée par une fatigue visible et des tensions latentes. À partir de 1787, sa santé décline et ses décisions se font de plus en plus hésitantes. Ses dernières années sont assombries par des difficultés économiques causées par les lourdes dépenses militaires et coloniales. Le roi est de plus en plus préoccupé par le mécontentement grandissant. En Amérique latine, en particulier, des révoltes commencent à se déclarer.

Son fils préféré, l'infant Gabriel, brillant et prometteur, succombe de la variole en 1788. Ce drame l'affecte profondément. Physiquement affaibli et mentalement épuisé, il confie de plus en plus de responsabilités à ses ministres, tout en gardant un œil distant sur les affaires du royaume. Lorsque Charles III meurt, en décembre 1788, l'Espagne est un royaume transformé, mais fatigué. C'est une nouvelle ère que son fils, Charles IV, devra affronter.

En Europe, Charles se montre soucieux de maintenir un équilibre entre les puissances, préférant la diplomatie à la confrontation directe sauf lorsque ses intérêts coloniaux sont menacés. Il reste méfiant envers l'Autriche et la Prusse, surveille de près leurs ambitions territoriales, sans se laisser entraîner dans leurs guerres incessantes. Pragmatique, il préfère consolider l'influence espagnole dans ses colonies et restaurer la réputation de son royaume après les échecs militaires subis au début de son règne.

Charles IV

Fiche d'identité

NAISSANCE :	MARIAGE :	SIGNE ASTRO :
11 novembre 1748, Portici	Marie-Louise de Parme (1765)	♏ Scorpion
RÈGNE : 14 décembre 1788-19 mars 1808	MORT : 20 janvier 1819, Rome	

En 1788, Charles IV accède au trône à un moment fort peu enviable. Son père a passé trente ans à secouer les vieilles structures, moderniser l'État, centraliser l'administration… et exaspérer tout le monde au passage. Certes, l'Espagne est plus efficace grâce à lui, mais elle fatigue. À peine Charles s'installe-t-il que le sol européen commence à trembler. À Paris, la Révolution menace de décapiter l'idée même de monarchie. Dans les colonies, les murmures d'indépendance se transforment en grondements. Et, pendant ce temps, un jeune général corse commence à faire parler de lui : un certain Napoléon Bonaparte. Dans ce contexte, Charles IV peine à exister. Sans boussole, sans poigne, il préfère déléguer à Manuel Godoy, son favori, dont les ambitions sont démesurées, la gestion d'un royaume qui file doucement mais sûrement vers la débâcle.

Un roi *sous influence*

Charles IV n'a pas la carrure d'un chef d'État en période de crise. Il observe plus qu'il ne dirige, délègue plus qu'il n'agit. Très vite, une autre figure s'impose dans les couloirs du pouvoir : Manuel Godoy. Jeune, ambitieux, rusé, il gravit les échelons à une vitesse qui fait tourner les têtes, surtout celle de la reine, Marie-Louise de Parme. Leur proximité suscite les commentaires les plus croustillants. Certains voient en lui un conseiller providentiel, d'autres un homme qui doit moins sa fulgurante ascension à son mérite qu'à sa relation privilégiée avec la souveraine.

Manuel Godoy

Godoy, désormais incontournable, concentre tous les leviers du pouvoir. Il devient secrétaire d'État, puis chef du gouvernement, et obtient même le titre pompeux de « prince de la paix » après avoir obtenu un fragile armistice avec la France. Pendant ce temps, Charles IV s'efface, réduit au rôle de monarque d'apparat. Dans l'armée et la noblesse, la grogne monte. On supporte de moins en moins ce favori arrogant, omniprésent et, crime suprême, d'origine modeste. À mesure que l'Espagne s'enfonce dans les turbulences internationales, les critiques fusent : Charles gouverne par procuration et le véritable souverain ne porte pas la couronne.

LA TEMPÊTE révolutionnaire

Sur le plan international, Charles IV est dans de beaux draps et se retrouve dans une situation littéralement explosive. L'année 1789 voit éclater la Révolution française, et avec elle une onde de choc qui ébranle les monarchies européennes. Alors que Louis XVI perd sa tête sous la guillotine en 1793, une vague de panique s'empare des cours royales ; une petite voix leur murmure : « Et si nous étions les suivants ? » La montée en puissance de la République française menace l'ordre monarchique traditionnel et les autres souverains européens, parmi lesquels Charles IV, redoutent de connaître le même sort.

Sous l'influence de Manuel Godoy et poussé par le désir de contrer la propagation des idées révolutionnaires, Charles IV prend une décision fatidique : il déclare la guerre à la France révolutionnaire en 1793. C'est ce que l'on a appelé la « guerre du Roussillon ». La situation dégénère rapidement. Mal préparée, mal dirigée et en proie à des dissensions internes, l'armée espagnole accumule les défaites. Godoy, qui espérait renforcer son pouvoir en combattant les révolutionnaires, se retrouve acculé. La guerre se révèle un fiasco, mais aussi un véritable gouffre financier et militaire pour l'Espagne. Pendant ce temps, de loin, Charles IV observe. Complètement sous l'influence de son favori, il ne prend aucune initiative et le laisse naviguer dans des eaux de plus en plus troubles. La Couronne espagnole perd peu à peu sa souveraineté, manipulée tantôt par Paris, tantôt par Londres, tandis que le roi s'isole davantage, incapable de reprendre le contrôle de son propre royaume.

LES GUERRES NAPOLÉONIENNES

Les erreurs de Godoy, combinées au fait que Charles IV soit incapable de s'affirmer comme un monarque fort, plongent l'Espagne dans une crise de plus en plus profonde. En 1805, la défaite de la flotte espagnole à Trafalgar, face à la Royal Navy britannique, est un coup dur pour le royaume. Cet affrontement, qui scelle l'échec des ambitions maritimes franco-espagnoles, affaiblit l'Espagne de manière irréversible sur les mers. C'est désormais une puissance secondaire qui ne peut rivaliser avec l'Angleterre ou même défendre efficacement ses colonies.

Comme une mauvaise nouvelle n'arrive jamais seule, Napoléon Bonaparte voit dans la fragilité politique de Charles IV et l'incompétence grandissante de Godoy une opportunité à saisir. Il se met donc en tête de contrôler l'Espagne. À la fin des années 1800, Napoléon n'est plus seulement le premier consul de la République française, mais un empereur ambitieux qui étend son influence à travers l'ensemble de l'Europe. L'Espagne, sous l'égide de Charles IV et de Godoy, vacille, et Napoléon, véritable Jules César moderne, en profite pour renforcer son emprise sur la péninsule Ibérique.

En 1807, il propose à l'Espagne un pacte connu sous le nom de « traité de Fontainebleau » qui permet aux troupes françaises de traverser le territoire espagnol afin d'envahir le Portugal, allié de l'Angleterre. Ce qui semblait à l'origine une alliance militaire se transforme rapidement en une occupation déguisée. Les troupes françaises entrent dans le royaume et Napoléon commence à installer ses propres hommes à des postes stratégiques, profitant des faiblesses de Charles et des querelles internes de la cour espagnole.

La tension atteint son paroxysme en 1808. Godoy voit son influence s'effondrer alors que la Cour espagnole se déchire entre partisans et opposants du ministre. Face à cette pression croissante, Charles IV abdique en faveur de son fils, Ferdinand VII, espérant calmer les tensions internes et éloigner la menace française. Cependant, Napoléon, qui tire déjà les ficelles dans l'ombre, ne l'entend pas de cette oreille. Profitant de l'instabilité espagnole, il convie Charles et Ferdinand à une rencontre « amicale » à Bayonne, dans le sud de la France.

L'audace de Napoléon se révèle alors dans toute son ampleur : une fois sur place, les deux invités comprennent que Napoléon les garde sous une forme de « détention diplomatique » qui les empêche de rentrer en Espagne – ce qui force le fils à abdiquer en sa faveur. Ce coup de force sidère l'Espagne et le reste de l'Europe. Napoléon, imperturbable, place alors son frère Joseph Bonaparte sur le trône espagnol. Pour l'empereur, c'est un coup de maître, une nouvelle pièce ajoutée à son empire. Mais, pour l'Espagne, c'est une humiliation totale.

L'installation de Joseph Bonaparte sur le trône ne se fait évidemment pas sans résistance. La population espagnole, déjà exaspérée par la présence française et la trahison des Bourbons, entre en rébellion. Le pays s'enfonce alors dans une période de guerre civile et de soulèvements populaires qui marque le début de la guerre d'indépendance espagnole (1808-1814). Ce conflit, brutal et sanglant, oppose les partisans de la monarchie espagnole et des insurgés à l'armée française. Il déclenche une lutte de guérilla qui ébranle durablement le pays. Mené par des groupes de civils armés, il repose sur des embuscades, des attaques surprise et une connaissance parfaite du terrain.

Napoléon, dans sa quête de domination européenne, pense soumettre l'Espagne sans que cette dernière n'oppose de résistance. C'est une énorme erreur. Dans cette affaire, en effet, les ennemis d'hier font front commun : l'Angleterre, qui a longtemps bataillé contre la Couronne espagnole sur mer comme dans les colonies, devient une alliée de circonstance. Face à la menace impériale, le réalisme prime. Les deux puissances unissent leurs forces pour limiter les dégâts. L'Espagne devient alors un champ de bataille stratégique et Wellington, général britannique de génie, mène la danse contre les troupes françaises.

Pour l'Angleterre, l'objectif est clair : affaiblir Napoléon sans avoir à poser le pied sur le sol français, défendre ses routes maritimes, et éviter qu'un empire franco-espagnol ne menace son commerce mondial. Pour l'Espagne, c'est une question de survie. Mais la guerre est brutale. Ce conflit s'avérera coûteux, non seulement pour l'Espagne, qui en sortira affaiblie et fracturée, mais aussi pour Napoléon, qui découvrira que son empire n'est pas invulnérable.

La crise DES COLONIES

Tandis que l'Espagne vacille sous les coups de boutoir de Napoléon, l'empire colonial craque de toutes parts. Dans les Amériques, les *criollos*, ces descendants d'Espagnols nés sur le continent américain, s'impatientent. Riches propriétaires terriens, souvent mieux éduqués que leurs homologues venus d'Europe, ils se heurtent depuis des décennies au même plafond de verre : les postes les plus prestigieux sont réservés aux *peninsulares*, les Espagnols de naissance. C'est un système rigide, humiliant, où le sang compte moins que le lieu de naissance. Il en résulte une élite locale frustrée et bien décidée à prendre son destin en main.

Le contexte international agit comme un catalyseur. Les États-Unis ont déjà pris leur indépendance. La Révolution française a montré qu'un roi peut tomber et que les droits du peuple sont susceptibles de se faire entendre. Ces idées circulent, s'impriment, se murmurent dans les salons de Lima, les cafés de Bogota, les haciendas de Quito. En 1808, lorsque Napoléon renverse Charles IV et impose Joseph Bonaparte sur le trône d'Espagne, la légitimité monarchique s'effondre brutalement. Pourquoi obéir à un empire qui, lui-même, ne sait plus qui le dirige ?

Dans ce vide politique, les juntes locales fleurissent, proclamées par les criollos au nom du roi « captif », mais avec des objectifs de plus en plus clairs : affirmer leur pouvoir, réduire celui de Madrid, voire s'en détacher. À Buenos Aires, Caracas, Bogota, on prend les armes et la parole.

Ce n'est pas encore l'indépendance, mais c'est déjà la rupture. Le lien symbolique avec la monarchie espagnole se délite. Chaque nouvelle taxe ou impôt est vu comme un affront. L'Empire espagnol, immense et prétendument éternel, commence à perdre pied. Et, cette fois, ce n'est pas un ennemi extérieur qui le menace, mais ses propres enfants.

UNE FIN humiliante

Charles IV finit son règne dans un exil qui illustre bien la tragédie d'un souverain tombé en disgrâce. De roi, il ne lui reste plus que le titre. Sous la pression de Napoléon, il abdique sans résistance et devient un pantin docile entre les mains de l'empereur. Exilé d'abord à Compiègne, puis à Chambord, il ne tarde pas à jouer les divas, incapable de supporter la météo rude du nord de la France. Bienvenue au club, Charles.

En 1812, Napoléon, plus agacé qu'attendri, le fait transférer à Marseille. Pourtant, même sous le soleil méditerranéen, l'ancien roi ne retrouve ni pouvoir ni dignité : il n'est plus qu'un souvenir encombrant, ignoré de tous, y compris de son propre fils.

En 1814, la chute de Napoléon scelle son destin : Charles est expédié à Rome, définitivement écarté de toute influence sur l'Espagne. Ferdinand VII, de retour sur le trône, le laisse dans l'ombre, préférant éloigner ce père devenu un fardeau afin d'éviter une nouvelle querelle dynastique. Là-bas, en 1819, accompagné par Marie-Louise, Charles s'éteint dans l'oubli. Tandis que l'Espagne s'effondre, perdant peu à peu son empire, lui avait déjà perdu son trône, son pouvoir et sa place dans l'histoire. Sans bruit. Et sans retour.

Le XIXe siècle

Entre révolutions, science et modernité en marche

Le XIXe siècle fait sa crise d'adolescence : il change de régime politique comme de chemise, se cherche et part à la conquête du monde, rebelle et imprévisible. Après l'ouragan Napoléon, les grandes puissances européennes, comme des parents inquiets, se retrouvent au congrès de Vienne pour redessiner des frontières bien nettes. L'objectif ? La paix. Mais l'Europe est bien trop agitée pour cela : monarchies, empires et républiques se succèdent, et chaque pays semble vouloir son quart d'heure de révolution.

En France, c'est la valse des régimes. Monarchies, républiques et empires s'enchaînent avec une régularité déconcertante. De la Restauration à la révolution de 1830, des soubresauts de 1848 au Second Empire, l'Hexagone se débat entre nostalgie monarchique, ambition impériale et rêves républicains.

L'Espagne, de son côté, ressemble à une partie de Risk : guerres civiles, révolutions et changements dynastiques s'y enchaînent. En 1833, la mort de Ferdinand VII déclenche une guerre de succession entre les partisans de sa fille, Isabelle II, et ceux de son frère Carlos. Le pays oscille entre monarchie, régence, exil et il connaît même une brève république, puis retrouve la monarchie bourbonienne, tandis que son empire colonial s'effondre de manière spectaculaire.

Comparée à ses camarades de classe continentaux, l'Angleterre se distingue par sa stabilité politique et son irrésistible montée en puissance. En 1837, la reine Victoria monte sur le trône et n'en bougera plus jusqu'au siècle suivant. En élève modèle, elle supervise un empire en pleine expansion et une révolution industrielle qui transforme son royaume en première puissance mondiale. Corsets serrés, rigueur victorienne : le pays impose son rythme au reste de l'Europe, alors que sur le continent les idées libérales, les aspirations à l'indépendance et les machines à vapeur s'emballent.

En France, un autre bouleversement se prépare. Sous Napoléon III, le pays offre une seconde chance à ce nom illustre, aussi glorieux que problématique. Ambitieux et visionnaire, le nouvel empereur transforme la capitale en un véritable joyau moderne grâce aux travaux d'Haussmann. Mais le rêve impérial finit en cauchemar : en 1870, la guerre franco-prussienne tourne à la débâcle. Napoléon III, trop gourmand, est capturé, et l'Empire s'écroule. Avec la Commune, Paris s'embrase dans une insurrection sans précédent et ouvre la voie à la Troisième République, qui s'installe sur ces ruines.

L'Europe, insatiable, se rue sur l'Afrique, l'Asie et le Pacifique, partageant le monde comme on découpe un gâteau d'anniversaire. Les empires coloniaux se multiplient sans beaucoup se soucier des peuples qu'ils soumettent. Les puissances européennes redessinent la carte du monde, convaincues que leur suprématie durera éternellement. Tout s'emballe dans cette ultime saison où les producteurs bouclent les dernières intrigues : les monarchies absolues tentent un retour, les empires s'affrontent, les républiques surgissent, et chaque acteur cherche désespérément à marquer l'histoire avant le grand final.

France

XIXe SIÈCLE

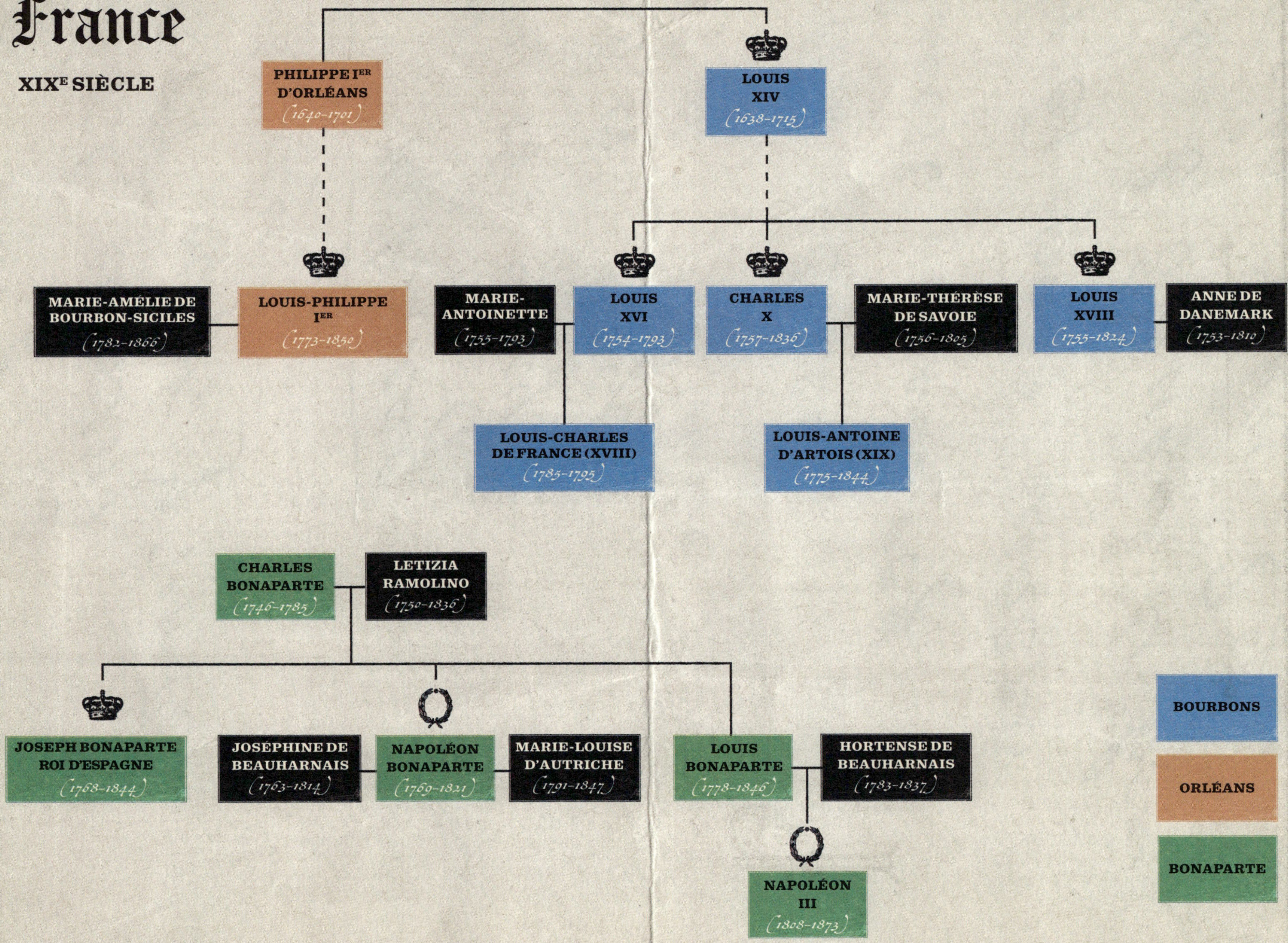

Napoléon Ier

Fiche d'identité

NAISSANCE :
15 août 1769,
Ajaccio

RÈGNE :
18 mai 1804-
6 avril 1814,
puis 20 mars 1815-
22 juin 1815
(les Cent-Jours)

MARIAGES :
Joséphine de
Beauharnais (1796),
Marie-Louise
d'Autriche (1810)

MORT :
5 mai 1821,
Longwood (île de
Sainte-Hélène)

SIGNE ASTRO :
♌
Lion

Adulé par certains, détesté par d'autres, Napoléon divise les Français aujourd'hui encore. Célébré pour ses victoires militaires et son rôle dans la modernisation de l'État, il est aussi critiqué en raison de sa soif de pouvoir, ses excès et son humanité à géométrie variable. Il est petit, solitaire et on se moque souvent de son accent corse ; personne n'aurait parié un kopeck sur ce jeune garçon à l'ambition dévorante. Pourtant, du haut de son mètre soixante-huit, il est doté d'une détermination implacable. De simple cadet militaire, il devient empereur des Français : son ascension est fulgurante. En à peine dix ans, il passe de l'ombre des champs de bataille à la lumière éclatante de son sacre à Notre-Dame, guidé par une seule obsession : marquer l'histoire d'une empreinte indélébile.

UNE ENFANCE CORSE

entre pauvreté et fierté

Napoléon voit le jour sur une île qui n'est pas encore marquée par les velléités d'émancipation actuelles contre la France. Sa famille, bien que noble, ne roule pas sur l'or. Charles Bonaparte et Letizia Ramolino doivent composer avec les réalités économiques difficiles de la Corse tout en espérant connaître une ascension sociale. Napoléon est le deuxième rejeton d'une fratrie de huit enfants, mais il se distingue très vite par son caractère introspectif et rebelle. Sa mère est une femme de caractère, stricte mais protectrice, qui contribue à façonner son tempérament ambitieux. Pour elle, il est hors de question que Napoléon se laisse engloutir par les difficultés insulaires. Elle voit en lui un homme au destin exceptionnel et cette foi inébranlable dans les capacités de son fils ne la quittera jamais. Napoléon restera toujours très proche de sa mère.

Dès sa jeunesse, il rêve d'exploits et de conquêtes. Contrairement aux autres enfants, il ne joue pas aux soldats : il les commande déjà. À 9 ans, il quitte son île natale pour entrer dans une école militaire en France, délaissant l'odeur iodée de la mer Méditerranée pour découvrir les rigueurs de l'éducation continentale.

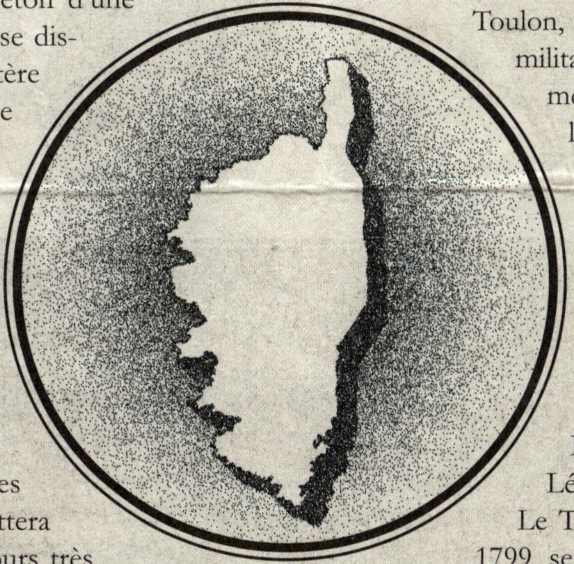

Le tourbillon DE LA RÉVOLUTION

Lorsque la Révolution française éclate, en 1789, le jeune Corse a 20 ans ; il est sous-lieutenant d'artillerie. Comme beaucoup de ses contemporains, il est séduit par les idées révolutionnaires : la fin de l'absolutisme, l'émergence d'une république et la promesse de l'égalité pour tous. Mais détruire est souvent plus facile que reconstruire.

Après la chute de Louis XVI et la Terreur (1793-1794), la France n'a pas de véritable dirigeant. Le roi est guillotiné en 1793 et la République se débat entre les factions politiques et les guerres extérieures. Napoléon profite de cette période troublée pour grimper les échelons. Il se fait d'abord remarquer lors de la reprise de Toulon, en 1793, où ses compétences militaires et stratégiques lui permettent de s'illustrer. À partir de là, son ascension est fulgurante.

Après la chute de Robespierre, en 1794, le pays est gouverné par le Directoire, un régime composé de cinq directeurs aux pouvoirs partagés : Paul Barras, Lazare Carnot, Jean-François Reubell, Louis-Marie de La Révellière-Lépeaux et Étienne-François Le Tourneur. Ce régime, de 1795 à 1799, se veut une transition, une tentative de restaurer l'ordre après la Terreur, mais il peine à stabiliser la France. Les crises économiques et sociales se multiplient et le peuple, lassé par les querelles politiques et les inégalités persistantes, se tourne vers des figures de pouvoir susceptibles de rétablir l'ordre.

Napoléon, tel un félin devant sa proie, observe et attend son heure. Son approche, contrairement à celle des révolutionnaires, est plus pragmatique que politique. Il sait que la France, épuisée par une décennie de révolutions et de guerres, a soif de stabilité. Et c'est précisément ce qu'il promet. En 1796, il est envoyé en Italie pour diriger l'armée. Là-bas, il brille par son génie militaire. Mais sa popularité grandissante inquiète le Directoire, qui tente de l'écarter en le nommant commandant de l'expédition en Égypte. Cette mission périlleuse ressemble à une manœuvre pour le tenir à distance, mais le futur empereur y voit un tremplin.

En Égypte, il fait de l'expédition une aventure scientifique. Il s'entoure de savants, nourrissant ainsi sa légende de conquérant éclairé. Tandis que ses troupes affrontent les déserts, il orchestre soigneusement son image en France : le général n'est plus seulement un stratège, il devient le symbole d'une nation qui rayonne jusqu'aux terres lointaines. La défaite navale d'Aboukir aurait pu ternir son prestige, mais il sait maîtriser chaque récit, vantant ses victoires et rapportant des découvertes, comme la pierre de Rosette. Lorsqu'il apprend que la France vacille, il comprend que son moment est arrivé. Abandonnant l'Égypte, il rentre en héros, prêt à saisir les rênes d'une nation épuisée.

En 1799, le Directoire s'effondre sous les tensions internes et externes. Napoléon ne laisse pas passer l'occasion et orchestre le coup d'État du 18 Brumaire, renversant le régime et s'installant au pouvoir en tant que Premier Consul. La Révolution, avec ses espoirs et ses excès, cède ainsi la place à une nouvelle ère : celle de Napoléon. La République chancelle, mais l'homme providentiel est là pour la réinventer… à sa manière.

QUAND ON L'ATTAQUE, l'Empire CONTRE-ATTAQUE

Après le coup d'État du 18 Brumaire (en 1793, les Républicains inventent un calendrier en redéfinissant les mois pour marquer une rupture totale avec l'Ancien Régime), Napoléon ne perd pas de temps. En tant que Premier consul, il rétablit rapidement l'ordre en France, consolidant son pouvoir tout en instaurant des réformes profondes. Son premier succès est la paix intérieure : il met fin aux troubles en Vendée et fait signer aux différentes factions politiques des accords qui apaisent temporairement les tensions révolutionnaires. Mais ce n'est qu'un début.

Sur la scène internationale, tout lui sourit. Napoléon mène la France à une série de victoires éclatantes. Dès 1800, il bat les Autrichiens lors de la célèbre bataille de Marengo, réaffirmant la domination française sur l'Italie. Ce succès relance la machine militaire et la France, épuisée par des années de chaos, retrouve son prestige. En 1802, Napoléon signe le traité d'Amiens avec l'Angleterre, qui met fin – temporairement – aux guerres européennes. La France respire, mais pour Napoléon, le meilleur est à venir. Il se sert de ce répit pour renforcer son pouvoir, réformer l'administration et donner vie à l'empire à venir.

L'Europe commence alors à trembler devant cet homme qui semble invincible. Les batailles de 1805, notamment Austerlitz, son « chef-d'œuvre », assoient son génie militaire. Le continent est à ses pieds : Autriche, Prusse, Russie… Tous ces pays ploient sous le poids des victoires napoléoniennes. De l'Italie au Rhin, en passant par l'Espagne, Napoléon conquiert, organise et impose son modèle impérial, qui atteint son zénith. Partout en Europe, son nom devient synonyme de gloire et de domination.

Avec ces triomphes, Napoléon apparaît comme l'homme qui rétablit la grandeur de la France. Ce pays dévasté par la Révolution devient grâce à lui la plus grande puissance d'Europe. L'Empereur brille de mille feux et rien ne semble pouvoir l'arrêter.

JOSÉPHINE, *amour et ambition politique*

En 1796, alors qu'il n'est encore qu'un jeune général en pleine ascension, Napoléon tombe follement amoureux de Joséphine de Beauharnais. Cette veuve créole au charme indéniable et à l'élégance naturelle est déjà bien introduite dans les cercles parisiens. Leur relation est d'abord marquée par une passion brûlante. En campagne, Napoléon lui envoie des lettres enflammées où il exprime sans retenue son amour et son désir. Il la couvre d'adoration et ses sentiments sont si intenses qu'ils frôlent parfois l'obsession : « Je n'ai pas passé un jour sans t'écrire ; je n'ai pas passé une nuit sans te serrer entre mes bras. […] Tu me traites de vous [souligné deux fois]. Vous toi-même. Ah ! mauvaise ! comment as-tu pu écrire cette lettre ? Qu'elle est froide ! » (Gros *red flag*…)

Mais derrière cette flamme se cache aussi une ambition, car Napoléon ne perd jamais le nord. Il sait que Joséphine, avec son réseau d'influence, représente un atout précieux dans sa quête de pouvoir. Son mariage est donc aussi un savant calcul politique.

Amour OU DEVOIR ?

Bien que Napoléon ait passionnément aimé Joséphine, leur union est bientôt compromise, car elle ne parvient pas à lui donner d'héritier. Voilà qui représente un problème majeur pour un homme rêvant de bâtir une dynastie impériale. Après des années d'espoirs déçus, Napoléon doit faire un choix entre l'amour et le devoir. En 1809, malgré son affection pour Joséphine, il décide de divorcer, conscient que l'avenir de l'Empire exige un héritier.

Peu de temps après, il épouse Marie-Louise d'Autriche, scellant une alliance stratégique avec l'une des plus grandes familles royales d'Europe. Plus jeune et plus docile que Joséphine, elle remplit son rôle à merveille en donnant à Napoléon ce qu'il désirait tant : un fils, le futur roi de Rome. Belle-maman a enfin de quoi se réjouir. Pourtant, malgré cette réussite dynastique, Napoléon n'oubliera jamais Joséphine. Elle restera toujours « sa » Joséphine, la femme de ses années de gloire.

Pouvoir, SACRE ET FAMILLE

Le 11 Frimaire de l'an XIII (2 décembre 1804), dans la majestueuse cathédrale Notre-Dame de Paris, Napoléon donne le ton en se couronnant lui-même empereur. Bien sûr, le pape Pie VII est présent pour le sacrer, mais Napoléon refuse de se laisser couronner par qui que ce soit : c'est à lui de poser la couronne sur sa tête avant de couronner Joséphine, devenue impératrice à ses côtés. Contrairement aux rois de l'Ancien Régime, ce n'est pas un évêque qui lui confère le pouvoir, mais lui-même. Il signifie ainsi qu'il doit son ascension à son propre mérite. Pourtant, un personnage manque à l'appel lors de cette cérémonie grandiose : sa mère, Letizia Bonaparte. Pas de dégât des eaux ni de bouchons rue de Rivoli : elle refuse tout simplement d'y assister.

Plusieurs raisons peuvent expliquer cette attitude. D'abord, elle n'a jamais vraiment porté Joséphine dans son cœur. Une belle-mère qui déteste sa belle-fille, c'est surprenant ! Lorsque Napoléon, alors âgé de 27 ans, épouse cette veuve élégante et mère de deux enfants, Letizia est furieuse. Pour elle, Joséphine est trop snob, trop sophistiquée et, surtout, bien trop âgée pour son fils. Elle aurait préféré le voir marié à une *trad wife*, une jeune femme docile et prête à lui donner une ribambelle d'héritiers. Alors, assister au couronnement de cette dévergondée accoutrée en impératrice ? Hors de question ! Mais ce n'est pas tout. L'idée même que Napoléon devienne empereur choque Letizia, profondément pieuse et conservatrice. Manipuler le pape Pie VII pour imposer sa présence à la cérémonie, quelle audace ! Pour Letizia, cet acte relève presque du sacrilège, et la perspective d'assister à une telle mascarade la rend furieuse. Plutôt que de se plier à ce qu'elle considère comme un spectacle de vanité, elle choisit de boycotter la cérémonie impériale.

Pourtant, si l'on observe attentivement le célèbre tableau du sacre peint par Jacques-Louis David (qui se trouve aujourd'hui au musée du Louvre ou au château de Versailles), on peut facilement reconnaître la mère de Napoléon parmi les spectateurs. Un détail intrigant, puisque Letizia n'y était pas ! En réalité, c'est Napoléon lui-même qui a demandé à David d'ajouter sa maman chérie histoire de redorer l'image familiale. Un coup de pinceau impérial pour effacer la réalité, et le tour est joué !

DU SOMMET *à la dégringolade*

Si Napoléon paraît invincible dans les premières années de son règne, la seconde moitié est marquée par des erreurs qui se révéleront fatales. En 1812, la campagne de Russie devient un désastre stratégique. La Grande Armée, cette force colossale que Napoléon a bâtie en rassemblant des troupes de toute l'Europe, compte alors 600 000 hommes. Forte de soldats aguerris venus de France, mais aussi de nombreux alliés contraints de suivre l'Empereur, elle pénètre en Russie en pensant triompher rapidement. Mais les Russes jouent à domicile et connaissent l'aridité de leur territoire. Ils décident de pratiquer la politique de la terre brûlée, détruisant tout sur leur passage pour priver les troupes françaises de ressources. L'hiver russe, implacable et dévastateur, complique la situation davantage encore. Le froid mordant, la faim et les maladies, bien plus que les batailles elles-mêmes, déciment les soldats. Pour la première fois, Napoléon doit battre en retraite, abandonnant des milliers de ses hommes dans la neige. De cette armée autrefois invincible, seule une petite fraction parvient à regagner la France. Cette débâcle affaiblit gravement sa position, tant sur le plan militaire que politique.

À partir de là, les défaites s'enchaînent. Les puissances européennes, jusque-là fragmentées, forment une coalition solide contre Napoléon. En 1814, après de nouveaux revers militaires, il abdique pour la première fois. L'Europe, fatiguée des guerres napoléoniennes, décide de ne plus laisser la France entre les mains de cet homme. Alors, qui appelle-t-on lorsque l'on quitte son mec ? Son ex toxique : la monarchie. Louis XVIII, frère de Louis XVI, accepte sans rancune l'invitation et revient, tout fringant, pour restaurer la monarchie. Avec l'appui des puissances victorieuses, la France espère tourner la page de l'Empire. Le Bourbon, exilé durant la Révolution, est donc prêt à gouverner dans un climat de compromis ; le pays épuisé par des années de conflit.

Quant à Napoléon, on l'expédie sur l'île d'Elbe, un confetti au large de la Toscane, avec pour lot de consolation une petite cour, quelques soldats et la gestion d'un territoire grand comme un mouchoir de poche. Pour les monarchies européennes, l'affaire semble pliée : l'ogre corse est hors-jeu.

Sauf que Napoléon, lui, n'a pas dit son dernier mot. En mars 1815, il échappe à la surveillance des Alliés, débarque en France à Golfe-Juan avec un bataillon d'hommes et remonte vers Paris, déclenchant une vague d'enthousiasme que Louis XVIII ne voit pas venir. À chaque étape, des soldats envoyés pour l'arrêter se rallient à lui. À Grenoble, il ouvre sa redingote et lance : « Soldats, me reconnaissez-vous ? S'il en est un parmi vous qui veuille tuer son empereur, me voilà ! » Personne ne tire. Tout le monde suit.

Ce retour spectaculaire entre dans l'histoire sous le nom des « Cent-Jours ». Une parenthèse fulgurante, une course contre la montre pour reconquérir ce qui lui a échappé. Le 18 juin 1815, sur les plaines détrempées de Waterloo, l'armée de Napoléon affronte une coalition menée par le duc de Wellington et le maréchal prussien Blücher. La bataille est longue, sanglante, chaotique. Les charges de cavalerie françaises se heurtent aux lignes anglaises ; cependant, la discipline des alliés et l'arrivée tardive, mais décisive, des Prussiens scellent le sort de l'Empereur. À la tombée du jour, tout espoir est perdu : Napoléon perd près de 25 000 hommes. L'Europe a parlé, et cette fois, c'est la fin. En juin, à Waterloo, la dernière carte est tombée. Napoléon est vaincu. Définitivement.

Un exil DANS L'OUBLI

Cette fois, l'Europe n'est plus prête à se laisser duper. Après Waterloo, les puissances coalisées, sous l'influence du Royaume-Uni, comprennent qu'il faut en finir. Comme disent les Anglais : « *Fool me once, shame on you; fool me twice, shame on me.* » (« Trompe-moi une fois, honte à toi ; trompe-moi deux fois, honte à moi. ») Et c'est ainsi qu'ils décident d'expédier Napoléon sur l'île de Sainte-Hélène, un bout de terre perdu au milieu de l'Atlantique sud, loin de toute civilisation, sous stricte surveillance britannique. Loin de

Longwood House, Sainte-Hélène

ses champs de bataille, il passe ses dernières années à ressasser sa gloire passée et à rédiger ses mémoires. Il y meurt en 1821, à l'âge de 51 ans. Un homme déchu, mais toujours une légende vivante.

Napoléon Bonaparte laisse derrière lui un héritage ambivalent. D'un côté, il est célébré comme l'architecte de la France moderne : il restructure l'éducation, pose les bases du droit civil avec le Code Napoléon, et centralise un État fort qui perdure aujourd'hui encore. Il redonne à la France un éclat international en réintroduisant la science et la pluralité religieuse, non par foi, mais par pragmatisme politique. De l'autre, il est critiqué en raison de son goût immodéré pour la guerre et le pouvoir absolu. Belliciste, despote selon ses détracteurs, il n'hésite pas à se livrer à des manipulations pour parvenir au sommet. Si son règne est marqué par des réformes profondes, il est terni par des décisions contestables comme le rétablissement de l'esclavage à Haïti en 1802. L'homme qui se voulait libérateur en Europe n'a pas hésité à opprimer ailleurs. Aujourd'hui encore, le débat fait rage quant à son héritage.

Médecine et HYGIÈNE

Les Français traînent depuis longtemps une réputation douteuse : celle de ne pas sentir toujours très bon. Cette légende trouve en partie ses racines à la cour de Versailles, avec ses parfums capiteux et ses pots de chambre bien placés. Mais la réalité est plus large : partout en Europe, pendant des siècles, l'eau inspire la méfiance, la propreté se mesure au prestige, et l'hygiène… au parfum.

L'eau ? On la redoute. Depuis le Moyen Âge, on la soupçonne d'ouvrir les pores aux maladies. On ferme les bains publics, on évite les immersions, on préfère se frotter avec des linges parfumés. Résultat : on se lave peu, partiellement. Un gant au musc, un coup d'eau de rose sur les mains. À Versailles, on appelle cela la « toilette sèche ».

Louis XIV lui-même ne prend que deux bains dans sa vie. Il trouve cela glissant, malsain et, surtout, inutile. En revanche, il raffole des lavements et des saignées. Plus de deux mille au total. Pour lui comme pour ses médecins, la santé dépend de l'équilibre des humeurs : le sang, la bile jaune, la bile noire et le phlegme. Toute douleur se traite par l'évacuation ou la purge des mauvaises humeurs.

À la Renaissance, science et foi sont en coloc. Dieu a créé le monde et les savants s'emploient à le décoder, quitte à tout mettre dans le même panier. L'astronomie se confond avec l'astrologie, la chimie avec l'alchimie, la médecine avec les humeurs. Les diagnostics passent par l'urine, parfois goûtée pour en évaluer l'état. On consulte l'astrologie, on préconise la musique contre la mélancolie et on soigne les maux d'estomac par… une saignée au mollet. Louis XV meurt de la variole, Henri II d'une septicémie, Marie-Thérèse d'Espagne d'un abcès transformé en gangrène. Si la médecine royale soigne parfois, elle tue à petit feu souvent.

Quant aux femmes, leur santé est un sujet délicat, surtout quand il s'agit de menstruations ou d'accouchement. Les règles sont impures et il n'est pas rare, dans certaines cultures, que l'on isole les femmes. À la cour, on ne les mentionne pas. Les protections sont rudimentaires : linges réutilisables, herbes, parfois rien du tout. L'accouchement, lui, est une épreuve publique. Quand la reine donne naissance à un enfant, elle est entourée de témoins pour empêcher toute substitution. Marie-Antoinette accouche devant une cinquantaine de personnes, et s'évanouit. Et on ouvre la fenêtre pour la ranimer, en plein mois glacial de janvier.

Et les toilettes ? Trop peu nombreuses, mal réparties. On se soulage dans les escaliers, derrière les tentures ou dans de petits vases glissés sous les jupons, les « bourdaloues ». En 1715, un ambassadeur anglais note avec une précision toute britannique que « Versailles sent la pisse ».

Et les maladies, elles, ne font pas de courbettes. La variole frappe même au sommet du royaume. Louis XV en meurt après une agonie pénible, plongeant la cour dans l'inquiétude. La syphilis, arrivée à la Renaissance, fait des ravages. Elle emporte rois, reines et cardinaux, qui vivent une lente déchéance physique et mentale. On la soigne au mercure, ce qui empoisonne les malades plus sûrement encore. Quant à la tuberculose, elle rôde partout, invisible et persistante. Le roi de Rome, fils de Napoléon Ier, en meurt à 21 ans, enfermé dans un palais glacial.

Partout en Europe, la médecine oscille entre magie, symbolique et maltraitance. Et pendant que les souverains se font saigner en grande pompe, leurs sujets, eux, espèrent simplement survivre à l'hiver. L'hygiène est une affaire de rang, mais surtout… de chance.

Louis Pasteur

En 1543 déjà, l'anatomiste André Vésale publiait De humani corporis fabrica. Un choc. Il démonte l'anatomie antique de Galien, fondée sur des dissections animales, et redessine le corps humain os par os. Le foie n'est plus à sa place, les côtes sont recomptées, les muscles, cartographiés avec une précision inédite.

Un siècle plus tard, en 1628, l'Anglais William Harvey brise un autre dogme : le sang ne se consomme pas, il circule. Propulsé par le cœur dans un circuit fermé. Le cœur ? Une pompe. Ni trône de l'âme, ni relique mystique : un mécanisme. Il faut du temps pour l'accepter. Pendant des siècles, on a cru que le foie fabriquait du sang en continu. Harvey ouvre un bras, mesure le débit, démontre que le volume est fixe, donc forcément recyclé. Le choc est profond, mais la démonstration tient. Et la médecine entre peu à peu dans l'ère du corps-machine.

Mais certaines idées résistent. Surtout quand il s'agit du corps féminin. L'utérus, depuis l'Antiquité, est vu comme un organe erratique, dangereux, presque autonome. On le croit capable de se déplacer dans le corps, de remonter jusqu'au cerveau, d'y semer migraines, suffocations, sautes d'humeur. Ce serait lui, l'origine de "l'hystérie" du grec hystera, l'utérus. Les femmes sont donc malades de leur matrice. Et cette idée, aussi absurde qu'ancrée, survit longtemps. Au XVIIIe siècle encore, les médecins hésitent entre observation et superstition. Et jusqu'à Freud, on continue d'expliquer les troubles psychiques féminins par une sexualité refoulée… ou un utérus trop capricieux.

Mais le vent tourne. Au XVIIIe siècle, les Lumières ébranlent les certitudes médicales. On ose enfin contester la théorie des humeurs. On dissèque, on observe, on compare. Et, surtout, on comprend peu à peu que l'hygiène pourrait prévenir la maladie. L'eau retrouve ses lettres de noblesse. Les premiers cabinets de toilette apparaissent dans les palais, les lavabos se glissent dans les antichambres. La propreté devient une distinction sociale.

C'est au XIXe siècle que l'hygiène bascule dans la modernité. Avec l'explosion urbaine et les grandes épidémies (choléra, typhus, tuberculose), les États se mettent à creuser des égouts, ventiler les hôpitaux, réglementer les funérailles. Pasteur découvre les microbes, Semmelweis impose le lavage des mains (en vain : il finit interné). Napoléon III fait de Paris une vitrine sanitaire. Les bains publics se multiplient, les règlements de salubrité aussi. L'hygiène devient une arme politique : un roi moderne est un roi propre. À la fin du siècle, les familles royales posent souriantes dans leur salle de bains. Le savon n'est plus un luxe, c'est une preuve de civilisation. Et l'eau devient la clé du progrès.

Louis XVIII

Charles X

Fiche d'identité Louis

NAISSANCE : 17 novembre 1755, château de Versailles **RÈGNE :** 6 avril 1814-20 mars 1815, puis 8 juillet 1815-16 septembre 1824	**MARIAGE :** Marie-Joséphine de Savoie (1771) **MORT :** 16 septembre 1824, Paris	**SIGNE ASTRO :** ♏ Scorpion

Fiche d'identité Charles

NAISSANCE : 9 octobre 1757, château de Versailles **RÈGNE :** 16 septembre 1824-2 août 1830	**MARIAGE :** Marie-Thérèse de Savoie (1773) **MORT :** 6 novembre 1836, Gorizia	**SIGNE ASTRO :** ♎ Balance

Après l'exil et la guillotine qui déciment une bonne partie de la noblesse, les Bourbons font leur retour. Louis XVIII et Charles X, frères de Louis XVI, incarnent une tentative pour restaurer une monarchie ébranlée par les soubresauts révolutionnaires. En 1814, Napoléon à peine exilé, Louis XVIII retrouve un trône qu'il n'a jamais vraiment cessé de convoiter. Il est fatigué, mais rusé ; il joue la carte de la réconciliation, tentant de stabiliser un pays en lambeaux coincé entre nostalgie monarchique et idéaux révolutionnaires. En 1824, c'est au tour de Charles X de s'emparer de la couronne. Mais si l'approche de son frère était plutôt subtile, la sienne a tout du bulldozer. Fervent partisan de l'Ancien Régime, Charles X ne cache pas sa volonté de remettre la monarchie absolue au goût du jour. Fini les compromis, place au retour des privilèges d'antan. Ce petit air de « c'était mieux avant » n'est pas longtemps fredonné au sein d'une France qui a déjà goûté à la modernité.**

UNE ENFANCE dorée

Louis XVIII et Charles X, baptisés Louis-Stanislas et Charles-Philippe, naissent dans le faste éclatant de Versailles, le premier en 1755 et le second en 1757. Ils grandissent dans l'ombre de leur aîné, Louis XVI, avec lequel ils n'ont que quelques années d'écart. L'avenir de ces enfants cadets du dauphin Louis semble tout tracé au milieu des privilèges de l'Ancien Régime, où le luxe et la déférence sont leur quotidien.

Louis-Stanislas se distingue rapidement par son esprit vif et son amour des lettres. Doté d'une intelligence précoce, il est rapidement surnommé « Monsieur », titre honorifique réservé au frère du roi, et manie les subtilités des salons avec une aisance remarquable. Il est passionné par la philosophie et on dit qu'il aurait souvent débattu avec les intellectuels de l'époque. Ce trait le distinguera plus tard lorsqu'il tentera de concilier les idées révolutionnaires avec la monarchie.

Charles-Philippe est tout l'opposé. Plus fougueux, plus physique, il préfère l'action au débat. Dès son plus jeune âge, il se passionne pour le monde militaire et rêve d'être soldat. Si Louis-Stanislas aime la plume, Charles-Philippe manie le sabre. Dévoué corps et âme aux valeurs religieuses et monarchiques, il est décrit comme plus impulsif et davantage attaché aux traditions que son aîné.

Protégés dans un cocon doré à Versailles, éloignés des préoccupations du peuple, ils vivent une enfance où la monarchie semble éternelle. Ils ne le savent pas encore, mais la tempête révolutionnaire approche et va balayer ce havre de paix. En 1789, ils se retrouvent au cœur d'un tourbillon qui renverse non seulement leur confort, mais aussi l'ensemble du système qu'ils ont toujours connu.

L'exil : *de la grandeur à l'errance*

Après l'exécution de leur frère aîné, en 1793, les Bourbons survivants se retrouvent sur la sellette. Contraints de fuir, Louis XVIII et Charles X entament une errance qui les mènera de château en château à travers l'Europe.

Louis XVIII joue les rois sans royaume, passant par l'Allemagne, la Pologne, la Russie et enfin l'Angleterre. Son quotidien est désormais marqué par la précarité. Il est partout accueilli à bras ouverts, mais avec une certaine prudence. Aucune cour européenne n'ose vraiment prendre le risque d'abriter trop longtemps un Bourbon déchu. Pourtant, Louis XVIII conserve son sens de la dignité et, malgré les revers, continue de se voir comme le seul roi légitime de France.

Charles X trouve refuge à Turin, en Italie. Si la stabilité y est plus grande, la perte de son statut et la nostalgie de la France le rongent. Cet exil est une blessure profonde pour celui qui voit dans la Révolution non seulement une trahison de l'ordre monarchique, mais aussi la destruction des valeurs qui sont le fondement de son existence : noblesse, religion, tradition.

Pendant que Charles X broie du noir, Louis XVIII attend patiemment son heure. Il reste attentif aux bouleversements politiques, adopte un ton plus conciliant et se prépare à son retour.

L'équilibriste monarchique

En 1814, après l'abdication de Napoléon, Louis XVIII retrouve le trône de France dans un contexte explosif. Le pays est éreinté par les guerres et traversé par des idéaux révolutionnaires encore vifs. Plutôt que de restaurer l'ancien ordre d'un coup de sceptre, il adopte une approche plus stratégique : la Charte constitutionnelle. Ce document, promulgué dès son retour, garantit certaines libertés tout en réaffirmant l'autorité royale. Il s'agit donc de tenter de concilier les acquis de la Révolution et les besoins d'une monarchie en quête de légitimité.

Mais Louis XVIII doit constamment jongler entre les attentes des royalistes, avides de retrouver leurs privilèges, et celles des républicains, que ce retour de la monarchie exaspère. Le roi s'efforce de maintenir un équilibre délicat, refusant de céder aux extrêmes tout en réinstaurant une certaine stabilité dans un pays déchiré. Son règne, marqué par une série de compromis politiques est un exercice de funambulisme. Épuisé par des années de tensions et de réformes, il meurt à l'âge de 68 ans, laissant un pays pacifié, mais encore profondément divisé. Son successeur, Charles X, ne suivra pas cette voie modérée et la monarchie en paiera bientôt le prix.

RETOUR À L'ANCIEN RÉGIME

Dès son arrivée, Charles X se démarque par ses intentions claires : il rêve d'un retour en force de la monarchie absolue. Contrairement à son frère, qui avait compris la nécessité de compromis, il veut restaurer l'ordre d'avant 1789 – comme si la Révolution n'avait jamais eu lieu. Il rétablit des privilèges, s'entoure de conseillers tout aussi conservateurs que lui et impose des mesures qui irritent de plus en plus une population habituée à davantage de libertés.

Ce goût pour la nostalgie monarchique se concrétise en 1825 par une cérémonie de sacre grandiose à Reims, une mise en scène digne des rois d'autrefois. Charles X croit fermement qu'il peut restaurer le pouvoir royal en contournant la modernité qui s'est installée en France. Il va même jusqu'à offrir des indemnités aux nobles qui ont perdu leurs biens pendant la Révolution, une décision qui attise la colère du peuple.

Les Trois Glorieuses

En juillet 1830, Paris devient le théâtre d'un soulèvement inattendu et explosif. La France, exaspérée par la rigidité de Charles X, est au bord de la révolte. Le roi, refusant d'écouter les avertissements, promulgue des ordonnances qui suspendent la liberté de la presse et dissolvent la Chambre des députés, espérant museler toute opposition. Cette fois, c'en est trop. Le peuple de Paris, déjà accablé par les inégalités sociales et les rêves brisés de la Révolution, ne supporte plus d'être bâillonné.

Le 27 juillet 1830, les premières barricades se dressent dans les rues étroites de la capitale. Un vent de révolte souffle et, rapidement, des milliers de citoyens, étudiants, ouvriers, artisans prennent les armes. Ce ne sont plus seulement des cris de protestation, mais une véritable insurrection. Les pavés volent, les toits deviennent des postes de tir, et des drapeaux tricolores flottent dans la ville. Ce climat rappelle les heures sombres mais libératrices de la Révolution française.

Pendant trois jours, Paris brûle d'un feu révolutionnaire. Le peuple ne se bat plus seulement pour des droits politiques, mais pour son avenir, son identité. Si les combats sont violents, la détermination des Parisiens est implacable. Échec et mat : le 29 juillet, Charles X comprend que la partie est perdue. Face à la pression, il abdique et fuit, abandonnant définitivement son rêve de monarchie absolue.

Il tente une dernière fois de sauver la dynastie : il abdique en faveur de son fils, Louis-Antoine, duc d'Angoulême, qui devient brièvement Louis XIX, roi de France. Mais ce règne ne dure que vingt minutes. Conscient de l'ampleur de la révolte, et sous la pression, Louis-Antoine renonce à ce trône impossible à maintenir. Ce passage éclair au pouvoir restera une anecdote de l'histoire, marquant la fin d'un espoir monarchique déjà moribond. Après l'abdication, Louis XIX et son père partent en exil. Ils trouvent refuge en Angleterre, puis en Autriche, où ils finiront leurs jours.

Louis-Philippe Ier

Fiche d'identité

NAISSANCE : 6 octobre 1773, Paris	MARIAGE : Marie-Amélie de Bourbon-Siciles (1809)	SIGNE ASTRO : ♎ Balance
RÈGNE : 9 août 1830-24 février 1848	MORT : 26 août 1850, Claremont House	

Louis-Philippe d'Orléans se voit confier une mission bien particulière : réinventer la monarchie française. Il est issu de la branche Orléans, plus libérale que les Bourbons. Son éducation et ses années d'exil à travers l'Europe, notamment en Angleterre et aux États-Unis, l'exposent à d'autres formes de gouvernance. Il incarne une monarchie qui doit s'adapter à un pays profondément marqué par la Révolution. Si les Anglais ont réussi, pourquoi pas nous ?

ENFANCE mouvementée ET EXIL

Louis-Philippe grandit dans une famille royale très particulière. Son père n'est autre que le cousin de Louis XVI et un membre influent de la maison d'Orléans, une branche cadette des Bourbons. Contrairement à la majorité des nobles de l'époque, ce dernier fait un choix radical : il soutient activement la Révolution française. Renonçant à ses privilèges et prenant le nom de « Philippe Égalité », il vote même la mort de son propre cousin le roi en 1793. Pourtant, cet engagement révolutionnaire ne le sauve pas des excès de la Terreur. Vu comme une menace par Robespierre, Philippe Égalité est guillotiné la même année, victime de ses origines royales.

Cet événement bouleverse la vie de Louis-Philippe. À seulement 20 ans, il doit fuir la France pour échapper à la guillotine. Il entame alors de longues années d'exil, traversant l'Europe en enseignant les mathématiques en Suisse pour survivre. Contraint de vivre en dehors de la haute société, il observe de près les autres systèmes de gouvernance, en particulier la monarchie constitutionnelle anglaise. Il voyage même jusqu'aux États-Unis, où il découvre une république en construction. Cette expérience marquera sa vision du pouvoir.

De retour en Europe après la chute de Napoléon, Louis-Philippe préfère d'abord rester en retrait, observant avec prudence les bouleversements politiques. Cependant, face à la crise croissante sous le règne de Charles X, il émerge peu à peu comme le candidat idéal pour incarner un compromis entre la monarchie et les idéaux révolutionnaires. Lorsqu'il est finalement appelé à reprendre le flambeau, il accepte le défi avec une certaine détermination.

LA MONARCHIE *de Juillet*

En 1830, Louis-Philippe monte sur un trône fragile alors que la France sort d'une période de grands bouleversements. Il sait qu'il ne peut pas imposer de nouveau la monarchie absolue. Pour gagner la confiance de la nation, il adopte une approche différente : il se présente comme un roi citoyen, proche du peuple et surtout de la bourgeoisie, classe montante de l'époque.

Plutôt que de renouer avec les fastes de la cour, il choisit un style de vie plus sobre, plus bourgeois. Ce n'est pas un roi qui règne par droit divin, mais un monarque constitutionnel, entouré d'un Parlement. Pour marquer cette rupture avec l'Ancien Régime, il fait d'ailleurs une concession importante : en 1830, après les Trois Glorieuses, il ne se fait pas appeler « roi de France », mais « roi des Français ». C'est une manière de montrer que son règne repose sur l'assentiment du peuple ou, du moins, de la classe dirigeante.

LE ROI BOURGEOIS *et l'essor économique*

Sous la houlette de Louis-Philippe, la France connaît une véritable transformation industrielle. Le roi des Français soutient le développement des chemins de fer, des banques, et les grands travaux de modernisation urbaine. Les années 1830 et 1840 voient émerger des infrastructures qui vont transformer durablement la société française. Toutefois, cette modernisation n'est pas sans conséquence. L'écart se creuse entre la bourgeoisie, qui bénéficie de cette croissance, et les classes populaires, laissées pour compte, comme souvent.

Si Louis-Philippe est surnommé « le Roi bourgeois », c'est parce qu'il gouverne principalement en faveur de cette élite économique. Les ouvriers, eux, ne voient aucun changement dans leur condition. Ils ne peuvent pas voter, et lorsqu'ils revendiquent de meilleures conditions de vie, sont largement ignorés. Peu à peu, ce fossé social devient explosif.

DISCRÈTE *mais essentielle*

Louis-Philippe n'aurait probablement pas traversé les tumultes de son règne sans l'appui discret, mais constant, de sa femme, Marie-Amélie de

Bourbon-Siciles. Née en 1782, cette princesse italienne issue d'une branche cadette des Bourbons est tout ce que son mari n'est pas : calme, pieuse, et farouchement attachée à la famille. Ils se marient en 1809, après que Louis-Philippe a vécu plusieurs années d'exil. Ensemble, ils ont dix enfants ; certains auront des destins marquants dans l'aristocratie européenne. Contrairement à d'autres reines de France, Marie-Amélie ne se mêle pas ouvertement de politique, mais son influence sur Louis-Philippe est indéniable. Dans l'ombre, elle le conseille et tempère ses décisions, notamment en matière de religion. Dans un royaume en pleine transformation laïque, elle reste une fervente catholique. Lors de la révolution de 1848, c'est elle qui pousse Louis-Philippe à abdiquer rapidement pour éviter un bain de sang, renforçant ainsi son image de femme sage et pragmatique.

Versailles : de palais royal à musée d'histoire

Louis-Philippe, au-delà de ses ambitions politiques, marque le patrimoine culturel français d'une empreinte durable avec la transformation du château de Versailles en musée. Depuis Louis XIV, ce palais symbolise la grandeur monarchique ; c'est l'emblème suprême du pouvoir et du faste. En 1833, le roi prend une décision qui frappe par son audace : convertir cette résidence royale, cadre exclusif des rois de France, en un espace ouvert au public, célébrant « toutes les gloires de la France ». En créant ce musée, il réunit en un seul lieu les mémoires de l'Ancien Régime, de la Révolution et de l'Empire, cherchant à résorber les fractures historiques qui divisent encore le pays.

Cette transformation de Versailles n'est pas un simple projet culturel : c'est un acte profondément symbolique. Louis-Philippe souhaite à la fois se distancier de son héritage familial et affirmer son rôle de « roi des Français », un monarque ancré dans une modernité plus sobre et plus proche des idéaux républicains.

Au cœur de ce projet se trouve la galerie des Batailles, une salle de 120 mètres de long et de 13 mètres de large consacrée aux victoires militaires françaises. Elle retrace l'histoire glorieuse du pays, de Clovis à Napoléon, avec une galerie de héros militaires et de scènes emblématiques. Avec cette galerie, Versailles rend hommage aux rois, mais il exprime également sa reconnaissance vis-à-vis des exploits

La chute INVÉVITABLE

À partir des années 1840, les tensions sociales s'intensifient. Louis-Philippe, malgré ses réformes économiques, n'arrive plus à répondre aux attentes d'une population toujours plus frustrée. Les mouvements ouvriers se multiplient, les républicains s'agitent et les royalistes eux-mêmes ont du mal à composer avec ce roi qui leur semble trop libéral.

C'est trop pour certains, et pas assez pour d'autres. La crise économique de 1847 met le feu aux poudres. Le chômage augmente, la faim se fait sentir et les manifestations éclatent dans Paris. En février 1848, la situation devient intenable : le peuple descend dans la rue et une nouvelle révolution se déclenche. Cette fois, Louis-Philippe, vieillissant et dépassé par les événements, abdique sans résistance et s'exile en Angleterre.

Avec son départ, c'est la fin de la monarchie de Juillet et la France entre une nouvelle fois dans une phase de bouleversements politiques. Louis-Philippe laisse derrière lui un pays à la croisée des chemins, marqué par les contradictions entre modernité économique et tensions sociales.

républicains et impériaux. Ce n'est plus une résidence royale, mais un temple au sein duquel l'histoire de la France se dévoile dans toute sa complexité.

Versailles devient une vitrine pour la fierté nationale. Louis-Philippe s'installe aux Tuileries, se rapprochant géographiquement et symboliquement du peuple de Paris.

Retraite EN ANGLETERRE

Après son abdication, Louis-Philippe quitte discrètement la France et trouve refuge en Angleterre, où il est accueilli avec bienveillance par la reine Victoria. Leur relation remonte à quelques années, lorsque Louis-Philippe était encore au pouvoir. En 1844, il avait été le premier monarque français à être reçu en visite officielle par la Couronne britannique ; cette visite symbolisait le rapprochement des deux nations après les tensions de l'ère napoléonienne. À son arrivée, Victoria lui offre la résidence de Claremont House, dans le Surrey. C'est dans ce lieu paisible qu'il passe ses dernières années, entouré de sa famille.

Contrairement à d'autres monarques déchus, Louis-Philippe ne tente pas de reprendre le pouvoir ou d'influencer de l'étranger la politique française. Il mène une vie discrète, loin des tumultes de son ancien royaume, observant de loin la France basculer vers la Deuxième République puis vers le Second Empire. En 1850, deux ans après son départ précipité de Paris, il meurt dans l'indifférence générale. Son corps est rapatrié en France et inhumé dans la chapelle royale de Dreux, la nécropole familiale des Orléans. Si son règne est marqué par des avancées économiques, son abdication et son exil témoignent d'une monarchie qui s'éteint sans un bruit, laissant peu de traces dans l'imaginaire collectif.

LA DEUXIÈME RÉPUBLIQUE : *un vent de liberté... et d'instabilité*

Après l'abdication de Louis-Philippe, en 1848, la France se lance dans une nouvelle aventure politique : la Deuxième République. Les espoirs sont immenses. Le suffrage universel masculin est instauré, une première historique en France. Enfin, on donne une voix aux classes populaires. La République se veut démocratique, sociale, en phase avec les idéaux révolutionnaires de liberté, d'égalité, et de fraternité. Toutefois, si l'euphorie est de mise au départ, les difficultés ne tardent pas à apparaître. Les tensions entre républicains modérés, socialistes et conservateurs font rapidement surface, rendant la gestion du pouvoir instable.

L'élection présidentielle de 1848 voit la montée en puissance d'un nom à la réputation trop familière pour être anodine : Louis-Napoléon Bonaparte, neveu de l'empereur Napoléon Ier. Son élection, triomphale, va porter un coup fatal aux idéaux républicains : trois ans plus tard, il s'empare du pouvoir par un coup d'État, mettant fin à la Deuxième République pour instaurer le Second Empire sous le nom de Napoléon III. Et c'est reparti pour un tour !

Napoléon III

Fiche d'identité

NAISSANCE : 20 avril 1808, Paris

RÈGNE : 2 décembre 1852-4 septembre 1870

MARIAGE : Eugénie de Montijo (1853)

MORT : 9 janvier 1873, Chislehurst

SIGNE ASTRO : ♉ Taureau

Louis-Napoléon Bonaparte porte un nom qui résonne dans l'imaginaire collectif français. Ses ambitions sont démesurées. Après avoir passé une bonne partie de sa jeunesse en exil, fuyant les révolutions et les coups d'État, il ne tarde pas à revenir sur le devant de la scène. Son objectif n'a rien d'ambigu : restaurer la gloire impériale de son oncle. En 1848, il est élu premier président de la Deuxième République. Mais pour un tel homme, un mandat de quatre ans ne peut constituer qu'une étape. En 1851, il s'empare du pouvoir par un coup d'État et se fait couronner empereur sous le nom de Napoléon III. Il incarne alors une France qui, après les échecs de la monarchie et de la République, est prête à lui confier son destin. Avec son accession au trône, une nouvelle ère impériale commence ; elle ne sera pas sans turbulences.

EXIL
et apprentissage politique

Louis-Napoléon Bonaparte est le troisième fils de Louis Bonaparte, roi de Hollande et frère de Napoléon Ier. Son enfance est marquée par l'exil. Contraints de quitter l'Europe, les Bonaparte se

UN PRÉSIDENT prometteur ?

Lorsqu'il se présente à la présidence, en 1848, Louis-Napoléon Bonaparte sait exactement comment capter l'attention des Français. Son nom, légendaire, évoque à la fois grandeur et stabilité, deux vertus dont la France a cruellement besoin après la chute de la monarchie de Juillet. Jouant sur un savant mélange de nostalgie impériale et de promesses d'avenir, le loup déguisé en brebis s'impose rapidement comme l'alternative aux querelles partisanes qui fatiguent le pays.

Avec un programme plutôt flou, mais des idées qui parviennent à séduire les classes populaires, il réussit à incarner l'homme providentiel, moins par des propositions concrètes que grâce à son habileté à se présenter comme l'outsider, celui qui, de loin, pourrait ramener ordre et prospérité. Avec un passé comme le sien et un livre qui détaille ses ambitions politiques, qui aurait pu prévoir la suite ? Le coup d'État de Louis-Napoléon Bonaparte en 1851 marque un tournant décisif. Après trois années à la présidence, il joue sa dernière carte. Fort de sa popularité, mais freiné par les limites constitutionnelles qui l'empêchent de briguer un second mandat, il dissout l'Assemblée nationale, instaure l'état de siège et s'appuie sur l'armée pour réprimer toute opposition. La République ne fait pas le poids et, dès le mois de décembre 1852, ce qui devait arriver arriva : comme tonton, il « s'autocouronne » empereur.

dispersent et Louis-Napoléon grandit entre l'Italie, la Suisse et l'Angleterre dans un climat d'incertitude et de nostalgie pour la gloire perdue de l'Empire. C'est dans ce contexte qu'il forge ses idées politiques, influencé à la fois par l'héritage napoléonien et par les idéaux républicains qu'il découvre au cours de ses voyages. Son éducation cosmopolite nourrit sa vision de la gouvernance, imprégnée des différentes expériences politiques des pays dans lesquels il séjourne.

Jeune homme ambitieux, il tente à deux reprises de s'emparer du pouvoir en France, en 1836 et en 1840, mais échoue lamentablement et se retrouve emprisonné à la forteresse de Ham. C'est dans la solitude de sa cellule qu'il écrit son manifeste politique, les Rêveries politiques. Il y expose son ambition : combiner les idéaux de la Révolution avec l'autorité impériale pour faire de la France une puissance moderne.

L'art *de se réinventer*

Lorsque Napoléon III s'impose à la tête de l'État, son ambition ne se limite pas à ressusciter l'héritage de son oncle. Il souhaite marquer la France de son empreinte personnelle et se pose en empereur moderne, soucieux d'apporter des réformes sociales et économiques tout en dirigeant le pays d'une main ferme. Et pour incarner cette modernité, rien de tel que de commencer par le cœur du pays : Paris. Sous son règne, la capitale devient un véritable chantier placé sous la responsabilité du baron Haussmann, préfet de la Seine, choisi par Napoléon III pour faire de cette ville la ville la plus moderne d'Europe.

Au début du XIXe siècle, Paris est loin d'être la métropole charmante que l'on connaît aujourd'hui. C'est une ville médiévale et chaotique dont les ruelles sont étroites, insalubres et délétères et qui connaît des épidémies récurrentes. Les conditions de vie y sont déplorables pour la majorité des habitants et la ville est sujette à de fréquentes insurrections ; ses petites rues tortueuses constituent un terrain idéal pour ériger des barricades.

Napoléon III, qui rêve d'une capitale digne de son empire, confie à Haussmann la mission titanesque

Baron Georges-Eugène Haussmann

de transformer Paris en une ville moderne, fonctionnelle et monumentale. L'ampleur de ce projet est exceptionnelle. Haussmann voit grand : plutôt que de corriger simplement les imperfections de la ville, il choisit de la réinventer entièrement. Son plan est ambitieux : 60 % de la surface de Paris est redessinée, ce qui bouleverse totalement l'organisation urbaine. De nombreux quartiers sont démolis pour faire place à de larges avenues, des boulevards arborés et des places majestueuses.

L'objectif est de rendre la ville plus aérée et plus hygiénique, mais aussi plus difficile à contrôler pour les insurgés. Les larges voies comme le boulevard Saint-Germain ou les Champs-Élysées permettent aux troupes de circuler plus facilement en cas de révolte. Cependant, au-delà de l'aspect sécuritaire, Napoléon III et Haussmann veulent faire de Paris une vitrine de la grandeur impériale, une ville qui incarne la puissance et la modernité de la France.

Le projet comprend la construction de parcs publics, tels que le bois de Boulogne, à l'ouest, et celui de Vincennes, à l'est, conçus pour offrir aux Parisiens des espaces de loisirs et de promenade. Haussmann crée également des places emblématiques comme celle de l'Étoile, où convergent douze grandes avenues. La place de l'Opéra, dominée par le majestueux opéra Garnier, devient le symbole du nouveau Paris, avec son architecture imposante et ses façades élégantes.

L'un des aspects les plus révolutionnaires du projet d'Haussmann est l'aménagement d'un vaste réseau d'égouts souterrains qui assainit Paris et transforme la ville en un modèle de modernité urbaine. Ce changement inspire rapidement d'autres capitales à travers le monde. Outre Vienne et Barcelone, Buenos Aires, surnommée « le Paris de l'Amérique latine », s'inspire largement de l'urbanisme haussmannien avec des projets comme l'Avenida de Mayo, qui rappelle les grands boulevards parisiens. Des villes comme Tokyo et Washington adoptent également certaines innovations, notamment en matière de gestion des espaces publics, de transport et d'assainissement.

Paris « VILLE LUMIÈRE »

Au-delà de l'aspect fonctionnel, cette transformation fait de Paris la « Ville Lumière ». Le terme ne se réfère pas seulement aux lampadaires à gaz qui illuminent désormais les grandes avenues, mais aussi à la culture, à l'art et à la vie intellectuelle qui prospèrent dans cette ville en pleine mutation. Des théâtres, des cafés et de grands magasins comme Le Bon Marché se multiplient, faisant de Paris une capitale où l'art de vivre à la française et l'élégance deviennent des marqueurs de la société bourgeoise.

Avec Haussmann, Napoléon III réussit son pari : il fait de Paris un joyau de son empire. Cette ville à la fois moderne et monumentale rivalise avec Londres ou Vienne. Mais cette transformation a un coût. Le projet est extrêmement cher et la dette accumulée par la ville de Paris finit par devenir un fardeau financier qui contribue à l'impopularité croissante de Napoléon III.

En revanche, sur le plan symbolique et esthétique, le Paris haussmannien est une réussite incontestable. Il devient la ville modèle, tant au niveau de l'urbanisme que de la qualité de vie. Les grands boulevards, les immeubles à balcons en fer forgé et les parcs publics que l'on admire aujourd'hui sont l'héritage direct de cette vision impériale qui a profondément transformé le visage de la capitale.

L'ILLUSION du peuple souverain

Napoléon III sait qu'il ne peut pas gouverner uniquement avec l'appui de la bourgeoisie. Pour se maintenir au pouvoir, il doit aussi séduire les classes populaires. Son pragmatisme entre alors en jeu. Il se présente comme l'empereur des réformes sociales, celui qui protège les ouvriers tout en favorisant l'expansion économique. Il introduit des mesures telles que le droit de grève et commence à mettre en place des projets de logements sociaux. En théorie, il se veut proche du peuple, soucieux de leur bien-être ; mais cette image d'« empereur social » est largement contestée.

Le Second Empire, en réalité, est un régime autoritaire. La liberté de la presse est sévèrement contrôlée, toute opposition réprimée. Napoléon III sait jouer des apparences : sous le masque du souverain réformateur se cache un chef d'État déterminé à maintenir l'ordre impérial par la force si nécessaire. Il organise régulièrement des plébiscites pour légitimer ses actions, donnant ainsi l'illusion que le peuple est souverain. Derrière cette façade démocratique, ses manœuvres politiques trahissent un pouvoir personnel omniprésent.

DE LA GLOIRE *à la chute*

Si Napoléon III connaît un succès éclatant sur le plan intérieur, c'est sur le terrain international que les failles de son règne se révèlent. D'abord, l'intervention désastreuse au Mexique, entre 1861 et 1867, se révèle un fiasco retentissant. Tentant de soutenir l'implantation d'un empire profrançais avec Maximilien d'Autriche à sa tête, Napoléon III sous-estime la résistance locale et doit finalement se retirer, abandonnant l'empereur du Mexique à son triste sort. Cet échec ternit l'image d'un empire français tout-puissant.

Mais c'est la guerre franco-prussienne de 1870 qui scelle le sort du Second Empire. Convaincu de pouvoir réitérer les triomphes militaires de son oncle, Napoléon III déclare la guerre à la Prusse, pensant mobiliser la nation derrière lui. Cependant, l'armée française, mal préparée et sous-équipée, subit défaite sur défaite. La capture de Napoléon III lors de la bataille de Sedan, en septembre 1870, marque la fin de son règne. Humilié, il est fait prisonnier par les Prussiens et la nouvelle déclenche l'effondrement de l'Empire. La Troisième République est aussitôt proclamée.

Cette chute de l'Empire ouvre une nouvelle crise à Paris : la Commune. Pendant que les forces prussiennes assiègent la capitale, le mécontentement populaire et les tensions sociales éclatent au grand jour. En mars 1871, après plusieurs mois de guerre, les Parisiens, exaspérés par la misère et la capitulation du gouvernement provisoire face à la Prusse, proclament l'insurrection. La Commune de Paris est instaurée, un gouvernement révolutionnaire et autogéré qui tente de réformer la société en profondeur, prônant la démocratie directe, les droits des travailleurs et la séparation de l'Église et de l'État.

La Commune ne dure que deux mois, mais elle laisse une empreinte indélébile dans l'histoire de France. Le gouvernement républicain basé à Versailles réprime violemment l'insurrection lors de la « Semaine sanglante », en mai 1871, pendant laquelle des milliers de communards sont massacrés ou emprisonnés. Cette crise révèle les profondes fractures sociales qui déchirent le pays après la chute du Second Empire et préfigure les luttes sociales du siècle suivant.

La fin
d'une dynastie

Après sa défaite, Napoléon III est libéré par la Prusse et contraint à l'exil en Angleterre, où, ironie du sort, son destin rejoint celui de son oncle. Il s'installe à Chislehurst, dans le Kent, où il assiste en simple spectateur aux bouleversements politiques qui se déroulent en France. L'Empire qu'il a bâti en tentant de marcher dans les pas de Napoléon Ier n'aura finalement pas résisté aux réalités du XIXe siècle.

En 1873, Napoléon III meurt en Angleterre des suites d'une opération ratée pour traiter des calculs rénaux. Contrairement à son oncle, dont la mort à Sainte-Hélène a fini par alimenter le mythe napoléonien et susciter une immense vague de nostalgie, celle de Napoléon III passe presque inaperçue. Éclipsé par la défaite de Sedan et l'effondrement de son empire, son décès ne suscite ni la ferveur populaire ni les grands hommages posthumes.

Héritage
et contradictions

Napoléon III laisse derrière lui un bilan contrasté. Sous son règne, la France se modernise à une vitesse impressionnante : Paris est métamorphosé, l'industrie se développe à une échelle inédite et les réformes sociales ouvrent de nouvelles perspectives. Il bâtit une France tournée vers l'avenir, avec des infrastructures et des institutions qui traversent les décennies.

Mais la lumière de son règne est ternie par les erreurs qu'il a commises sur la scène internationale. Les fiascos militaires, en particulier la guerre franco-prussienne, lui coûtent son empire et la confiance de la nation. Contrairement à son oncle, dont la légende est même parvenue à survivre à l'exil, Napoléon III tire sa révérence avec beaucoup moins de gloire. Son empire s'effondre, et avec lui l'idée d'un retour impérial.

Vers LA TROISIÈME RÉPUBLIQUE

Après la chute de Napoléon III, la France entre dans une nouvelle ère avec l'avènement de la Troisième République. Ce régime républicain, pourtant né dans l'urgence et sous les stigmates de la défaite, devient rapidement un moteur de la modernité et de la consolidation démocratique en France. Sous l'impulsion de figures comme Jules Ferry, l'instruction publique devient une priorité tandis que l'industrialisation continue de transformer le pays.

Jules François Camille Ferry

Les Expositions universelles de Paris en 1878 et 1889 sont le symbole de cette France moderne et rayonnante, attirant des millions de visiteurs. La tour Eiffel, érigée pour l'Exposition universelle de 1889, incarne à la fois la puissance industrielle et l'innovation architecturale de cette époque, tout en définissant définitivement Paris comme un centre de modernité culturelle et scientifique à l'échelle internationale. À travers ces transformations, la France du XIXe siècle, après avoir surmonté ses turbulences politiques, s'affirme sur la scène mondiale. Elle est prête à embrasser le siècle à venir avec une confiance renouvelée et des défis qu'elle n'imagine pas encore.

Urbanisme : DE HENRI IV À HAUSSMANN

Avant les grands boulevards, les avenues rectilignes et les façades symétriques, Paris ressemble à un capharnaüm. Des ruelles étroites, des immeubles branlants, des rues pavées à la diable, et des ponts… habités. Oui : jusqu'au XVIIe siècle, on vit sur les ponts. Le pont au Change, le pont Notre-Dame ou encore le pont Saint-Michel sont bordés de maisons à colombages, souvent en surplomb, parfois à deux doigts de s'effondrer dans la Seine.

C'est Henri IV qui rompt avec cette tradition moyenâgeuse en lançant un projet révolutionnaire : le Pont-Neuf. Commencé sous Henri III, mais terminé sous son règne, c'est le premier pont parisien sans habitation, bordé de trottoirs et orné de bancs. Une chaussée dégagée, pensée pour la marche, le commerce, le spectacle urbain. À ses abords, la place Dauphine et la statue équestre du roi dessinent une vision nouvelle de la ville : claire, dégagée, harmonieuse. Le Pont-Neuf marque le début d'une autre manière d'habiter la ville, mais il faudra encore du temps pour la généraliser.

Car Paris reste longtemps figée dans son urbanisme médiéval. Des rues étroites, tortueuses, sombres, où s'entassent les immeubles, les ordures et la misère. Contrairement à Londres, qui subit plusieurs incendies majeurs, dont le Grand Incendie de

Le Pont-Neuf

1666, et en profite pour revoir l'aménagement de ses quartiers, la capitale française évite le feu… mais s'enlise dans la crasse. Les maisons s'élèvent sans logique, les îlots s'enchevêtrent, les ruelles deviennent coupe-gorge. La Révolution n'y change rien : on détruit quelques symboles, mais l'infrastructure reste inchangée. Et au milieu du XIXe siècle, Paris est encore un enchevêtrement insalubre, mal ventilé, à peine praticable. Les épidémies prolifèrent, le choléra frappe durement, les égouts débordent, les rues sont trop étroites pour les convois militaires. Impossible d'y faire circuler l'armée ou d'enrayer une insurrection. Il faut que ça change, et radicalement.

C'est Napoléon III qui confie cette mission à un certain Georges-Eugène Haussmann. Le baron tranche dans le vif : il rase les quartiers insalubres, ouvre de larges avenues, fore des kilomètres d'égouts, plante des arbres, élargit les trottoirs. L'objectif n'est pas seulement esthétique. Il s'agit de repenser la ville comme un organisme sain : faire circuler l'air, l'eau, la lumière. L'hygiénisme devient une priorité. On veut éloigner les miasmes, prévenir les épidémies, offrir à la population un cadre de vie plus salubre. Sous les pavés, des réseaux modernes. En surface, des percées rectilignes pensées autant pour la santé que pour la surveillance.

Car Haussmann invente aussi une nouvelle manière de loger : verticale, hiérarchisée, sociétale. Un même immeuble peut accueillir toutes les classes sociales, à condition qu'elles ne se croisent pas trop. Le rez-de-chaussée pour les commerces. Le premier étage, plus accessible, mieux orné, doté de hauts plafonds et de balcons filants, devient « l'étage noble ». Plus on monte, moins on paie. Les étages intermédiaires sont réservés aux petits bourgeois, aux employés. Et tout en haut, sous les toits, les chambres de bonne : exiguës, sans eau courante, sans chauffage. Aujourd'hui, posséder un penthouse au dernier étage relève du rêve urbain. Mais à l'époque, la vue n'intéresse personne. Ce qui compte, c'est la facilité d'accès. Sans ascenseur, grimper six étages, c'est une punition. Haussmann n'impose pas seulement une façade uniforme ; il ordonne les corps et les classes dans l'espace. Il camoufle les inégalités… tout en les renforçant.

En moins de vingt ans, Paris change de visage. Plus de cent kilomètres de voies percées, des dizaines de milliers de logements neufs, des façades alignées, des places régularisées. C'est le Paris que l'on connaît aujourd'hui. Un outil pour gérer, pour surveiller, pour civiliser. Et ce modèle haussmannien, à la fois monumental et fonctionnel, deviendra un modèle… exportable. Buenos Aires, Vienne, Le Caire, Barcelone : les capitales du monde entier s'inspirent bientôt de ces grandes percées, de ces artères aérées, de cette manière de dompter la ville.

Angleterre

XIXe SIÈCLE

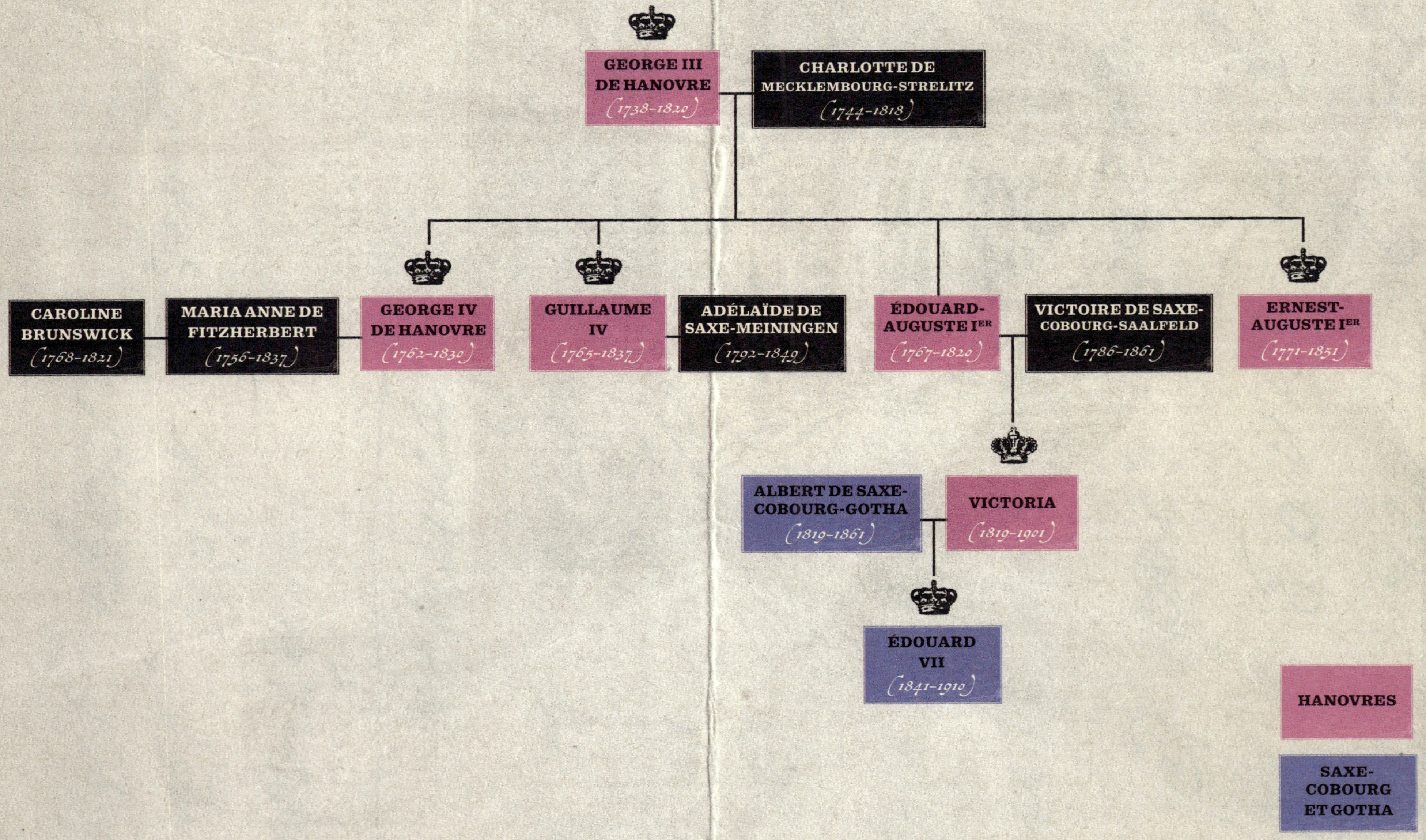

George IV

Fiche d'identité

NAISSANCE :
12 août 1762, Londres

RÈGNE :
29 janvier 1820-
26 juin 1830

MARIAGE :
Caroline de Brunswick
(1795)

MORT :
26 juin 1830,
château de Windsor

SIGNE ASTRO :
♌
Lion

George IV symbolise l'excès dans toute sa splendeur. Maître incontesté de la *fast life*, il se distingue par ses goûts démesurés pour le luxe, ses fêtes somptueuses et ses intrigues amoureuses souvent scandaleuses. C'est peu de dire que les plaisirs l'absorbent davantage que la gestion du royaume. Son mariage tumultueux avec Caroline de Brunswick ne fait qu'accentuer sa réputation de monarque volage que les préoccupations de ses sujets n'intéressent guère. Alors que la société britannique entre dans une phase de transformation industrielle et de moralité plus stricte, il incarne une monarchie en décalage avec un peuple qui se modernise.

POURRI GÂTÉ

George IV est l'aîné du roi George III et de la reine Charlotte. Dès son plus jeune âge, il est destiné à porter le poids de la monarchie britannique. Cependant, son enfance est marquée par la rigueur de son père, un souverain très conservateur qui impose une éducation stricte et moralement austère. Élevé dans un environnement où l'obéissance et la discipline sont les maîtres-mots, George développe rapidement une aversion pour l'autorité paternelle, ce qui forge sa personnalité rebelle et hédoniste à l'excès. À l'âge de 18 ans, son goût du luxe et des plaisirs mondains est déjà connu. Son père tente de lui inculquer des valeurs strictes, mais en vain : il préfère fréquenter les cercles les plus extravagants de Londres et se lier d'amitié avec des figures particulièrement controversées.

Durant la Régence, au cours de laquelle George assure la gestion du royaume pour son père, frappé de démence, l'aristocratie anglaise se complaît dans un tourbillon de faste et de plaisirs. Théâtres, jeux d'argent, courses hippiques et soirées mondaines rythment le quotidien des élites. Dans ce monde, la débauche et le libertinage règnent en maîtres, du moins pour les hommes, car les femmes sont tenues à des standards rigides de pureté.

Cependant, ce qui est pardonné chez les aristocrates devient moins acceptable de la part du régent. Ses extravagances nuisent à sa popularité déjà fragile. Alors que la société britannique, à l'aube de l'ère victorienne, commence à se tourner vers des valeurs plus sobres et plus morales, George apparaît comme un vestige encombrant d'une époque de démesure qui va peu à peu s'éclipser.

UN COURONNEMENT bling-bling

Le couronnement de George IV en 1821 est souvent décrit comme l'un des événements les plus fastueux et les plus théâtraux de l'histoire britannique. Animé par un désir profond de surpasser tout ce qui avait été fait avant lui – et notamment le sacre de Napoléon Ier, en France – George IV imagine toute une mise en scène qui mise sur la grandeur et l'opulence. L'abbaye de Westminster, traditionnellement utilisée pour les sacres royaux, est transformée en un théâtre éphémère où tout est pensé pour impressionner les invités et le monde extérieur.

Des tribunes et des échafaudages gigantesques sont installés pour accueillir près de 5 000 spectateurs privilégiés vêtus de tenues imposées. Dans les rues, une foule immense se masse pour espérer apercevoir le roi dans son costume d'apparat éclatant. De fait, George IV arbore une tenue d'une extravagance rare : une traîne de velours rouge de plus de huit mètres ornée de broderies scintillantes et une couronne commandée spécialement pour l'événement valant plus de 50 000 livres sterling. Ce bijou, comme le reste de la cérémonie, est à l'image du roi : somptueux et exubérant. Un *ego trip* dans toute sa splendeur.

Le coût total du couronnement est vingt fois plus élevé que celui de son prédécesseur : 238 000 livres sterling, une somme absolument démesurée pour l'époque. George IV ne se contente pas de suivre la tradition, il la redéfinit.

L'événement est conçu comme un show à Las Vegas : costumes, parures, décorations… Il ne manque que Lady Gaga et Céline Dion. Tout est pensé pour donner l'image d'une monarchie majestueuse et inébranlable. Pourtant, derrière cet écran de fumée, les tensions politiques et sociales grondent et George IV apparaît décidément comme un roi coupé des réalités, enfermé dans sa bulle dorée.

SOIF de grandeur

La relation de George IV avec sa femme, Caroline de Brunswick, est l'un des aspects les plus orageux de son règne et elle reflète le fossé grandissant entre le roi et son peuple. Ce mariage, contracté en 1795, est un désastre dès le départ. George IV, déjà épris de sa maîtresse de longue date, Maria Fitzherbert, est contraint de se marier pour des raisons dynastiques et politiques… Un schéma classique, Charles et Diana Spencer pourraient en témoigner. Leur première rencontre est un échec total : George la trouve repoussante, allant même jusqu'à passer leur nuit de noces en état d'ébriété. Un vrai gentleman.

Caroline, de son côté, n'est pas du tout impressionnée par son mari, qu'elle juge grossier et distant. Ils se séparent peu après la naissance de leur fille unique, la princesse Charlotte, en 1796. Caroline part vivre à l'étranger, loin des intrigues de la cour, tandis que George continue sa vie de débauche à Londres, entouré de maîtresses.

L'une des femmes qui joue un rôle central dans la vie de George est Maria Fitzherbert, qu'il considère comme son véritable amour. Ils se marient secrètement en 1785, mais cette union est illégale au regard de la loi anglaise : Fitzherbert est catholique et George n'a pas l'autorisation de son père, le roi George III. Malgré cela, leur relation perdure dans l'ombre pendant plusieurs décennies, même après le mariage officiel de George avec Caroline.

Le couronnement de George IV en 1821 accentue le scandale qui entoure sa relation avec Caroline. Non seulement il refuse catégoriquement que sa femme assiste à la cérémonie, mais il va jusqu'à lui interdire l'entrée de l'abbaye de Westminster, créant un incident public. Humiliée et furieuse, elle essaie de forcer l'entrée, mais elle est refoulée, ce qui ne fait qu'attiser l'indignation populaire. Le peuple, déjà mécontent des excès et du train de vie de son roi, prend parti pour Caroline, qu'il perçoit comme la victime d'un mari despotique et égoïste.

Le divorce, bien que souhaité par George, est rendu impossible par la législation et la pression politique. Entre les époux, c'est la guerre ouverte. Caroline publie des lettres et des pamphlets incendiaires dénonçant son traitement et le scandale fait la une des journaux. Finalement, elle meurt en août 1821, quelques semaines seulement après le couronnement de George IV. Sa disparition est accompagnée de manifestations populaires qui témoignent de la grande sympathie que le public britannique nourrissait à son égard. Lors de son enterrement, des milliers de personnes défilent dans les rues, ce qui souligne la fracture entre la Couronne et le peuple. Et pour ceux qui se poseraient la question : non, elle n'est pas morte dans un accident de voiture du côté du tunnel de l'Alma, mais bien d'une inflammation ou d'une obstruction intestinale.

Pendant que George s'enfonce dans ses excès et ses querelles familiales, son gouvernement et son royaume prennent leurs distances. Le peuple, désabusé par un roi indifférent à ses responsabilités, voit en lui le symbole d'une monarchie déconnectée.

EXCÈS ET limites

Vers la fin de son règne, George IV est victime de ses excès. Tout finit par se payer. Son corps est atteint, mais aussi son esprit. De plus en plus éloigné des affaires d'État, il se retire dans son pavillon royal à Brighton, une extravagance orientale qu'il fait construire comme un dernier caprice. Cet édifice, reflet de son obsession pour l'exotisme et la grandeur, devient son refuge. Sa mort, en 1830, met fin à un règne plus marqué par ses extravagances personnelles que par des accomplissements politiques marquants. Si son nom reste attaché à des monuments comme le Royal Pavilion ou à des projets comme l'agrandissement de Buckingham Palace, son héritage est celui d'un roi déconnecté des réalités de son époque. Il meurt sans laisser d'enfant légitime, et la disparition prématurée de sa fille Charlotte, en 1817, avait déjà scellé l'impasse dynastique..

Guillaume IV

Fiche d'identité

NAISSANCE : 21 août 1765, Londres

RÈGNE : 26 juin 1830-20 juin 1837

MARIAGE : Adélaïde de Saxe-Meiningen (1818)

MORT : 20 juin 1837, château de Windsor

SIGNE ASTRO : ♍ Vierge

Guillaume IV, le dernier des Hanovre à régner sans successeur direct, troque sur le tard son bateau pour une couronne. À 64 ans, celui qui a longtemps sillonné les mers se retrouve propulsé sur le trône d'Angleterre après la mort de son frère George IV. Bien qu'il n'ait jamais été destiné à gouverner, ce vieux loup de mer ne peut échapper aux vagues politiques. Considéré par beaucoup comme trop « ordinaire » pour ce rôle, il surprend néanmoins son peuple avec un règne certes bref, mais qui marque un tournant décisif pour la monarchie britannique.

UN MARIN *sur le trône*

Avant de monter sur le trône, Guillaume consacre la majeure partie de sa vie à la marine britannique, un parcours qui lui vaut le surnom de « Sailor King » (« roi marin »). Pendant que ses frères George IV et

Frederick, le duc d'York, sont plongés dans les intrigues de la cour, Guillaume passe son temps entre les flots et les ports coloniaux, naviguant plus près des cercles polaires que des cercles de pouvoir. Son rôle de militaire, ses voyages en mer et son engagement dans des batailles présentent un contraste saisissant avec l'étiquette de la cour. Cette carrière lui permet de se forger une image plus modeste, presque décontractée. Et pourtant, le destin fait de cet outsider le roi d'Angleterre.

Guillaume n'est jamais censé monter sur le trône. George IV règne avant lui, tandis que leur frère Frederick, duc d'York, est désigné comme successeur. Cependant, ce dernier, affaibli par la goutte et d'autres problèmes de santé, meurt en 1827 sans descendance. Ce bouleversement place Guillaume en position de succéder à la Couronne. À 64 ans, l'âge légal de départ à la retraite, il se retrouve propulsé au sommet. Sans vraiment y avoir été préparé, il prend la barre d'une monarchie secouée par des vagues de changements politiques et sociaux.

George IV, après un règne marqué par l'opulence et les scandales, laisse à Guillaume IV un royaume plutôt remonté contre la monarchie. Avec sa personnalité simple et pragmatique, il propose une approche bien différente de celle de ses frères. Plus direct, plus accessible, d'une authenticité rafraîchissante, il préfère écouter les besoins de ses sujets plutôt que de se cacher derrière les murs du palais.

LA RÉFORME électorale

En 1830, l'Angleterre est en pleine effervescence : les usines tournent à plein régime, les villes connaissent une croissance fulgurante et les ouvriers, entassés dans des quartiers insalubres, commencent à en avoir sérieusement assez. Le pays promet prospérité et progrès avec l'industrialisation, mais les conditions de travail sont désastreuses et les inégalités criantes. Additionnez les grèves, les revendications et une aristocratie qui s'accroche désespérément à ses privilèges et vous obtenez une véritable cocotte-minute sociale prête à exploser. C'est dans cette ambiance électrique que Guillaume IV monte sur le trône.

Modeste et travailleur, l'ancien marin n'hésite pas à poser des questions quand ses prédécesseurs, soucieux de leur image, préféraient rester silencieux, redoutant de passer pour des idiots. Cette simplicité se retrouve aussi dans sa vision de la monarchie : Guillaume ne cherche pas à éblouir, mais à stabiliser.

À la différence de son grand frère, feu George IV, Guillaume refuse l'idée d'un couronnement extravagant. À son image, il sera bien plus simple. Lorsque les traditionalistes s'indignent de cette sobriété, le roi, fidèle à son flegme, rétorque qu'il y aurait « plus d'espace, moins de chaleur », faisant preuve d'un humour détaché face à l'exaspération des élites.

Mais ce règne, malgré sa brièveté, n'est pas dénué de tensions politiques. Le problème majeur de cette époque est sans conteste la réforme électorale. Le Reform Act de 1832, qui bouleverse l'ancien système politique, devient crucial pour éviter la révolte des classes populaires. En jeu : la suppression des *rotten boroughs* (littéralement : « bourgs pourris »), ces circonscriptions fantômes qui, bien qu'elles soient dépeuplées, conservent une représentation disproportionnée au Parlement. Ces zones, souvent sous le contrôle de l'aristocratie, sont manipulées pour favoriser certaines élites, tandis que des villes industrielles en pleine expansion, comme Manchester et Birmingham, se retrouvent largement sous-représentées. La réforme redistribue donc les sièges parlementaires et accorde plus de poids politique aux nouveaux centres urbains.

Malgré ses réticences initiales à s'impliquer dans les querelles parlementaires, Guillaume comprend que, pour calmer la tempête, il doit naviguer avec soin entre les intérêts des Whigs, favorables à la réforme, et ceux des Tories, opposés à tout changement. Sa décision de dissoudre le Parlement lors de l'une des crises majeures de 1831, un acte audacieux, marqué par son entrée symbolique, avec sa couronne sur la tête, reste un épisode emblématique de son règne.

Les Tories et les Whigs dominent la politique britannique depuis le XVIIe siècle ; ils incarnent deux visions irréconciliables du pouvoir. Les premiers, fervents défenseurs de la Couronne, de l'aristocratie et de l'Église anglicane, s'érigent en gardiens de l'ordre traditionnel. Les seconds, soutenus par les élites marchandes et les classes moyennes émergentes, plaident pour un Parlement renforcé et des réformes mesurées.

Plus que tout, Guillaume désire être apprécié de ses sujets et cet élan se traduit par une volonté sincère de concilier les attentes du peuple avec les réalités de son rôle royal. Cette approche ne fait pas de lui un roi entièrement progressiste. S'il souhaite être perçu comme proche de son peuple et en phase avec ses attentes, il reste fermement opposé à l'abolition de l'esclavage dans les colonies britanniques, une position qui ternit sa réputation auprès de certains. L'esclavage est déjà aboli en Angleterre, mais Guillaume hésite à étendre cette mesure aux territoires coloniaux, craignant les répercussions économiques et politiques. Cela place son règne dans une forme d'ambivalence : d'un côté, ce roi soutient les réformes démocratiques ; de l'autre, il est attaché à un certain conservatisme colonial.

LE ROI
qui bouscule les codes

Bien avant de porter la couronne, Guillaume IV vit en marge des attentes imposées à un prince. À partir de 1791, alors qu'il est encore loin de s'imaginer roi, il entame une relation de deux décennies avec Dorothea Jordan, une actrice irlandaise qui, sous le nom de scène de « Madame Jordan », construit sa carrière malgré les scandales qui l'entourent. À cette époque, le Royal Marriages Act de 1772 impose que tout descendant de George II obtienne le consentement royal pour se marier avant l'âge de 25 ans. Cependant, Guillaume, comme plusieurs de ses frères, ne voit aucune nécessité à respecter une loi destinée aux héritiers directs. Après tout, le trône n'est qu'un mirage lointain peu susceptible de se concrétiser un jour, surtout après la naissance de la princesse Charlotte, qui assure théoriquement la succession royale.

Plutôt que de chercher une épouse convenable selon les standards de la cour, Guillaume choisit de suivre son cœur et vit avec Dorothea, avec qui il aura dix enfants. Ce choix, que d'autres princes partagent, scandalise la haute société ; mais Guillaume, fidèle à son caractère décomplexé, ignore les critiques… pour l'instant.

Ironie du sort, il est finalement poussé sur le trône. En accédant au pouvoir, ce passé, loin de le désavantager, contribue à donner l'image d'un monarque proche du peuple. Son histoire avec Dorothea, qui aurait pu être perçue comme une tare par rapport aux standards royaux, le présente comme un souverain à contre-courant qui refuse de se plier aux conventions, sans pour autant se dérober à ses responsabilités royales.

La question
de la succession

Lorsque Guillaume IV monte sur le trône, il sait qu'il n'a pas d'héritier légitime direct en vue. Sa relation avec Dorothea témoigne d'une passion indéniable, mais, en tant que prince, il n'a plus le luxe de suivre son cœur. Pressé par les exigences de son rang, il finit par céder à l'obligation d'épouser une personne digne de sa position royale. En 1818, il se marie donc avec Adélaïde de Saxe-Meiningen, une princesse allemande, offrant ainsi une certaine respectabilité à sa vie publique. Cette union se révèle stable, mais le destin s'en mêle. Le couple perd plusieurs enfants en bas âge. Guillaume n'a toujours pas d'héritier.

Les lois de succession britanniques demandent une certaine concentration, mais leur logique est essentielle. Elles se basent sur la primogéniture directe, où les descendants directs du monarque, notamment ses enfants, sont prioritaires par rapport aux frères et sœurs. La disparition soudaine de la princesse Charlotte de Galles, en 1817, aggrave encore la situation. Fille unique de George IV, elle représentait le seul espoir de succession légitime. Sa mort brutale, à 21 ans, lors d'un accouchement tragique, laisse la monarchie sans descendance directe viable.

C'est ainsi que Guillaume IV, frère de George IV, prend la Couronne après la mort de son frère, car George n'a pas laissé d'héritier survivant. Jusque-là, tout va bien. Mais Guillaume, à son tour, se retrouve sans enfant légitime survivant. Pas de chance… ça se complique….

Le cas d'Édouard-Auguste, duc de Kent, ajoute une autre dimension. Frère de Guillaume, il meurt en 1820, laissant une fille unique, Victoria. Malgré la présence d'oncles encore vivants, les lois de succession sont claires : la ligne directe prime. C'est donc Victoria, petite-fille de George III, qui devient l'héritière légitime de la Couronne.

Conscient des tensions potentielles liées à une régence prolongée, Guillaume souhaite vivre assez longtemps pour que Victoria atteigne sa majorité et assure une transition stable, évitant ainsi toute instabilité politique avant son couronnement.

Gardien *de la transition*

Guillaume sait qu'il est sur le point de passer le flambeau à une génération qui devra affronter les défis de la modernité. Alors qu'il s'efface, il prépare le terrain pour Victoria, appelée à devenir l'une des plus grandes souveraines de l'histoire. Grâce à sa ténacité, il parvient à repousser la Faucheuse jusqu'à la majorité de Victoria, assurant une succession sans heurt. Mission accomplie : le 20 juin 1837, Guillaume s'éteint sereinement à l'âge de 71 ans. Son soutien aux réformes et sa gestion modérée ont permis de stabiliser la monarchie et d'ouvrir la voie à l'ère victorienne qui s'apprête à éclore.

Une scission INÉVITABLE

Lorsque Guillaume IV accède au trône, en 1830, il hérite non seulement de la Couronne britannique, mais aussi de celle de Hanovre, un petit royaume situé dans le nord de l'Allemagne actuelle, en vertu de l'union personnelle qui existe depuis 1714. Pourtant, ce double rôle est davantage une question d'héritage que de gestion, puisque les deux royaumes, même s'ils sont unis par la personne du monarque, restent totalement indépendants dans leurs systèmes politiques et législatifs. L'union, qui débute sous George Ier, perdure depuis plus d'un siècle, mais ce lien est voué à se rompre.

Pourquoi ? Parce que les lois de succession diffèrent entre les deux royaumes. Tandis que la Grande-Bretagne, sous les règles de primogéniture, permet aux femmes de succéder à leurs pères (ce qui ouvrira la voie à Victoria), Hanovre applique la loi salique, qui exclut les femmes de la succession. Guillaume IV, sans héritier masculin, voit donc l'inéluctable se profiler : à sa mort, les deux Couronnes se sépareront.

La suite semble presque déjà écrite. Ernest-Auguste, frère cadet de Guillaume IV, devient l'héritier du trône de Hanovre, tandis que Victoria, encore adolescente, est pressentie pour devenir la reine d'Angleterre. À la mort de Guillaume, en 1837, cette rupture anticipée devient réalité. L'union personnelle entre les deux royaumes prend fin et Hanovre se tourne vers Ernest-Auguste pour entamer un nouveau chapitre.

Victoria

Fiche d'identité

NAISSANCE : 24 mai 1819, Londres RÈGNE : 20 juin 1837-22 janvier 1901	MARIAGE : Albert de Saxe-Cobourg-Gotha (1840) MORT : 22 janvier 1901, Osborne House	SIGNE ASTRO : ♊ Gémeaux

Quand Victoria accède au trône, à seulement 18 ans, peu s'attendent à la voir devenir l'une des figures les plus influentes de l'histoire britannique. Héritière inattendue, née d'une crise de succession après la mort de la princesse Charlotte, elle rejoint Élisabeth Ire au panthéon des monarques les plus influents d'Angleterre. À l'instar de la célèbre « Virgin Queen », Victoria réussit non seulement à stabiliser le trône, mais surtout à solidifier et étendre l'Empire britannique. Son règne, si étroitement lié à la prospérité et à l'expansion de l'empire, donne son nom à toute une époque, à l'image d'Élisabeth avant elle : l'ère victorienne. Il faut croire qu'en matière de monarchie, les reines britanniques ont le succès dans le sang.

UNE QUÊTE *d'indépendance*

Victoria grandit sous le strict contrôle de sa mère, la duchesse de Kent, et de son conseiller Sir John Conroy dans ce que l'on appelle le « système de Kensington », un régime conçu pour la garder isolée et manipulée. Elle est privée de tout contact direct avec d'autres enfants de son âge et maintenue dans un isolement presque total. Conroy, ambitieux et calculateur, espère que ce contrôle rigoureux lui permettra de gouverner par procuration une fois qu'elle accédera au trône. Raté, Conroy. Dès qu'elle devient reine, Victoria se libère, non sans violence, de cette emprise suffocante. Sa première décision est d'exiler Conroy et d'éloigner sa mère, affirmant une indépendance qu'elle cultivera tout au long de son règne. Yaaass Queen !

Le mariage de Victoria avec Albert de Saxe-Cobourg-Gotha, en 1840, transforme radicalement son existence, et son règne. Dans la loterie des mariages arrangés, Victoria tire véritablement le gros lot. Leur union, d'abord planifiée, devient très vite une histoire d'amour authentique. Victoria la décrit elle-même comme un bonheur inégalé. Albert, au-delà de son rôle de prince consort, s'impose comme un partenaire essentiel à la modernisation de l'Empire. Visionnaire et engagé, il s'investit dans les réformes qui marquent l'époque, notamment dans l'éducation, les sciences et les arts. Sa participation à des projets d'envergure, comme la Grande Exposition de 1851, illustre son ambition de placer le Royaume-Uni au centre de la révolution industrielle.

En plus de son intérêt pour les sciences et la modernisation industrielle, Albert se montre particulièrement sensible à la question de l'esclavage, aboli dans l'Empire britannique en 1833 avec le Slavery Abolition Act. Cependant, l'application de cette loi dans les colonies reste une gageure. Albert milite activement pour que cette abolition soit pleinement respectée et cherche à améliorer les conditions de vie des anciennes populations esclaves ainsi que celles des ouvriers, notamment dans les colonies. Même s'il n'est « que » prince consort, il parvient à utiliser sa position pour faire évoluer les choses.

LE CHOIX DU nom de famille

Bien que Victoria soit anglaise de naissance, la désignation de sa dynastie prend une tournure plus germanique avec l'arrivée d'Albert, issu de la famille Saxe-Cobourg-Gotha, une maison princière allemande. Ce nom, qui indique clairement les origines germaniques de son époux, est adopté par la famille royale britannique lors de leur mariage, confortant une influence allemande au cœur même de la monarchie. À l'époque, cela ne pose pas de problème majeur, d'autant plus qu'Albert est apprécié pour ses réformes et son rôle actif dans la transformation de la société britannique.

Petite anecdote : quatre-vingt-dix ans plus tard, alors que les puissances de l'Axe, dont l'Allemagne, sont des ennemis dans le conflit, la consonance allemande du nom de la famille royale devient soudain problématique. En 1917, le roi George V, petit-fils de Victoria et Albert, décide de rompre avec ces racines germaniques. Il prend le nom de Windsor, un choix symbolique qui fait référence au célèbre château, bastion de la royauté anglaise. Ce changement, officialisé par un décret royal, marque en pleine guerre une rupture avec l'histoire allemande de la famille.

À l'image de son lointain successeur le prince Philip, mari d'Élisabeth II un siècle plus tard, Albert doit relever un défi inhabituel qu'il trouve sans doute un peu humiliant pour un homme de son époque : soutenir une reine tout en restant dans l'ombre. Pourtant, malgré l'amertume que ce rôle peut parfois susciter, Albert s'investit avec rigueur et habileté. En ajustant les projecteurs pour que Victoria brille, il devient un stratège essentiel et joue un rôle clé dans les réformes sociales et politiques de l'époque.

Un empire *en mutation*

Dès les premières années de son règne, Victoria poursuit l'héritage de son oncle, Guillaume IV, fervent soutien du Reform Act de 1832, réforme essentielle qui avait déjà amorcé la transformation de la société britannique. Ce changement profond, élargissant le droit de vote à une partie plus vaste de la population, avait jeté les bases d'une monarchie plus en phase avec les aspirations populaires. Cependant, sous Victoria, il prend une toute nouvelle ampleur. Le Reform Act de 1867, qu'elle soutient, double quasiment le nombre d'électeurs et intègre les hommes issus des classes ouvrières dans le processus politique. Ce renforcement des relations entre la Couronne et le peuple reflète l'évolution rapide de la société britannique et conforte la place de la monarchie dans une nation en pleine mutation.

Au-delà des réformes intérieures, le règne de Victoria se caractérise par une expansion impériale sans précédent. En 1877, elle devient impératrice des Indes, solidifiant l'emprise britannique sur le sous-continent indien après la dissolution de la Compagnie des Indes orientales. Cette expansion est l'une des marques de fabrique de l'époque victorienne. L'Empire britannique, à son apogée, couvre un quart de la planète. Si cette grandeur impériale est perçue comme un gage de prospérité et de modernité pour la Grande-Bretagne, elle s'accompagne aussi de nombreuses tensions, tant sur le plan colonial que domestique.

Benjamin Disraeli, son Premier ministre et conseiller proche, renforce l'image de Victoria en tant que monarque impérial. Sous son règne, les territoires de l'Empire fournissent des matières premières

Chloroforme *et malédiction*

Victoria ne se contente pas de révolutionner l'Empire britannique : elle innove aussi dans l'art d'accoucher. En 1853, lors de la naissance de son huitième enfant, elle recourt au chloroforme, devenant ainsi la première souveraine à tester l'anesthésie pour un accouchement. À une époque à laquelle la douleur de l'enfantement est considérée comme un devoir sacré, cette décision fait scandale, notamment auprès de l'Église et des conservateurs. Mais, fidèle à elle-même, Victoria célèbre cette innovation qu'elle qualifie de « bénédiction ». Ce geste contribue à populariser l'anesthésie, faisant évoluer les pratiques de la médecine obstétrique.

L'héritage de Victoria ne se limite pas aux innovations médicales. La reine transmet également l'hémophilie, surnommée « la maladie royale », à plusieurs dynasties européennes. Ce trouble génétique qui empêche le sang de bien coaguler touche d'abord son fils Léopold, puis ses filles Alice et Béatrice, qui laissent la maladie se propager dans les cours royales de Russie et d'Espagne. Le tsarévitch Alexeï et le prince Alphonse d'Espagne comptent parmi les plus célèbres victimes, chaque blessure étant pour eux potentiellement mortelle.

cruciales pour l'économie britannique. En outre, ils offrent des marchés qui permettent d'écouler les produits issus de l'industrialisation rapide du pays. L'Inde, le Canada et l'Afrique du Sud sont autant de symboles de la puissance coloniale britannique. Cependant, cette expansion est fréquemment critiquée : la grande famine irlandaise (1845-1852) ainsi que la révolte des cipayes, en Inde (1857), révèlent les fractures sociales et politiques créées par cette politique d'expansion agressive.

LE DEUIL *et la transformation*

Après la mort d'Albert, en 1861, Victoria vit un deuil profond, se retirant presque entièrement de la vie publique et arborant une tenue noire qu'elle portera jusqu'à la fin de ses jours. Une vraie Catherine de Médicis. Ce retrait accentue son image de veuve éplorée, un trait qui marquera durablement son règne. Cependant, malgré cet événement douloureux, elle continue de gouverner avec fermeté.

En 1877, Victoria est proclamée impératrice des Indes, un titre qui illustre l'apogée de l'expansion coloniale britannique. L'Inde, en particulier, devient le joyau de cet empire colonial, une région d'une importance économique et stratégique cruciale. Ce titre, bien que grandiose, reflète aussi les aspects plus sombres de l'Empire britannique, notamment l'exploitation coloniale et la répression des communautés natives. Ainsi, le règne de Victoria laisse une empreinte complexe : celle d'une reine moderne qui a contribué à la transformation politique et industrielle de son pays, mais aussi celle d'une impératrice à la tête d'un empire fondé sur la domination et la conquête coloniale.

Un héritage *impérial*

Surnommée « la grand-mère de l'Europe », Victoria place ses enfants et ses petits-enfants sur les trônes de nombreuses monarchies européennes, tissant un vaste réseau familial qui, paradoxalement, contribue aux divisions du début du XXe siècle, notamment avec les conflits de la Première Guerre mondiale. Victoria est l'arrière-arrière-grand-mère de la reine Élisabeth II. Sa lignée directe se poursuit à travers son fils, le roi Édouard VII, suivi de son petit-fils George V, puis de son arrière-petit-fils George VI, le père d'Élisabeth II. Vous y êtes ? Grâce à ces alliances dynastiques, elle influence durablement non seulement le Royaume-Uni, mais aussi l'Europe monarchique en marquant profondément l'histoire de sa descendance royale.

LE DÉBUT d'une légende

Victoria s'éteint en 1901, à l'aube du XXe siècle, après avoir régné pendant soixante-trois ans sur le Royaume-Uni, qu'elle transforme en une puissance mondiale incontestée. Son règne, l'un des plus longs de l'histoire britannique, marque la transition vers une modernité où la monarchie devient une institution stabilisée, respectée et profondément ancrée dans le cœur du peuple. Sous son égide, l'Empire britannique atteint son apogée : il s'étend sur près d'un quart de la planète et règne sur des millions de sujets à travers le monde.

Toutefois, le XXe siècle verra le démantèlement de cet empire grandiose. La montée des mouvements nationalistes dans les colonies, les deux guerres mondiales et les transformations politiques viendront peu à peu ébranler l'ordre qu'elle a contribué à asseoir. À l'aube de cette nouvelle ère, Victoria laisse à son successeur, Édouard VII, un Royaume-Uni qui doit faire face aux grands défis du siècle à venir. La « grand-mère de l'Europe » demeure à jamais dans les mémoires pour sa contribution à la modernisation de la monarchie britannique, mais aussi comme le symbole d'une ère de conquêtes et de contradictions.

Espagne

XIXe SIÈCLE

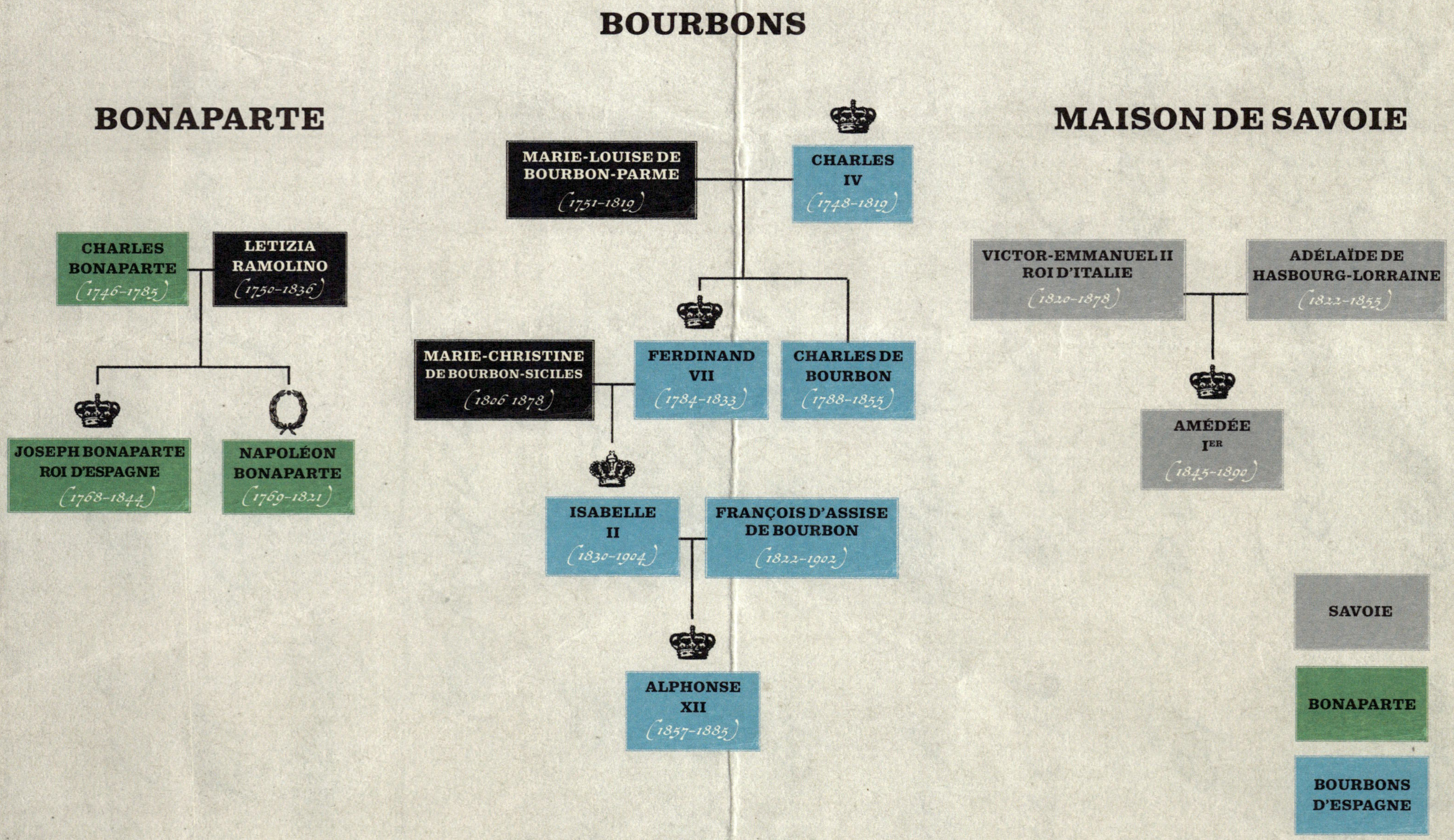

Ferdinand VII

Fiche d'identité

NAISSANCE :
14 octobre 1784, San Lorenzo de El Escorial

RÈGNE :
19 mars 1808-6 mai 1808, puis 11 décembre 1813-29 septembre 1833

MARIAGES :
Marie-Antoinette de Naples et de Sicile (1802), Marie-Isabelle de Bragance (1816), Marie-Josèphe de Saxe (1819), Marie-Christine de Bourbon (1829)

MORT :
29 septembre 1833, Madrid

SIGNE ASTRO :
♍
Vierge

Lorsque Ferdinand VII monte sur le trône d'Espagne, en 1808, il se retrouve à la tête d'un pays profondément affaibli. Ses débuts sont loin d'être à la hauteur des espoirs que l'on a placés en lui. Fils de Charles IV et de Marie-Louise de Bourbon-Parme, il traverse l'une des périodes les plus chaotiques de l'histoire espagnole, marquée par la guerre d'indépendance contre Napoléon ainsi que par des conflits internes incessants. Plus qu'un simple roi, Ferdinand VII incarne la figure de la résistance monarchique face à la montée des idées libérales qui secouent l'ensemble de l'Europe. En dépit de ses allures de souverain « sauveur », son règne est marqué par les trahisons, les revirements politiques et la répression violente.

LES TRAHISONS du prince

Avant même de devenir roi, Ferdinand, alors prince des Asturies, manœuvre dans l'ombre pour détrôner son père, Charles IV. En 1808, après avoir forcé ce dernier à abdiquer, il est rapidement dépassé par Napoléon, qui les convoque tous les deux à Bayonne. Là-bas, sous la pression, Ferdinand doit renoncer à son tour au trône en faveur de Joseph Bonaparte, frère de l'Empereur. Tel est pris qui croyait prendre, Ferdinand... Exilé en France, il devient une figure ambiguë : un roi sans royaume, captif, dont le pays se déchire dans la guerre d'indépendance.

Ce n'est qu'en 1814, après la chute de Napoléon, que Ferdinand retourne en Espagne. Il est alors surnommé « El Deseado » (« Le Désiré ») par une partie de la population, qui voit en lui le souverain susceptible de restaurer l'ordre et la prospérité après des années de guerre. Mais cette vision idyllique se révèle rapidement chimérique.

RESTAURATION *absolutiste*

Libéré de Napoléon après l'effondrement de l'Empire français, Ferdinand VII fait son retour triomphal en Espagne en 1814. Alors qu'une partie de la population espère un roi modernisateur, il choisit rapidement de tourner le dos aux aspirations libérales. Dès le 6 avril 1814, il abolit la Constitution de 1812, rédigée par les Cortès de Cadix, qui visait à instaurer un régime plus représentatif et à limiter les pouvoirs de la monarchie. Ferdinand, fidèle à son tempérament autoritaire, réinstaure l'absolutisme en l'espace de quelques jours, annulant d'un coup les avancées politiques qui avaient émergé en son absence.

À l'image de son cousin français Charles X, Ferdinand VII se montre fermement attaché à un pouvoir sans partage. Alors que son homologue tente désespérément de rétablir l'Ancien Régime en France, Ferdinand suit un chemin similaire en Espagne, ignorant les bouleversements politiques qui secouent le reste de l'Europe. C'est ainsi que débute la « décennie abominable » : ces dix années de répression féroce au cours desquelles les libéraux sont pourchassés, emprisonnés, voire exécutés, étouffent dans l'œuf toute tentative de réforme.

Pour Ferdinand VII, il ne s'agit pas seulement de rétablir son trône, mais de purger l'Espagne de toute influence progressiste, au prix de violences extrêmes si nécessaire. Alors que l'Europe, après la chute de Napoléon, embrasse de plus en plus des idées libérales et constitutionnelles, Ferdinand reste déterminé à restaurer la monarchie absolue coûte que coûte.

Rébellions *et guerres d'indépendance*

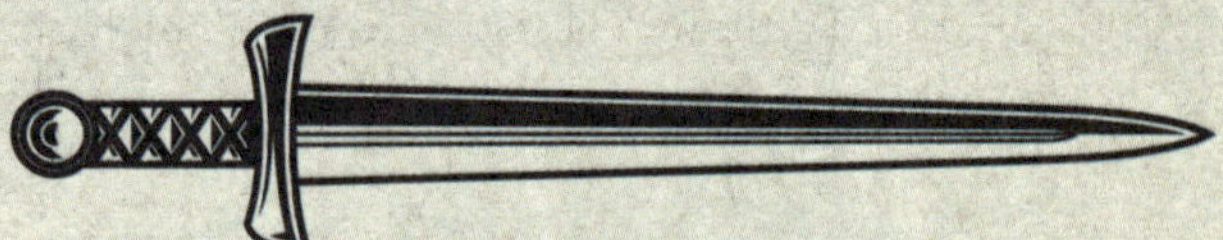

Mais tandis que Ferdinand réprime les libéraux, il voit peu à peu l'Empire espagnol s'effondrer. L'Amérique latine, en pleine effervescence indépendantiste, est secouée par des mouvements révolutionnaires. Alors que Ferdinand s'entête à refuser toute réforme en Espagne, les colonies se soulèvent les unes après les autres. De Simón Bolívar à José de San Martín, les chefs des révolutions latino-américaines mettent fin, petit à petit, à la domination espagnole. À la fin de son règne, Ferdinand est le roi d'une Espagne qui a perdu la quasi-totalité de ses territoires d'outre-mer ; c'était jadis l'un des plus vastes empires du monde. Charles Quint doit se retourner dans sa tombe.

Sur les deux fronts, Ferdinand prend une raclée. Alors qu'il perd progressivement le contrôle de ses colonies, la situation se détériore tout autant à domicile. En 1820, une révolte libérale menée par Rafael del Riego le force à restaurer la Constitution de 1812, instaurant ainsi brièvement une monarchie constitutionnelle. Mais cet intermède libéral ne dure que trois ans. En 1823, Ferdinand reçoit l'aide des « Cent Mille Fils de Saint-Louis », une expédition française menée par le duc d'Angoulême, neveu de Louis XVIII. L'objectif de cette intervention militaire ? Étouffer les idéaux révolutionnaires qui menacent les monarchies européennes et permettre à Ferdinand de restaurer son pouvoir absolu. Avec le soutien de la France, Ferdinand rétablit sa dictature monarchique. Toutefois, cette victoire ne peut masquer l'effondrement de l'empire colonial espagnol, qui échappe peu à peu à son contrôle.

La fin des Bourbons ?

La question de la succession de Ferdinand VII est digne du scénario de *House of the Dragon*. Il s'est marié quatre fois sans parvenir à avoir d'héritier pendant des années ; la pression monte et l'incertitude pèse sur le royaume. D'après la loi salique en vigueur, seuls les hommes peuvent monter sur le trône. Jusque-là, tout semble désigner Charles, son frère, un homme plus absolutiste que Ferdinand lui-même, ce qui n'est pas peu dire. Mais voilà : Ferdinand n'a aucune envie de céder son royaume à Charles, dont les idées rigides risquent d'entraîner l'Espagne dans une répression plus brutale encore.

Tout bascule en 1830 lorsque naît enfin sa fille Rhaenyra – … pardon, Isabelle ! Ferdinand voit une issue inespérée pour contrecarrer les ambitions de son frère. Refusant de laisser Charles s'accaparer le pouvoir et plonger l'Espagne dans un absolutisme encore plus dur, Ferdinand abolit la loi salique et adopte la Pragmatique Sanction, permettant ainsi à sa fille de monter sur le trône. Il préfère encore y voir une jeune reine soutenue par les libéraux plutôt que de laisser son frère transformer l'Espagne en un bastion ultraconservateur. Évidemment, Charles ne compte pas se laisser faire. Dès la mort de Ferdinand, en 1833, il revendique le trône, et c'est là que tout déraille. Qu'est-ce que cela aurait été s'ils avaient eu des dragons ?…

LA FIN D'UN RÈGNE mouvementé

La mort de Ferdinand VII en 1833, après une série d'attaques d'apoplexie – terme qui, à l'époque, désignait généralement un accident vasculaire cérébral, ne met pas seulement fin à son règne ; il marque aussi la chute définitive de l'Empire espagnol. Sous son règne, l'Espagne connaît un effondrement politique et militaire. Trop gourmand, le roi qui rêvait de restaurer la monarchie absolue à n'importe quel prix, se montre impuissant face aux mouvements d'indépendance qui, comme des incendies incontrôlables, consument progressivement les colonies espagnoles.

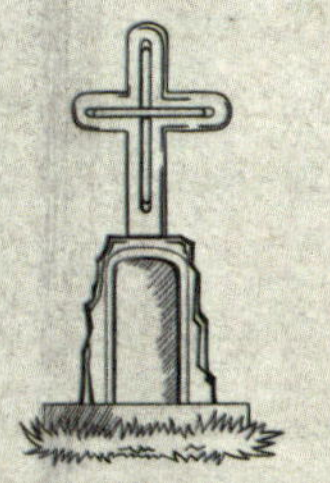

Les révolutions sud-américaines démantèlent pièce par pièce l'ancien empire. Alors que Ferdinand tente de sauver l'héritage de ses ancêtres, il devient de plus en plus évident que l'Espagne perd la main, voire le bras. Loin de son trône, ses représentants militaires sont ridiculisés, incapables d'empêcher les prises d'indépendance successives.

Et, comme si les pertes coloniales ne suffisaient pas, le décès du roi entraîne l'Espagne dans une guerre civile immédiate. Alors qu'il vient de rendre son dernier souffle, les stratagèmes de succession se déclenchent. Son frère Charles, fervent réactionnaire, se déclare roi légitime et rallie à lui tous les nostalgiques de l'ordre ancien.

Isabelle II

Fiche d'identité

NAISSANCE :	MARIAGE :	SIGNE ASTRO :
10 octobre 1830, Madrid	François d'Assise de Bourbon (1846)	Balance
RÈGNE : 29 septembre 1833-30 septembre 1868	MORT : 9 avril 1904, Paris	

Avec Isabelle II d'Espagne, première femme à régner en son nom propre, on retrouve tous les ingrédients, tragiques ou comiques, d'une monarchie chaotique. Héritière du nom mythique d'Isabelle de Castille, elle est la première reine espagnole à gouverner un royaume unifié. Toutefois, elle se retrouve très jeune plongée dans un pays déchiré par les guerres civiles et les luttes de pouvoir. Son règne, à l'image du XIXe siècle, est une succession de drames, de rébellions et d'intrigues. Sa vie privée, tout aussi agitée, est un véritable délice pour les chroniqueurs mondains. Ses relations présumées avec nobles et militaires font les choux gras des gazettes, au point que même le pape Pie IX formule un commentaire déplacé en disant qu'elle est « prostituée, mais pieuse ». Un très bel oxymore, Votre Sainteté. Cette formule cinglante résume bien l'ambiguïté de son personnage : entre scandales et alliances secrètes, elle fait de son lit un outil de pouvoir dans une Espagne qui échappe inexorablement à son contrôle.

REINE MALGRÉ ELLE

Dès sa naissance, la question de la succession d'Isabelle est un véritable casse-tête politique. À peine âgée de 3 ans, elle se retrouve au centre de toutes les attentions, désignée comme héritière du trône grâce à la Pragmatique Sanction de son père, Ferdinand VII. Ce dernier, qui redoute que son frère Charles, fervent absolutiste, ne prenne le pouvoir, modifie en douce la loi salique, héritée des Bourbons, qui interdisait aux femmes de régner en Espagne. Ce geste est une bombe à retardement dans une Espagne profondément divisée.

Quand Ferdinand meurt, en 1833, le conflit éclate. Son frère Charles, furieux de se voir écarté du trône, mobilise ses partisans, déclenchant la première guerre carliste : d'un côté, les « carlistes », adeptes de l'absolutisme pur et dur, réclament la Couronne pour Charles. De l'autre, les « isabellistes », qui soutiennent la jeune Isabelle et sa vision plus modérée, tentent de préserver l'héritage de Ferdinand.

Durant cette période de chaos, c'est la mère d'Isabelle, Marie-Christine de Bourbon, qui prend les rênes en tant que régente. Cette femme de caractère mène un combat de tous les instants pour maintenir Isabelle sur le trône, affrontant non seulement l'opposition carliste, mais aussi les divisions internes qui secouent l'Espagne. C'est une époque de révoltes, de coups d'État manqués et de trahisons. L'avenir de la jeune Isabelle paraît toujours plus incertain alors que l'Espagne se déchire entre tradition et modernité.

Un mariage désastreux

et un destin tragique

Proclamée reine d'Espagne à seulement 13 ans, Isabelle II ne vit pas exactement le conte de fées dont on rêve à cet âge. En 1846, sous l'influence de son grand-oncle par alliance, le roi des Français Louis-Philippe, elle est contrainte d'épouser son double cousin François d'Assise de Bourbon, duc de Cadix. La situation familiale n'est pas sans rappeler le penchant des Habsbourgs pour les mariages consanguins : François est son cousin à la fois du côté paternel et du côté maternel. Son père, l'infant François de Paule, était le frère cadet de Ferdinand VII, tandis que sa mère, Louise-Charlotte des Deux-Siciles, sœur de la régente Marie-Christine, était aussi mariée à François de Paule, créant ainsi un double lien familial. Pour clarifier : son oncle paternel et sa tante maternelle sont mariés et deviennent ses beaux-parents.

Cependant, cette cousinade tourne rapidement à l'échec. Pour ne rien arranger, François est notoirement homosexuel, un secret de polichinelle à la cour, et leur union devient une source inépuisable de commérages. Pour les fans de *House of the Dragon*, les similitudes sont frappantes avec Rhaenyra et Laenor Velaryon : malgré des enfants et plusieurs fausses couches, la paternité des héritiers reste un sujet de scandale tant le couple royal mène une vie de façade. Sur onze enfants, cinq atteignent l'âge adulte, parmi lesquels le futur Alphonse II. Lassée de cette mascarade conjugale, Isabelle s'autorise des liaisons discrètes tandis que François, surnommé « Paco Natillas » (« Paco » pour François et « Natillas » – « crème » – pour sa douceur de caractère), s'efface peu à peu dans l'ombre.

Sur le plan politique, Isabelle n'a guère plus de chance. Elle doit gérer un royaume en pleine guerre civile, avec les carlistes menés par son oncle, qui contestent sans relâche sa légitimité. Entre les révoltes, les tentatives de coup d'État et un pays divisé, elle tente de maintenir un semblant de stabilité. Mais la monarchie vacille sans cesse, tiraillée entre les conservateurs ultraroyalistes et une vague de modernisation défendue par les libéraux.

LA REINE nymphomane ?

Fun fact : Isabelle passe plus de temps en exil que sur le trône d'Espagne. Incapable de s'imposer pleinement en tant que monarque, elle trouve un autre domaine où exercer son pouvoir : son lit. Utilisant ses nombreuses liaisons pour contourner les obstacles politiques qui l'empêchent de diriger directement, elle fait de sa sexualité une arme dans un monde où son autorité est constamment remise en question. Ses aventures amoureuses deviennent légendaires, notamment avec Francisco Serrano, le « général beau gosse ». Mais ce grand amour finira par la trahir en participant à la Révolution glorieuse de 1868, l'envoyant ainsi en exil.

Tout commence par une profonde frustration. « L'amour avec lui, c'était ça, épuisant ; on était fatigué avant même d'avoir commencé, rien qu'en le regardant », aurait confié Isabelle II à propos de François d'Assise, son mari, plus attiré par les hommes que par les femmes. Ce mariage se révèle désastreux dès le départ. « Paquito » ou « Paquita », comme elle le surnomme avec un mélange d'ironie et de mépris, mettra un mois avant de consommer leur union. « Que pouvais-je attendre d'un homme qui portait plus de dentelles que moi le soir de notre mariage ? », se serait-elle lamentée. François, incapable de jouer pleinement son rôle de roi consort, s'éloigne peu à peu tandis qu'Isabelle cherche ailleurs la passion et le réconfort. Sa collection d'amants – défi lancé à son mari autant que moyen d'assouvir ses propres désirs – ne cesse de s'agrandir.

Pour Isabelle, surnommée « la Reine aux tristes destins », le plaisir charnel devient une sorte de refuge face à la dureté du pouvoir et aux complots qui l'entourent. Ses escapades font les choux gras de la presse satirique, comme dans *Los Borbones en pelota* (« Les Bourbons à poil »), où ses amours sont ridiculisées et son mari dépeint comme un pantin efféminé et cocufié. Malgré ses nombreuses relations, Isabelle est constamment dans la contradiction. D'un côté, elle revendique son droit au plaisir ; de l'autre, elle court se confesser auprès de l'Église, soumise aux mœurs de l'époque qui n'acceptent pas qu'une femme jouisse… de son propre corps. Mais cette sexualité est aussi utilisée contre elle. Les hommes qui partagent son lit, qu'ils soient musiciens, militaires ou diplomates, profitent de sa position pour manipuler les jeux de pouvoir, la rendant souvent victime de ses propres choix intimes.

Deux reines, DEUX MONDES

Sur le plan international, Isabelle II n'a ni l'envergure ni les moyens d'imposer l'Espagne comme une puissance incontournable. L'époque où l'on tremblait devant l'Invincible Armada est bien révolue. Face à son homologue, la reine Victoria, icône d'un empire en pleine expansion, Isabelle fait pâle figure. Londres regarde Madrid comme un vestige exotique d'un passé monarchique décadent, plus préoccupé par ses caprices domestiques que par ses positions géostratégiques.

Fait rare dans l'histoire, les deux anciennes puissances rivales, qui se disputaient jadis le contrôle du monde, sont désormais gouvernées par deux femmes. Mais là où Victoria incarne la discipline, la stabilité et l'expansion industrielle, Isabelle évoque l'improvisation, l'instabilité chronique et une monarchie qui vacille sous le poids de ses propres contradictions.

Et pendant que la souveraine espagnole s'enlise dans les scandales, l'Espagne perd lentement mais sûrement le contrôle de ses colonies, rongée de l'intérieur par les tensions sociales et l'usure du pouvoir.

LA CHUTE

Isabelle II voit son pouvoir s'effondrer en septembre 1868 lors de la Revolución Gloriosa, qui met fin à son règne et la contraint à l'exil. Accompagnée de son fils Alphonse (futur Alphonse XII) et de ses filles, elle trouve refuge à Paris sous la protection de Napoléon III, qui l'accueille personnellement à

Biarritz. Elle s'installe ensuite au palais Basilewsky, à quelques pas de l'Arc de triomphe, qu'elle rebaptise naturellement « palais de Castille ». Toutefois, cette luxueuse demeure parisienne ne suffira pas à apaiser son sentiment de déchéance. Déchue, mais pas encore résignée, elle observe de loin les bouleversements politiques en Espagne, consciente que la monarchie qu'elle incarnait est temporairement éteinte.

Pas de chance, la situation bascule en France également. En 1870, la proclamation de la République française à la suite de la défaite de Napoléon III bouleverse l'équilibre. Isabelle et sa famille sont contraintes de quitter Paris pour Genève. Elle y réside jusqu'à ce qu'elle puisse revenir en France après l'instauration de la Troisième République. La situation devient de plus en plus claire : la restauration de la monarchie en Espagne ne se fera qu'au prix de son propre retrait. Pressée par ses partisans et voyant que la meilleure chance pour Alphonse de monter sur le trône réside dans son abdication, Isabelle cède finalement en 1870 : elle renonce officiellement à la Couronne en faveur de son fils.

Lorsque la monarchie des Bourbons est restaurée, en 1874, Alphonse XII devient roi. Mais Isabelle, en dépit de cette victoire familiale, est gentiment priée de rester en France. Cánovas del Castillo, stratège de la Restauration, estime que sa présence serait un rappel encombrant des échecs du passé. Son propre fils lui demande de ne pas rentrer. « Personne ne peut imposer sa volonté au roi », explique-t-il. La couronne doit sembler bien petite sur sa grosse tête. Blessée mais réaliste, Isabelle finit par accepter son sort.

La reine *oubliée*

À partir de son exil en France, même si elle est désormais éloignée du pouvoir, Isabelle II continue de mener une existence mouvementée. Sa tentative pour influencer les affaires espagnoles après l'accession au trône de son fils se heurte à une indifférence glaciale de la part de ce dernier.

Lorsqu'Alphonse tombe amoureux de Maria de las Mercedes de Bourbon, la nièce d'Isabelle – et accessoirement sa cousine germaine –, Isabelle est furieuse. Non seulement elle espérait un mariage plus prestigieux pour consolider l'alliance monarchique, mais elle voit aussi dans cette union un coup porté à son autorité. Cánovas del Castillo enfonce le clou en s'assurant qu'Isabelle n'aura aucun rôle à jouer dans cette affaire. Malgré ses protestations, elle n'assiste pas au mariage et se voit reléguée, une fois de plus, au second plan.

Elle reste confinée à Paris, voyant de loin le destin de cette monarchie qu'elle a contribué à restaurer. Les quelques retours rapides qu'elle effectue en Espagne sont marqués par une certaine amertume, même si son attachement à sa patrie reste intact.

Amédée Ier

Fiche d'identité

NAISSANCE : 30 mai 1845, Turin

RÈGNE : 2 janvier 1871-11 février 1873

MARIAGE : Marie-Victoire dal Pozzo (1867)

MORT : 18 janvier 1890, Turin

SIGNE ASTRO : ♍ Vierge

Duc d'Aoste et deuxième fils de Victor-Emmanuel II d'Italie, Amédée Ier ne s'attendait sans doute pas à finir roi d'Espagne. Il appartient à la prestigieuse maison de Savoie ; dès son plus jeune âge, il reçoit une formation qui le destine à une vie militaire, non à un trône étranger. Pourtant, en 1870, dans un contexte politique explosif, les Cortes espagnols jettent leur dévolu sur ce prince italien. Leur objectif : trouver un roi progressiste, catholique, capable de gouverner une Espagne en plein chaos sans raviver les divisions internes. Un défi de taille auquel Amédée n'est clairement pas préparé. Qui pourrait lui en vouloir ?

Cherche monarque DÉSESPÉRÉMENT

Sur l'Indeed de la monarchie, l'Espagne poste une annonce : « Urgent, cherche roi pour royaume en crise, expérience dans la gestion de guerres civiles appréciée. Candidature ouverte aux princes étrangers. » Le pays n'en est pas à son coup d'essai. Après avoir vu les Bourbons vaciller puis être chassés du trône, les Cortès espagnoles décident de tenter une expérience monarchique avec un souverain étranger. La Glorieuse Révolution de 1868, qui a poussé Isabelle II à l'exil, a laissé le pays dans une impasse politique. Une monarchie absolue semblait impossible à restaurer, et une république trop radicale pour une grande partie de la classe politique. La solution ? Trouver un roi capable d'incarner une monarchie constitutionnelle suffisamment neutre pour ne pas relancer les divisions internes.

Le choix d'un souverain est loin d'être une tâche aisée. Les Cortès hésitent entre plusieurs candidats : un prince allemand, un membre de la famille royale portugaise et même le duc de Montpensier, beau-frère d'Isabelle II. Pourtant, après des débats intenses, c'est Amédée de Savoie, duc d'Aoste et deuxième fils du roi d'Italie Victor-Emmanuel II, qui finit par l'emporter. Le 16 novembre 1870, sur les 301 députés présents, 191 votent en faveur d'Amédée. Les républicains, avec 63 voix, expriment leur mécontentement ; les carlistes, fervents défenseurs du retour des Bourbons, bougent à peine, préférant ignorer ce choix. D'autres votes dispersés témoignent du manque d'unité : vingt-sept voix pour le duc de Montpensier, huit pour le général Espartero, deux pour Alphonse, le jeune fils d'Isabelle II, et même une pour la duchesse de Montpensier, sœur d'Isabelle. Ce scrutin montre combien il est difficile d'unir l'Espagne autour d'un nouveau monarque.

Détail révélateur, Amédée n'accepte finalement la Couronne qu'après avoir appris l'assassinat de son principal allié en Espagne, le général Juan Prim, qui avait fortement soutenu sa candidature. Le général meurt le 30 décembre 1870, trois jours avant l'arrivée d'Amédée en Espagne. C'est un signe avant-coureur du chaos auquel il va être confronté. Le fait de se retrouver seul, dès le début de son règne, face aux nombreuses forces qui s'opposent à lui ne fait qu'accentuer l'ampleur de la tâche. Le nouveau roi se trouve d'emblée au centre d'une tempête politique où se mêlent révoltes carlistes, mouvements républicains et une aristocratie nostalgique des Bourbons.

Un roi *en terre inconnue*

Amédée débarque en Espagne le 2 janvier 1871 et il aurait sans doute préféré une entrée plus royale. À peine a-t-il posé le pied sur le sol espagnol qu'il trouve une atmosphère pesante : son premier devoir n'est pas de se présenter en majesté, mais d'assister aux funérailles du général Juan Prim, l'homme qui avait été l'artisan de son élection, victime d'un attentat.

Et ce n'est que le début. L'Espagne est en pleine tourmente : les guerres carlistes continuent de ravager le pays ; les républicains, plus bruyants que jamais, réclament l'abolition de la monarchie ; et l'aristocratie, farouchement bourbonienne, n'a qu'une envie : voir Amédée faire ses valises. Le duc d'Aoste, malgré ses bonnes intentions, se trouve donc pris dans un tourbillon où chaque faction tire de son côté. Un détail n'arrange rien : son espagnol laisse franchement à désirer, rendant ses discours publics laborieux et ses tentatives pour apaiser la situation encore plus compliquées.

Juan Prim

DES CONFLITS de toutes parts

Plein de bonne volonté, Amédée se retrouve rapidement submergé par une myriade de crises qu'il n'avait pas prévues. D'abord, la guerre des Dix ans à Cuba, qui fait rage depuis 1868, menace de déstabiliser les colonies espagnoles dans les Caraïbes. La répression de la révolte des indépendantistes cubains mobilise des ressources considérables et divise profondément l'opinion en métropole. À Puerto Rico, des troubles similaires émergent, ajoutant de la pression à un royaume déjà au bord de l'effondrement.

Sur le sol espagnol, c'est la troisième guerre carliste qui fait trembler le pays. Les partisans de l'infant Carlos refusent toujours de reconnaître Amédée et multiplient les insurrections armées dans le nord de l'Espagne. Dans ce contexte, le roi doit composer avec un défilé incessant de gouvernements : en deux ans à peine, six se succèdent ; chacun est plus fragile que le précédent, incapable de gérer l'ampleur des crises. L'absence de Juan Prim se fait cruellement sentir.

Le pays s'enfonce dans une spirale de violence. L'attentat de 1872, auquel Amédée échappe de justesse, est révélateur de l'ambiance explosive qui règne alors. Ce soir-là, alors qu'il rentre du théâtre en compagnie de son épouse, des coups de feu retentissent. Amédée s'élève et, dans un geste de bravoure ou de désespoir, lance aux assaillants : « Tirez sur moi ! » Si le roi et la reine en réchappent sans blessure, l'incident souligne la fragilité de leur règne.

UNE MONARCHIE vacillante

Les mois passent et Amédée se rend vite compte qu'il est seul dans une Espagne où chaque faction s'acharne à le déstabiliser. En plus des révoltes carlistes qui secouent le nord du pays, il doit composer avec une classe politique profondément divisée.

Face à cette réalité, et après seulement deux ans de règne chaotique, Amédée abdique en février 1873. Il n'a plus ni le soutien politique ni la légitimité populaire pour continuer. Son abdication est un cri de lassitude et de lucidité. « Mes adversaires seraient des étrangers que je resterais pour les combattre ; mais comme ce sont des Espagnols, je m'en vais », déclare-t-il avant d'abandonner le trône. Fatigué et désabusé, il quitte l'Espagne pour retourner à l'ambassade d'Italie. Un départ empreint d'amertume.

De retour en Italie, il reprend son titre de duc d'Aoste et se consacre à des missions diplomatiques pour son frère, le roi Humbert Ier. Mais le tourbillon politique de l'Espagne ne le quitte jamais tout à fait. Malgré son mariage avec Marie-Laetitia Bonaparte et une vie plus tranquille à Turin, il meurt en 1890 à l'âge de 44 ans, des suites d'une pneumonie. En fin de compte, l'histoire montre qu'Amédée n'a jamais eu les moyens de régner véritablement sur l'Espagne. Ce royaume fracturé, toujours tiraillé entre factions rivales, lui avait confié une mission impossible.

La République

AUSSI ÉPHÉMÈRE QU'AMÉDÉE

Après l'abdication d'Amédée Ier en février 1873, l'Espagne tente de se réinventer en proclamant la Première République espagnole. Cependant, cette expérience se révèle rapidement tumultueuse. En moins de deux ans, la République est marquée par une instabilité politique extrême avec pas moins de quatre présidents qui se succèdent. Entre divisions internes, insurrections carlistes perpétuelles et tentatives de réformes avortées, la jeune République n'arrive pas à s'imposer. Finalement, en décembre 1874, un coup d'État militaire met un terme à son existence, ouvrant la voie au retour de la monarchie avec Alphonse XII, fils d'Isabelle II.

Alphonse XII

Fiche d'identité

NAISSANCE :
28 novembre 1857,
Madrid

RÈGNE :
29 décembre 1874-
25 novembre 1885

MARIAGES :
Marie de Mercedes d'Orléans (1878),
Marie-Christine d'Autriche (1879)

MORT :
25 novembre 1885,
Madrid

SIGNE ASTRO :
♐
Sagittaire

Comme la France un peu plus tôt, l'Espagne finit par se dire que, quitte à choisir entre le chaos républicain et le retour aux traditions, autant rappeler les bons vieux Bourbons. Après l'abdication, en 1873, d'Amédée Ier, lassé d'un trône impossible à tenir et d'un Parlement aussi querelleur que versatile, le pays s'offre une parenthèse républicaine… qui tourne très vite au cauchemar. Instabilité chronique, divisions internes, conflits sociaux, soulèvements carlistes : la Première République espagnole ne tient même pas deux ans. C'est dans ce contexte que l'idée d'une restauration monarchique refait surface. Et, cette fois, ce n'est plus un roi imposé de l'extérieur, mais un Bourbon pur jus, tout droit sorti de l'exil : Alphonse XII, fils d'Isabelle II, exilée à Paris depuis sa déposition, en 1868. Alphonse avait quitté l'Espagne à l'âge de 11 ans lors de l'exil de sa mère. Élevé entre Paris et Vienne, il revient sur le devant de la scène en 1874 et doit affronter un pays profondément divisé, épuisé par des décennies de guerres civiles et de luttes internes.

UN JEUNE ROI *aux attentes élevées*

Quand Alphonse XII est proclamé roi d'Espagne, à tout juste 17 ans, il devient immédiatement un symbole d'espoir pour un pays ravagé par les conflits. Formé en exil, il connaît parfaitement les enjeux de son retour et il est prêt à relever le défi. Contrairement à Amédée Ier, qui n'a jamais su s'intégrer, Alphonse parle couramment espagnol et cela lui permet de nouer un lien direct avec son peuple. C'est un atout essentiel en ce moment de crise.

Alphonse grandit en observant les grandes monarchies européennes. Il comprend que le rôle d'un roi dans une monarchie moderne va bien au-delà des apparences. Son but est de pacifier un pays encore divisé tout en redonnant à la monarchie sa légitimité perdue. La tâche est titanesque. Il sait que pour y parvenir, il faudra instaurer un équilibre entre autorité et réformes, réconciliation et modernisation. Ses premiers pas sur le trône marquent ainsi le début d'un règne où chaque décision est scrutée avec l'espoir de voir enfin l'Espagne sortir du chaos.

LE DÉFI CARLISTE

Dès son retour sur le trône, Alphonse XII est confronté à une Espagne encore déchirée par la troisième guerre carliste, qui ravage le nord du pays depuis 1872. Les partisans de l'infant Carlos refusent toujours de reconnaître la légitimité des Bourbons, et le conflit s'enlise. Leur fief, les provinces basques et la Navarre, reste une zone de résistance acharnée. Pourtant, le roi, bien conseillé par ses généraux, notamment le maréchal Martínez Campos, décide d'en finir avec cette rébellion.

En 1875, Alphonse XII décide de prendre les choses en main. Plutôt que de rester à distance, il s'engage directement avec son armée, prouvant qu'il n'est pas du genre à déléguer les tâches importantes. Comme le dit le dicton : « On n'est jamais mieux servi que par soi-même. » Sa présence sur le front galvanise les troupes et, sous son commandement, les armées loyalistes enchaînent les victoires. L'une des plus marquantes est la bataille de Montejurra, en février 1876, au cours de laquelle les forces carlistes sont écrasées une fois pour toutes. Ce succès met un point final à la guerre carliste et consolide le règne d'Alphonse XII, qui n'est plus seulement perçu comme un roi de droit, mais comme un chef militaire capable de rétablir la paix par l'action.

La fin de la guerre carliste permet également à Alphonse de réaffirmer l'autorité de l'État sur les provinces basques, bien que cela suscite des tensions avec les régionalistes. Il met en place une série de réformes pour pacifier le pays tout en respectant l'autonomie locale, maintenant notamment certains des fueros (privilèges régionaux) pour éviter de nouvelles insurrections. Le roi ne gagne pas seulement la guerre, il réussit à réconcilier une Espagne fracturée. Son habileté politique lui vaut une popularité croissante, surtout dans un pays épuisé par des décennies de guerre civile.

Modernisation ET STABILITÉ

Sous Alphonse XII, l'Espagne entame son virage vers la modernité. Le pays, longtemps paralysé, tente de se tourner vers l'avenir, inspiré par une révolution industrielle qui secoue l'Europe. Le roi, conscient des retards accumulés, fait tout pour que l'Espagne ne soit pas à la traîne. Cependant, la révolution industrielle avance plus lentement que chez des voisins comme la France ou l'Angleterre et les progrès restent modestes en comparaison. Alphonse s'appuie malgré tout sur les innovations européennes, notamment les avancées techniques venues de la République française, dont les usines bourdonnent déjà de machines à vapeur.

PASSIONS, TENSIONS *et tragédies*

Le mariage d'Alphonse XII avec Maria de las Mercedes de Bourbon ne se fait pas sans opposition, surtout du côté d'Isabelle II. La reine mère n'approuve pas cette union. Pour elle, Maria, bien qu'il s'agisse de la cousine germaine d'Alphonse, n'a pas l'envergure d'un mariage stratégique susceptible de renforcer la dynastie des Bourbons. Isabelle rêve d'une alliance prestigieuse avec une grande maison européenne et ce mariage d'amour ne correspond pas à ses ambitions politiques.

Toutefois, Alphonse, tête brûlée et amoureux fou, décide de suivre son cœur. En 1878, il épouse Maria et leur mariage fait sensation. Leur amour sincère et passionné fascine la cour et le peuple. Mais le destin se montre cruel. Six mois après le mariage, Maria succombe à une fièvre typhoïde, laissant Alphonse anéanti.

Isabelle II, elle, voit dans cette tragédie une occasion de rectifier le tir. Pressé par son devoir royal, Alphonse se remarie en 1879 avec Marie-Christine d'Autriche, une union arrangée, pragmatique, qui répond aux ambitions dynastiques de sa mère. En outre, Marie-Christine assure la continuité de la lignée en donnant naissance à Alphonse XIII. Malgré ce cadre formel, Alphonse n'est pas un mari totalement sage. Ses aventures amoureuses font jaser la cour.

L'Espagne se dote peu à peu de réseaux ferroviaires qui relient Madrid aux ports stratégiques, stimulant ainsi le commerce. Au Nord, dans les régions minières, la production de fer et de charbon connaît un certain essor, mais elle demeure limitée par rapport aux puissances industrielles du continent. Dans les grandes villes, des usines commencent à émerger, symboles timides de cette nouvelle ère industrielle. Alphonse, en visionnaire, sait que l'industrie est cruciale, même si le chemin à parcourir pour hisser l'Espagne au rang des grandes puissances est long et semé d'embûches.

Cette période marque aussi une nouvelle phase dans la diplomatie espagnole. Le roi cultive des relations pragmatiques avec la jeune République française, cherchant à tourner la page des conflits passés et à nouer des alliances stratégiques. Dans un esprit résolument protectionniste, l'Espagne importe des savoir-faire étrangers pour mieux renforcer ses propres industries et moderniser son agriculture. L'objectif reste clair : « *Make Spain great again.* »

Une fin prématurée

Le roi inaugure le fameux « club des 27 ». En 1885, à seulement 27 ans, la tuberculose l'emporte, mettant fin brutalement à ce règne qui avait réussi à stabiliser un royaume en pleine tourmente. L'Espagne, qui commençait tout juste à retrouver un souffle régulier sous son règne, se retrouve à nouveau orpheline. Quant à Marie-Christine d'Autriche, enceinte jusqu'au cou, elle doit désormais gérer un royaume instable et assumer la régence jusqu'en 1902, protégeant un héritier sur le point de naître, le futur Alphonse XIII.

Si Alphonse XII est parvenu à donner un semblant de stabilité à l'Espagne, le XXe siècle s'annonce très rude pour son fils. Entre décisions controversées et soutien à la dictature de Primo de Rivera, le jeune souverain n'aura pas la tâche facile. Son règne finit par vaciller et, en 1931, c'est l'exil forcé en France, puis en Italie. Pourtant, la Couronne ne disparaît pas complètement. Franco, après des années de dictature, prépare minutieusement la transition et prend soin d'éduquer le futur roi, Juan Carlos, souhaitant pérenniser ses idéaux. En 1975, les Bourbons font leur retour, mais cette fois dans une monarchie constitutionnelle bien différente des rêves de pouvoir absolu du passé.

Conclusion

Ils ne sont ni des légendes idéales ni des monstres absolus. Ce livre ne cherche ni à juger ni à glorifier à l'excès, même si quelques traits d'ironie se glissent ici et là entre les lignes. Ces souverains, ces reines, ces dynasties racontent à leur manière le plus bel aspect de notre histoire : sa force créatrice comme ses aveuglements, ses chefs-d'œuvre comme ses tragédies. Ils sont notre héritage, inscrit dans les pierres des cathédrales, dans les coupes des jardins, dans les plis d'une robe scandaleuse, dans les usages que nous perpétuons parfois sans même le savoir.

L'histoire, pour beaucoup d'entre eux, ne suit pas un plan savamment élaboré. Elle est née de hasards, d'accidents, d'événements imprévus. Une mort soudaine, une naissance accidentelle, une épidémie, un mariage arrangé : autant d'éléments qui font basculer des empires. Certains personnages n'avaient aucune velléité pour régner, ou n'y étaient pas destinés ; pourtant, leur règne façonne encore notre imaginaire. D'autres, comme Henri VIII, prennent une décision radicale, un divorce refusé par le pape, et changent pour toujours la carte spirituelle et politique du monde en créant l'Église anglicane.

Aucun sceptre
n'est éternel.

Ce voyage à travers les siècles nous montre que le pouvoir, aussi important qu'il soit, n'appartient jamais vraiment à celui qui le tient. Insaisissable, il glisse, il échappe, il passe. Tôt ou tard, il change de porteur, comme un virus qui mute. Aucun sceptre n'est éternel.

Cependant, tous ces personnages ont laissé une empreinte. Leur passage forge un passé que nous contemplons aujourd'hui sans forcément en avoir conscience. Nous vivons dans leurs traces, visibles ou invisibles : dans l'architecture des villes, dans les lois, dans la manière dont nous concevons le pouvoir, la beauté, l'autorité.

On croit souvent connaître ces souverains à travers quelques grandes lignes : une bataille gagnée, une couronne posée, un mariage diplomatique noué. Mais leur véritable richesse est parfois ailleurs ; elle se niche dans de minuscules détails. Une fistule anale mal guérie peut forcer un roi à s'asseoir autrement, pousser ses médecins à inventer un nouvel outil chirurgical et accélérer, par ricochet, l'histoire de la médecine. Derrière les récits officiels, dans les coulisses, ce sont souvent des hasards, des accidents, des gestes anodins qui changent des siècles entiers.

Ces histoires ne sont pas seulement celles des têtes couronnées. Elles sont aussi le miroir des peuples qui vivent sous leur autorité : les femmes invisibilisées, les colons asservis, le tiers état en attente, les commerçants, les nobles, les bourgeois, les architectes, les paysans. Tous participent à l'écriture de l'histoire, avec ou contre le pouvoir royal. À leur manière, ils sont aussi les protagonistes. Sans eux, pas de révolutions françaises, pas de résistances autochtones en Amérique, pas de clans écossais défiant la tyrannie britannique. Ce sont leurs vies, leurs luttes, leurs espoirs qui donnent chair à ce que nous appelons, parfois un peu vite, l'« histoire des rois ».

La fiction contemporaine ne fait que prolonger cette fascination ancienne. Elle repeuple les écrans, les romans, les récits, car ces figures incarnent, sous d'autres habits, des questions qui ne cessent de nous travailler : le pouvoir, la révolte, l'héritage, la survie, l'amour. Ce livre, par ses échos, ses clins d'œil, ses passerelles tendues vers le présent, invite à reconnaître le fil invisible qui relie hier à aujourd'hui. S'il adopte la forme vive et mordante d'une gazette, ce n'est pas par coquetterie : c'est parce que ces souverains, ces batailles, ces exils faisaient déjà, de leur vivant, la rumeur et le tumulte de leur temps. Ils faisaient l'actualité avant même que le mot n'existe.

Au fond, derrière les Couronnes, les traités, les batailles, une trame plus universelle demeure : celle des défis partagés. Sur le plan humain, social, politique ou même climatique, nous continuons de vivre des expériences que nos prédécesseurs connaissaient déjà. Les sécheresses qui ruinent les récoltes, les tempêtes qui emportent les espoirs, les crises et les révoltes qui fracturent les sociétés : tout cela n'est pas neuf. Les mêmes dilemmes traversent les siècles : comment accueillir l'autre, comment tolérer ce qui échappe à la norme, comment réparer les injustices, comment transmettre un monde vivable. Ces figures, dans leur grandeur comme dans leurs failles, nous rappellent que rien n'est jamais acquis. Mais elles nous offrent aussi, au-delà des batailles et des querelles, un socle sur lequel construire. Un passé imparfait, complexe, vivant. Si l'histoire ne se répète jamais exactement à l'identique, elle récidive souvent dans ses tensions. Et c'est peut-être dans cette mémoire, imparfaite mais lucide, que nous pouvons trouver des repères. Non pour reproduire, mais pour tenter de faire mieux.

Crédits icono : gravures Istock

Alexey Yaremenko : 9, 41, 50, 71, 103, 181, 189 ; Alhontess : 101 ; andipantz : 51 ; benoitb : 73 (haut, droite) ; bgblue : 143 ; Bitter : 33, 58, 124 ; CatLane : 37 ; ChrisGorgio :59 (bas, gauche, plume) ; Christine_Kohler : 28 (bas), 30 ; Cip : séparateurs ; Clu : 19 (haut), 65 (bas),145 ; darkbird77 : parchemin ; design box : cadres et ornements ; duncan1890 : 26, 96, 97, 118, 125 ; Epifantsev : 100 ; Grafissimo : 56, 163 ; Gwengoat : 11 (bas) ; Hein Nouwens : 68 (haut et bas) ; ilbusca : 20, 36, 52, 63, 92, 95 (bas), 105, 162 ; ivan-96 : 146, 148 ; KenWiedemann : 18 ; Luisa Vallon Fumi : 65 (haut) ; Mariia Mazaeva : 17, 95 ; Nastasic : 57, 62, 67 (haut), 67 (bas), 104, 107, 108 (bas), 137, 147, 161 (milieu, homme), 173, 185 ; Natalia Mikhalchuk : 72-73 (gauche) ; NSA Digital Archive : 27, 28, 29, 100 (bas), 110 ; Roman1979 : 59, 91, 121, 138, 161, 178-179 ; seamartini : 9; SpicyTruffel : 108 (haut) ; Stefan_Alfonso : 66 ; stocksnapper : 19 (centre) ; THEPALMER : 149 ; TonyBaggett : 6 ; whitemay : 51 ; wynnter : 10 ; ZU_09 : 11 (haut, et centre), 38, 66 (droite), 99, 159

58, rue Jean-Bleuzen – 92178 Vanves Cedex

www.hachette-pratique.com

Direction Hachette Pratique : Catherine Saunier-Talec

Direction éditoriale : Stéphane Rosa

Édition : Camille Lenglet

Responsable artistique : Carla Dalvy

Illustrations couleur : Erwann Terrier

Préparation de copie : Étienne Paulin

Mise en pages : Studio Blick

Relecture : Emmanuelle Fernandez

Fabrication : Marine Milac

Responsable partenariats : Dana Lichiardopol (dlichiardopol@hachette-livre.fr)

Contact : webpratique@hachette-livre.fr

47-4595-9

ISBN : 978-2-01-730513-2/01

Dépôt légal : septembre 2025

Achevé d'imprimer en juillet 2025 par Macrolibros en Espagne.

PAPIER À BASE DE FIBRES CERTIFIÉES

hachette PRATIQUE s'engage pour l'environnement en réduisant l'empreinte carbone de ses livres. Celle de cet exemplaire est de : 750 g éq. CO_2 Rendez-vous sur www.hachette-durable.fr